배려와 나눔이 있는

행복 이야기

배려와 나눔이 있는

이은학 지음

와이즈브레인

좋아하는 놀이나 게임을 할 때면 시간이 너무나 빨리 지나가 아쉽고, 하기 싫은 것을 할 때면 시간이 너무나 가지 않아 지루함을 느끼는데, 같은 시간임에도 다르게 느껴지는 것은 마음가짐의 차이일 것이다.

하기 싫은 것을 억지로 하는 것은 효과도 없고 건강에도 좋지 않으므로 해야 할 일이라면 하고 싶은 즐거운 마음으로 하는 것이 좋다. 이원복 교수는 하고 싶은 것을 평생하면서 사는 것이 행복이라 했다.

사람의 얼굴이 모두 다르다는 것은 타고난 재능 또한 모두 다르다는 것을 의미한다. 그럼에도 불구하고 하고 싶은 것과는 거리가 먼 직업을 선택하여 행복하게 지내지 못하는 경우도 많다.

재능을 키우기 위하여 많은 사람들은 열심히 공부한다. 어떤 측면에서 보면 공부를 잘 한다는 것은 안전한 인생을 위하여 보험에 가입하는 것과도 같다.

그러나 '사상누각'이라는 말이 있듯, 공부보다 우선하여야 할 것이 기초다. 기초가 튼튼해야 한다. 그럼에도 기초를 우습게보고 관심을 갖지 않는다.

자기 할 일을 스스로 하는 일, 예절을 바르게 지키는 일, 질서를 잘 지키는 일 등이 기초다. 그런데 이러한 기초가 무너져 있으니 공부를 아무리 열심히 하여도 성적이 오르지 않고 재미가 없는 것이다.

기초를 튼튼히 한 다음에 공부를 해야 좋은 꿈을 이룰 수 있다. 기초로 다시 돌아가자. 기초를 튼튼히 한 다음에 공부하자. 기초가 튼튼한 사람은 반드시 100% 성공하게 되어 있다.

모든 사람들은 행복하게 살기를 원한다. 내가 행복하기 위해서는 행복을 나눌 줄 알아야 한다. 주위에 불행한 사람만 있다고 생각해 보자. 나만 행복할 수 있을까? 그렇지 않다. 반대로 주위에 행복한 사람만 있다고 생각해 보자. 내가 불행하고 싶어도 불행할 일이 없다. 그래서 행복을 짓고 나눌 수 있어야 한다.

김수환 추기경이나 이태석 신부를 잊지 못하는 것은 다른 사람들의 행복을 위하여 고귀한 희생과 봉사를 실천하였기 때문이다. 웃으며 돌아가셨지만 많은 사람들은 눈물로 보내드렸다. 이것이 바로 행복한 삶이다.

모쪼록 서운한 것이 있어도 큰마음으로 용서하고 함께 어울리며 살아가는 아름다운 인생을 만드는데 조금이라도 도움이 되었으면 한다.

2016년 5월 8일

이 은 학

CONTENTS

● 나　눔

● 아쉬움

어울림

경 청

> 경청1 [傾聽] 남의 말을 귀 기울여 주의 깊게 들음
> 경청2 [敬聽] 남의 말을 공경하는 태도로 들음
> 경청3 [鏡聽] 남을 헐뜯는 말을 그대로 믿음

'들을 청(聽)'을 보면 '왕(王)처럼 큰 귀(耳), 열(十)개의 눈(目), 하나(一)된 마음(心)'으로 되어 있다. '진지한 눈빛으로 보고 진심을 담아서 들어주라.'는 의미로 생각된다. 여기에다 기울여질 경(傾), 공경 경(敬)이 더해진 것이 경청이다.

입이 무거운 사람을 가리켜 '돌부처'라고 한다. 무던하고 착한 사람을 비유해서 하는 말이라는 생각이 든다. 불상을 보면 유난히도 귀가 크다. '왜 이렇게 귀가 클까?' 대승불교와 소승불교를 떠나 부처가 되기 위해서는 중생들의 애환을 많이 들어야 하니까 그런 것은 아닌지 하는 생각이 든다. 처음에 작았던 귀도 많은 것을 들어야 하니 점점 커진 것은 아닐까?

반대로 귀는 큰 편인데 입은 작다. 듣는 것을 많이 하고 함부로 말하지 말라는 뜻에서 그런 모양이다. 입이 큰 사람을 보면 먹을 복은 있는 것처럼 보이나 야무지다는 생각은 들지 않는다. 어떤 면에서는 좀 미련스러워 보이기도 한다.

내 자식이 잘 먹는 것은 예쁘게 보이지만 남의 자식이 잘 먹는 것을 보면 미련해 보이는 것도 무관하지 않은 것 같다. 사실 미련하리만큼 잘 먹는 사람을 보면 똑똑한 구석을 찾아보기가 힘들다. 일하는 것에는 관심이 없다가도 먹을 것만 생기면 어디서 나타났는지 귀신이다. 그러다보니 눈총도 많이 받는다.

귀는 마음대로 열고 닫을 수 없다. 항상 열려 있다. 좋은 소리든

나쁜 소리든 다 들어야 한다. 많은 소리를 들어야 하니 귀가 큰 모양이다. 큰 귀를 가지고 있는 사람은 어딘가 모르게 듬직해 보이고 말을 함부로 하지 않는다. 그래서 불상의 귀가 큰 모양이다.

작은 소리에도 참지 못하고 화를 내는 사람을 보고 '귀가 얇다.'고 한다. 신기하리만큼 맞는 구석이 많다는 것을 발견하게 된다. 작은 말에도 참지 못하고 쉽게 화를 낸다. 잘 들으려 하지 않으니 귀가 얇은 것이다.

경청을 잘 하는 사람은 듣기 좋은 소리보다 듣기 싫은 소리를 귀담아 듣는다. 비위를 맞추려고 아첨하는 말에 가까이 하려고도, 받아들이려지도 않는다. 그래서 경청이 말로는 쉬워도 행동으로 어려운 것이다.

착한 사람을 미련한 사람으로 생각하면 안 된다. 착한 사람은 다른 사람에게 피해를 주지 않는다. 다른 사람의 마음을 아프게 하는 말을 하지 않는다. 싫은 소리도 웃으면서 받으니까 미련한 것으로 생각하나 그것은 마음이 넓기 때문이다.

조선시대에 억울하고 원통한 일을 당한 백성들이 왕에게 직접 알릴 수 있는 '신문고(申聞鼓)'라는 제도가 있었다. 이러한 제도는 중국 요임금이 아랫사람의 의견을 듣기 위해 '감간지고(敢諫之鼓)'를 두었다는 고사에서 비롯된다. 우리나라는 1401년(태종 1년)에 설치하였다.

중국은 황제에게 직소하는 제도가 아니라 사간(司諫)·정언(正言)에게 알리는 수단인 데 반해 우리나라는 사헌부를 거쳐 해결되지 못한 것을 왕에게 직접 알릴 수 있다는 점에서 중국과 다르다. 백성들의 억울함을 풀어주기 위한 제도로 설치되었으나, 아무나 울릴 수 있는 신문고는 아니었을 것이다. 그렇다 하더라도 억울한 백성들에게는 힘이 되었을 것이고 죄를 지은 탐관오리에게는 일침을 가하는 계기가 되었을 것이다. 아무튼 억울한 백성들의 소리를 임금이 직접 듣는다는 점에서 경청과 유사한 점이 많다.

세종대왕과 같은 훌륭한 임금은 백성을 불쌍히 여기고 그 어려움을 덜어주는데 혼신의 힘을 다하였다. 한자 익히는 것에 어려움을 느끼는 백성을 보고 훈민정음을 창제하였을 뿐만 아니라 측우기, 해시계, 물시계와 같은 것을 발명하여 백성들의 생활을 윤택하게 하는 데에도 많은 업적을 남겼다. 이처럼 백성의 소리를 외면하지 않고 경청하였기에 지폐에도 나올 정도로 가장 추앙받는 임금으로 남아 있는 것이다.

폭군으로 불리는 연산군이 있다. 좋은 업적이 하나도 없는 것은 아니지만 좋지 않은 것에 대한 기억이 많다 보니 폭군으로 남아 있는 것 같다.

성군으로 남지 못한 가장 근본적인 이유는 무엇일까? 백성들의 소리를 무시하고 피로 얼룩진 역사를 만들었기 때문이다. 세종대왕과 연산군의 차이는 무엇일까? 경청이다.

경청은 말로는 쉽지만 행동으로 실천하기는 어렵다. 의지만 가지고도 되지 않는다. 반드시 행동으로 실천되어야 올바른 경청이다. 참을성이 없는 사람은 경청을 모른다. 올바른 경청은 많은 인내와 노력을 필요로 한다.

나 역시, 경청에 대하여 관심은 있지만, 아직도 부족함이 많다. 나에게 도움이 되는 좋은 충고를 감사하고 고맙게 받아들여야 함에도 서운하게 생각하여 얼굴을 붉히거나 언성을 높이게 되는 것을 보면 경청에 대한 수양이 부족함을 느낀다.

많은 사람들은 사실이든 사실이 아니든 귀에 듣기 좋은 말은 맹신할 정도로 좋아한다. 그러다가 조금이라도 귀에 거슬리는 말이 나오면 갑자기 얼굴이 변한다. 그래서 사람만큼 간사한 동물이 없나 보다.

듣는 사람의 기분을 상하게 하는 말은 말하는 사람의 입장에서 하기 쉽지 않다. 용기가 있어야 할 수 있다. '감정을 상하게 하는 것은 아닌지…….' '말다툼이 되는 것은 아닌지…….' '좋았던 관계가 끊어지는 것은 아닌지…….' 하는 걱정이 되기 때문이다.

가까운 사람에게 마음 편하게 말할 수 있을 것 같지만 그렇지도 않다. 어느 경우는 오히려 더 어려울 때가 있다. 하루라도 안 보면 죽을 것 같이 가까웠던 사람이 사소한 말 한마디에 등을 돌리고, 말도 하지 않고 지내는 경우도 있다. 모두 경청하는 자세의 부족이다.

'듣기 좋은 말도 여러 번 하면 듣기 싫다.'는 말이 있다. 하물며 듣기 싫은 말이야 오죽 하겠는가? 그러기에 듣기 싫은 말은 용기 있는 사람이나 할 수 있다. 눈치나 보고 이것저것 재는 사람은 용기 있는 말을 절대로 하지 못한다.

올곧은 의지를 꺾지 않고 귀중한 생명을 던진 충신들이 우러러 보이는 것은 불의에 맞선 아무나 할 수 없는 신념과 용기가 있었기 때문이다. 안중근 의사가 많은 회유와 협박에도 굴하지 않고 오로지 대한민국의 독립을 위하여 몸을 내던진 것도 용기가 없으면 하지 못할 일이다.

그러기에 듣기 싫은 말일수록 더 경청해야 한다. 듣기 좋은 말이든 싫은 말이든 진지하게 들어주어야 한다. 오히려 듣기 싫은 말을 더 진지하게 들어 주어야 한다.

그럼에도 많은 사람들은 어떠한가? 듣기 좋은 말은 사실이 아닌 것을 알고 있음에도 웃으면서 잘 들어주지만 듣기 싫은 말은 사실임에도 무시하거나 잘 들으려하지 않는다. 말하는 사람을 기분 나쁘게 쳐다보고, 말을 끊고, 딴전을 피우고, 심지어 얼굴을 붉히고 언성을 높인다.

그럼 어떤 사람이 경청을 잘하는 사람일까? 사람들과 잘 어울리는 사람이다. 경청하는 사람 주위에는 많은 사람들이 모인다. 다른 사람의 말을 잘 들어주고 속에 있는 말도 숨김없이 이야기하기 때문에 마음 편하게 다가갈 수 있다. 어려운 사람에게는 용기를 주고, 좋은 일이 있는 사람과는 기쁨을 함께 나눌 줄 안다. 내 주위에 사람들이 많이 모이는지 생각해 보라. 많이 모인다면 그래도 경청의 자세가 된 사람이다. 어떤 사람 주위에는 사람이 모이지 않는다. 와서 앉으라고 해도 피한다. 경청하지 않기 때문이다. 마음이 통하지 않으니 가까이 하지 않는다.

　어느 자리에서든 같이 앉기 싫은 사람이 있다. 마지못해 자리를 하더라도 가시방석이다. 아무 말 없이 죄 없는 하늘만 쳐다보며 답답한 가슴만 달랜다. 눈길 한 번 주지 않는다. 마음이 하나로 모이지 못하고 제각각이다.

　무슨 일을 추진할 때 의견을 들어 결정한다고 회의는 한다. 말이 회의지 사실은 설명회다. 아니 명령이다. 하나 마나한 결과가 정해진 회의라는 것을 다 알고 있으면서도 회의에 참여하고, 할 말 있어도 하지 않고 참는다. 괜히 시끄러운 일 만들어 분위기 험악하게 만드는 것보다 그대로 따르는 것이 마음이 편하기 때문이다. 반대 의견 내 봐야 통하지도 않고 욕만 바가지로 먹는데 누가 반대하겠는가? 막말로 공산당 식이다. 99%의 구성원이 옳다 하여도 자기 생각과 맞지 않으면 화를 내며 무시해 버린다. 많은 사람이 아니라고 해도 고집을 꺾지 않는다. 그러니 회의가 아니라 지시사항 전달이고 명령이다. 그러니 누가 만나고 싶어 하겠는가?

　경청하는 자세가 되어 있는 사람은 다른 사람의 마음을 편안하게 해 주는 사람이다. 누가 보아도 손해 보는 일을 하면서도 얼굴에는 웃음이 가득하다. 손해를 손해로 보는 것이 아니라 다른 사람을 위한 배려와 나눔으로 생각한다. 그러기에 얼굴에는 항상 행복이 담겨 있다.

　인천에 하나밖에 없는 누나가 있다. 모두다 법 없이도 살 사람이라고 한다. 아무리 듣기 싫은 말을 들어도 내색하지 않는다. 또 하고 싶은 말이 있어도 상대를 배려해서 싫은 소리 하지 않고 참는다. 그러기에 누나 주위에는 많은 사람들이 모인다. 듣기에 좋지 않은 말도 긍정적으로 듣고, 하고 싶은 말이 있어도 참고 아픔을 가슴에 묻고 혼자 앓는다. 무슨 선물 하나하더라도 가격보다는 마음에서 우러나는 정성을 가득 담는다.

집안의 경사가 있는 날이면 밤을 새워 가면서 간장 게장, 찹쌀 떡, 황태구이와 같은 것을 혼자 맡아서 해 온다. 누가 돈을 주는 것도 아니다. 얼마나 많이 해오는지 가족들이 맛있게 먹고도 집에 갈 때면 봉송으로 싸 갈 정도다. 어려운 살림에 돈 아까워하지 않고 건강 해치면서까지 밤을 새워 해 온다. 누구에게 보이기 위해서도 아니다. 오로지 가족들이 모여서 맛있게 먹는 모습이 좋아서란다. 이처럼 경청은 남을 위하는 배려와 나눔이 있는 착한 마음에서 시작된다.

남을 배려하고 도와주려는 마음이 없는 사람은 경청을 하지 못한다. 돈과 같은 물질적인 것에 감동하는 사람은 동물과 같다. 돈은 되지 않더라도 눈에 보이지 않는 따뜻한 마음에 감동할 줄 아는 사람이 마음을 같이 할 수 있는 사람이다. 그런 사람이 자랑스러운 누나다. 무엇이든 있으면 누나에게 해 주고 싶은 마음이 생긴다. 없으면 만들어서라도 주고 싶다.

누나를 만나면 헤어지기 싫다. 또 만나고 싶다. 이처럼 또 만나고 싶은 사람이 경청을 잘 하는 사람이다. 직장에서 꼴도 보기 싫은 사람이 있다. 자세히 보면 다른 사람의 말에 귀를 기울이지 않는 고집불통이다. 이런 사람은 되지 말아야 한다. 받은 것은 없어도 무엇이라도 더 해 주고 싶은 사람이 되어야 한다.

인천에 살고 있는 누나가 동창회 관계로 대전에 왔다. KBS텔레비전에 보도되기도 하였던 충남 연산에 있는 오골계 식당을 찾았다. 천연기념물인 연산 오골계는 이 집에서만 영업할 수 있도록 허가가 나 있다고 하였다. 가격도 좀 되었지만 맛있게 먹는 누나의 모습에 기분이 좋았다. 나나 아내도 처음 먹어보았다. 모두 누나 덕분이다.

아내와 대화하는 것을 가만히 들어보면 더 어려우면서도 우리 집 걱정이다. 무엇이든 도움을 주려고 한다. 물질적인 것에 고마운 것이 아니라 마음이다. 무슨 할 말이 그리 많은지 전화 한번 했다 하면 1시간 넘기는 것은 보통이다. 그 모습이 너무 아름다워 보이는 것은 누나나 아내나 서로 경청하기 때문이다. 같은 가족이라도 작은 것이라도 주는 것이 아까운 사람이 있고 큰 것이라도 아깝지 않은 사람이 있다. 경청하는 사람에 대한 차이다.

만나기 싫은 사람은 경청할 줄 모르는 사람이다. 같이 있는 시간이 고통인지라 빨리 헤어지고 싶다. 받아도 반갑지 않지만 해 주고 싶은 마음도 없다. 다시는 보고 싶지도 않고 꼴도 보기 싫다. 정말 이런 사람은 되지 말아야 한다. 그래서 경청이 중요하다.

어떤 사람은 할 말, 하지 못할 말 구분하지 못하고 마음대로 지껄인다. 지위가 높을수록 못할 말을 잘 가리지 못한다. 나이 먹으면 지갑은 열고 입은 닫으라 했다. '잘 익은 벼가 고개 숙인다.'라는 말이 있다. 속이 꽉 차있는 사람은 자기가 한 것을 감추려 한다. 오히려 다른 사람이 알게 되는 것을 부끄러워한다. 생색내지도 않는다. 그저 말없이 행동으로 보여준다.

'오른손이 하는 일을 왼손이 모르게 하라.'는 말이 있다. 아무리 좋은 일을 하였더라도 생색내지 말라는 말이다. 일 열심히 한 것 말하지 않아도 알 사람은 다 안다. 괜히 말해서 그 공이 다 무너지는 것이다. 좋은 일 했으면 남에게 보이지 않게 하라. 생색내려면 하지 마라. 하고 나서 주위 사람에게 부담 주는 것은 죄를 짓는 일이다.

낮은 사람에게 말할 때 듣는 사람 의식하지 않고 자기 입맛에 따라 하고 싶은 말 마음대로 하는 사람이 있다. 상사라는 더러운 이유로, 찍히지 않으려고, 마음에 들지 않아도 마음에 드는 것처럼 보여줄 뿐이다. 그것도 모르고 무슨 명언이나 하고 있는 것으로 착각하고 혼자 신나서 지껄인다. 얼마나 같은 말을 많이 들었으면 귀에 딱지 앉을 정도다. 듣는 사람 미치고 환장한다. 뒤돌아서서 있는 욕 없는 욕 다 한다.

'河己失音 官頭登可(하기실음 관두등가)'라는 말이 있다. '하기 싫으면 그만 두든가.'라는 말이 이 말에서 비롯된 것은 아닌지 하는 생각이 들지만 만약 그렇다면 잘못 쓰이고 있는 것 같다. 이 말은 '물

흐르듯 소리 없이 열심히 하면 높은 자리에 오를 수 있다.'는 뜻으로 누가 알아주기를 바라지 말고 자기 일에 열심히 하다 보면 뜻을 이룰 수 있다는 의미를 담고 있다. 일도 얼마하지 않은 사람이 생색은 더 낸다. 그러니 그 공이 다 무너지고 좋은 소리 듣지 못하는 것이다. 남모르게 일하는 사람이 진실한 사람이다. 남이 알아주기 바라는 사람은 진실하지 못한 사람이다.

반대로 지위가 낮은 사람이 상사에게 말할 때는 신중을 기한다. 상사의 마음을 불편하게 하지는 않을까 걱정이 되어 조심스럽게 말한다. 그러기에 지위가 낮은 사람의 말은 더 귀 기울여 들어야 할 가치가 있는 뼈가 되고 보약이 되는 말이다.

아랫사람 이야기 무시하고 윗사람 비위만 맞추다가 따돌림 당하는 사람 많이 본다. 그런 사람일수록 그것을 자기 재산인 것으로 알고 부끄러운 줄 모르고 자랑한다. 그러니 사람이 모일 리가 있는가? 무슨 말을 하다가도 그 사람만 나타나면 입을 닫는다. 안 그러면 금방 한 말이 위에까지 전달된다. 상사의 비위에 맞춰 생활하니 승진이 빠를지는 몰라도 자부심을 갖기에는 부끄러울 것이다. 승진 빠른 것이 좋은 것만은 아니라는 것을 퇴직할 때나 되어서 깨닫고 후회한다. 그 때서야 사람이 중요하다는 것을 느끼나 늦은 일이다.

경청은 나무의 뿌리다. 뿌리가 튼튼한 나무가 바람에 잘 견딘다. 새로 낸 도로 양쪽에 심어 놓은 나무가 세지도 않은 바람에 뿌리째 뽑혀 넘어져 있다. 뿌리가 제자리를 잡지 못하였으니 그럴 수밖에 없다. 뿌리 튼튼한 나무가 오래 가듯, 경청을 잘 하는 사람이 오래 간다.

지위의 높고 낮음을 떠나 경청할 줄 알아야 한다. 경청의 문화가 잘 이루어진 조직은 쉽게 무너지지 않는다. 위기를 극복할 수 있는 용광로의 쇳물과 같은 강한 응집력이 있다. 한 사람의 지혜는 여러 사람의 지혜를 이기지 못한다. 많은 사람의 지혜가 모여야 조직에 활기가 있고 새로운 시너지 효과를 창출해 낼 수 있다.

가정에서도 경청은 매우 중요하다. 가족 모두가 행복하게 생활할 수 있는 기초는 경청이다. 가족 하나하나의 작은 의견도 소중하게 들어주는 경청의 문화가 조성된다면 그 가정에는 복이 들어오게 되어 있다.

경청은 마음으로 듣고 보는 것이며 집중해서 들어야 한다. 대화를 하다 보면 상대의 이야기를 집중해서 듣지 않고 엉뚱한 말을 하거나 다시 물어서, 말하는 사람을 짜증나게 하는 경우가 있다. 이러한 자세는 올바른 경청의 자세가 아니다.

올바른 경청의 자세는 무엇일까? 첫째, 마음의 문을 열어야 한다. 상대방의 생각을 받아들일 수 있는 열린 마음이 있어야 하며 상대의 이야기에 공감하는 자세가 필요하다. 내가 더 알고 있다고 상대의 말을 끊고 자기주장을 이야기하는 것은 올바른 경청의 자세가 아니다. 상대의 말을 부정적으로 듣지 말고 긍정적으로 들을 수 있는 열린 마음을 가져야 한다. 공감해 줄 때 더 진지한 대화가 이루어질 수 있다.

둘째, 상대를 존중하고 인정할 줄 알아야 한다. 사람들은 돈과 권력이 있는 사람 앞에서는 고개를 끄덕이며 마음에 들지 않더라도 공감해 주지만 나보다 못하다고 생각하는 사람에게는 귀를 기울이지도 않고 말을 자주 끊는다. 상대방의 입장에서 생각해 보아야 한다. 이러한 행동은 상대의 인격을 모독하는 일이다. 말하는 사람은 나름대로 깊이 생각하고 절제된 말을 하는데 마음에 들지 않는다고 끊는 것은 상대에 대한 예의가 아니다. 상대를 존중하고 인정해 주는 것이 올바른 경청이다.

셋째, 할 말을 절제할 줄 알아야 한다. 아무리 좋은 음식도 계속 먹으면 질리듯, 듣기 좋은 말도 여러 번 들으면 듣기 싫다. 입맛에 맞는 말만 늘어놓지 말고 상대를 배려할 줄 아는 절제된 말을 사용할 줄 알아야 한다. 격한 감정일수록 침착함을 잃지 말고 냉정하여야 한다. 감정이 격해지면 그 끝이 보이지 않는다. 무슨 일이 일어날

지도 모르는 상황을 만들기도 한다. 최대한 감정을 자제하고 상대를 배려하는 말을 해야 한다. 상대가 욕을 할 것이라고 생각하고 있을 때 미안하다는 말을 하게 되면 쌓였던 감정이 눈 녹듯 사라지는 것을 경험하였을 것이다. 그래서 '지는 것이 이기는 것이다.'라는 말이 있다. 그런데도 이를 실천하는 사람은 그리 많지 않다. 상대가 기분 좋아하는 말을 하는 것은 좋은 일을 하는 것이다.

넷째, 예절을 갖추어야 한다. '죽마고우도 말 한마디로 갈라질 수 있다.' 아무리 사이가 가까운 친구라도 사소한 말 한마디로 갈라질 수 있다. 그래서 믿는 사람일수록 예절을 더 잘 지켜야 한다. 믿는다고 예절에 어긋나는 행동을 하는 것은 믿는 도끼에 발등 찍히는 격이다.

말을 들어보면 그 사람의 됨됨이를 알 수 있다. 말이 빠른 사람은 성격이 급하고, 말이 느린 사람은 행동이 느리고 답답하다. 거의 들어맞는다. 이처럼 말에 그 사람의 마음이 묻어 나온다. 그러기에 말 조심해야 한다.

말 한마디로 역사가 바뀐 일도 있고, 목숨을 잃은 일도 많다. 상대를 배려한 예절 바른 말은 위험에서 벗어날 수 있지만 그렇지 못하면 오히려 위험에 빠지게 된다. 그렇다고 마음에도 없는 말을 하라는 것이 아니다. 어느 경우에는 듣기 싫은 말도 할 수 있는 용기를 가져야 한다.

진정한 친구는 듣기 싫은 말에 감사할 줄 안다. 듣기 싫은 말이라고 화를 내는 것은 진정한 친구가 아니다. 진정한 친구이기에 귀에 거슬리는 말도 해 주는 것이다. 누가 기분 좋지 않은 말을 하고 싶어 하겠는가? 친구를 사랑하는 용기가 있기에 할 수 있는 것이다. 그러기에 화내기보다는 오히려 고마워해야 한다. 그것이 진정한 친구다.

재미있는 책보다는 위인들의 사상이 담겨 있는 재미없고 고루한 책이 인생에 도움이 된다고 법정 스님은 말씀하셨다. 좋은 것만 들으려 하지 말고 좋지 않더라도 나에게 도움이 되는 말을 잘 들을 줄 아는 사람이 현명한 사람이다.

고진감래! 쓴 것이 다하면 단 것이 오게 마련이다. 쓰다고 뱉지만 말고 삼킬 줄도 알아야 한다. 사탕발림의 듣기 좋은 말만 들으려 하지 말고 쓰더라도 깨달음을 얻을 수 있는 듣기 싫은 말도 경청하여야 한다. 지혜로운 사람은 듣기 싫은 말에서 자기의 잘못을 찾고 그것을 고치려 노력한다. 그런 사람은 반드시 성공한다.

나의 말을 듣고 공감해 준다고 하여 그것을 다 믿어서는 안 된다. 분위기 때문에 어쩔 수 없이 들어줄 때가 더 많다. 듣는 것보다 말하는 것을 즐기다 보면 뜻하지 않은 화를 입을 수 있다. 발 없는 말이 천리를 가고, 말이 보태지다 보면 하지도 않은 말로 오해를 낳는다. 그러기에 말을 아끼고 조심해야 한다.

'경청'이라는 책을 읽었다. 다른 사람의 말을 잘 듣지 않고 상사의 의견에만 충실했던 주인공 '베토벤'이 있다. 직장 잃고, 사람 잃고 나서 경청의 중요함을 깨닫는다. 경청하지 않아 동료 직원으로부터 따돌림 당하고 미움을 샀던 '베토벤'이었지만 경청을 알고서야 사람 사는 참 맛을 느끼게 된다. 경청의 소중함을 깨닫게 된 것이다.

장자의 '달생편'에 나오는 '목계(木鷄)'에 대한 우화다. 옛날 중국 주나라에 닭싸움을 좋아하는 선왕이 있었다. 닭을 잘 훈련시키는 기성자라는 사람을 불러 싸움닭 한 마리를 주고, 싸움을 잘하는 닭으로 훈련시키기를 명하였다. 10일 후 기성자를 불러

"훈련 상황이 어떠한가?"

"아직은 멀었습니다. 닭이 허장성세가 심한 것이 싸움할 준비가 안 되었습니다." 또 다시 10일 후 다시 물으니

"상대 닭을 보기만 하면 싸우려 하는 것이 훈련이 덜 되었습니다." 고 하여 다시 10일 후 다시 물으니

"아직도 상대 닭을 보면 살기를 번득이는 것이 훈련이 덜 되었습니다."고 하여 다시 10일 후 닭의 훈련 상태가 어떠한지 물으니

"이제는 훈련이 거의 되었습니다."하며, 닭이 나무로 만든 목계(木鷄)와 같다고 하였다.

살기를 번득이며 싸움을 하려 달려들다가도 마치 목계(木鷄)와 같으므로, 덕이 충만하여 상대방은 등을 돌리고 도망을 쳐서 싸움이 되질 않는다고 하였다.

상대의 도전에 반응이 없으면 싸움이 되지 않는다. 반응을 보이기 때문에 싸움이 된다. 경쟁과 투기심이 있을 때 상대에 대한 적개심이 생기는데 이러한 적개심을 없애면 싸움과 적이 생길 수 없다.

훌륭한 대통령으로 오래 남으려면 눈에 보이는 업적을 만드는 것도 좋지만 더 중요한 것은 힘없는 국민의 작은 소리를 경청하여야 한다.

대통령이 되면 다른 사람이 하지 못하는 거창한 사업을 벌인다. 두고두고 볼 수 있는 자랑거리를 만들려고 한다. 국민이 진정으로 바라고 있는 것이 무엇인지 경청하기보다는 눈에 보이는 위대한 업적을 남기려 한다. '국민들이 반대하여도 다 해 놓고 나면 이해해 줄 테지.'하는 기대를 가지고 밀어 붙인다.

대통령 주위에는 대통령 눈에 잘 들으려는 사람들이 많다. 대통령의 심기를 불편하게 하지 않으려고 듣기 좋은 말만 한다. 대통령의 뜻이 실린 사업을 추진할 때도 단점보다는 장점을 부각시켜 어떻게든 그 사업이 추진될 수 있도록 하는데 기여한다. 그러니 대통령이 마음만 먹으면 어떤 사업이라도 추진이 안 될 이유가 없다. 왕정시대도 아닌데도 할 말을 제대로 하지 못한다. 아니라고 해야 할 때 아니라고 하는 사람이 보이지 않는다. 대통령을 올바로 모시는 사람은 듣기에 좋은 말만 하는 사람이 아니라 듣기에는 거북할지라도 나라와 민족을 생각해서 말할 줄 아는 사람이다.

경청이란 듣기 좋은 말만 들으라는 것이 아니다. 찬성하는 사람보다도 반대하는 사람들의 말을 더 신중하게 듣고 이에 대한 대책을 세워야 한다.

말도 많고 탈도 많았던 4대강 사업이 끝났다. 감사 결과 우려했던 것이 현실로 나타나고 있다. 반대하였던 사람들의 목소리를 경청하였다면 문제를 최소화할 수 있었을 것이다. 또 더 좋은 결과를 가져왔을 것이다. 반대하는 사람들의 의견을 무시하고 불도저식으로 밀어붙이다 보니 호미로 막을 것을 가래로 막는 꼴이 된 것은 아닌지 모르겠다. 그래서 경청이 중요하다.

　진리는 다수결의 원리가 적용되지 않는다. 다수결이 좋을 때도 있고 그렇지 않을 때도 있다. 경부고속도로 만들 당시 찬성하는 사람보다 반대하는 사람이 더 많았다. 과연 반대하는 사람들의 말을 믿고 고속도로를 내지 말았어야 했을까? 그렇지 않을 것이다. 미래를 바라보는 의식의 차이다. 오늘날 경부고속도로를 얼마나 많은 사람들이 이용하고 있는가? 오히려 고속도로를 더 만들고 있는 실정이다. 경부고속도로는 경제 발전의 계기가 되는 중요한 역할을 하였다. 많은 국민이 반대하더라도 국가와 민족을 위한 지도자의 확실한 철학이 있다면 과감히 추진해야 한다. 지도자는 미래를 정확하게 예측할 수 있는 선견지명이 있어야 한다. 그렇다고 국민의 소리를 모두 무시하라는 것은 아니다.

　추구하는 가치관은 시대의 요구에 따라 다르다. 먹고 살기 힘들었던 시대에서는 잘 먹고 잘 사는 것이, 먹고 사는 것이 해결된 시대에서는 행복을 추구하는 것이 시대의 요구다. 세종시나 4대강 역시 역사가 평가해 줄 것이다. 섣부른 판단일지 모르지만 국론 분열이 심각했던 점은 인정해야 한다.

　세종시나 4대강 사업보다 더 중요한 것이 국민 통합이다. 눈앞의 이익에 연연하지 말고 당리당략을 떠나 진정으로 나라와 민족을 걱정하는 일에 한마음이 되어야 한다. 4대강 사업에 찬성과 반대하는 사람들의 생각이 모두 잘못된 것은 아니나 자기 쪽의 논리를 타당화하기 위해 유리하게 부풀린 면도 없지 있을 것이다.

　그렇다고 해서 자기 쪽의 주장만 옳다고 고집해서는 안 된다. 상대의 이야기도 경청하고 수용할 줄 알아야 한다. 상대의 작은 소리도 귀담아 듣고 사업을 추진하였다면 그렇게 시끄럽지는 않았을 것이다.

이청득심(以聽得心)!

귀담아 들으면(以聽) 사람의 마음을 얻을 수 있다(得心)는 뜻이다. 사람의 마음을 얻는 최고의 지혜는 귀담아 경청하는 일이다. 경청하는 자세는 겸손한 마음에서 출발한다. 겸손한 마음을 갖고 있지 못한 사람은 경청할 줄 모른다. 나를 낮춘다고 내가 낮아지는 것이 아니다. 키 작은 아이들의 눈높이에 맞추려면 키 큰 사람이 허리를 굽혀야 한다. 즉 상대에 대한 배려다. 경청은 상대에 대한 굴복이 아니라 배려다. 상대를 믿고 배려하는 아름다운 마음, 겸손에서 나오는 것이다.

이처럼 겸손은 자신에 대한 자긍심을 바탕으로 나를 낮추고 상대방의 자긍심을 높이는 것이다. 경청은 행복한 인생을 위한 선택이 아닌 필수다.

자긍심은 스스로에게 긍지를 가지는 마음이다. 나에 대한 믿음과 자긍심을 스스로 키울 줄 알아야 한다. '나는 칭찬과 존경을 받을 만한 훌륭한 사람이다.', '내가 잘한 일들이 결코 우연이 아니다.', '나는 무엇이든 이룰 수 있는 초능력을 가지고 있다.'는 생각으로 자긍심을 키울 줄 알아야 한다. 어느 경우에는 어떠한 모멸감이나 모욕을 당하더라도 의연하게 대처할 수 있는 목계(木鷄)도 되어야 한다.

경청하는 사람은 온화한 마음을 가지고 있다. 마음이 온화한 사람은 화를 잘 내지 않는다. 정제되지 않은 말을 함부로 하지도 않는다. 그래서 경청은 겸손에서 나온다. 신분이 높을수록 경청에 더 관심을 갖고 실천하여야 한다. 거만한 사람은 남의 말을 들으려 하지 않는다.

경청은 상대를 존중하는 따뜻한 관심과 사랑에서 출발한다. 경청은 하면 할수록 좋다. 지나쳐도 넘침이 없는 것이 경청이다. 경청은 배려, 나눔, 존중의 시작이다.

　지금까지의 생활을 뒤돌아보면서 나는 얼마나 경청하며 살아왔는지 생각해 보라. 그리고 오늘부터라도 경청을 실천해보라. 경청으로해서 얻는 기쁨은 나의 상상을 뛰어 넘을 것이다. 경청은 어울릴 줄아는 사람이 하는 미덕이다.

고려장

　나이가 많은 사람을 산중에 가져다 버리는 '고려장'이라는 풍습이 있었다. 연세가 일흔인 아버지를 지게에 지고 깊은 산중으로 들어갔다. 약간의 음식을 아버지 앞에 차려 드리고 마지막 하직 인사를 드린 다음 지게를 놓아둔 채 집으로 향했다. 그러자 그를 따라왔던 나이 어린 아들이 지게를 다시 졌다.

　"왜 지게를 버리지 않고 가져오느냐?"

　"할아버지를 버린 것처럼 아버지가 늙으면 저도 아버지를 버리려고 합니다."라고 어린 아들이 말하였다. 그 말에 크게 뉘우치고 다시 집으로 모셔서 그 전보다 더 잘 봉양하게 되었다. 그 뒤로 고려장이라는 악습이 없어졌다고 한다.

　고려장이 없어지게 된 내력을 말한 설화 중에 다른 이야기도 있다. 고려장이 국법으로 정해져 있는 나라에 사는 어느 효자는 아버지가 늙어 고려장 할 시기가 되었지만, 차마 그럴 수 없어 아버지를 숨겨 두고 봉양하였다.

　그러던 중 중국에서 똑같은 말 두 마리를 가지고 와서 어미 말과 새끼 말을 가리라고 하였다. 아무도 풀지 못하여 나라가 근심에 쌓여 있었다. 이 때 숨겨 두고 봉양하였던 늙은 아버지가 말하기를 "두 말을 굶기도록 한 다음 풀을 주었을 때 먼저 풀을 먹는 쪽이 새끼다."라고 하였다.

　사람이나 동물이나 아무리 먹을 것이 없어도 항상 자식을 먼저 챙기는 것을 알고 있기에 그 어려움을 해결하게 되었던 것이다. 늙은이도 쓸모가 있음을 깨닫게 된 나라에서는 이러한 악습을 폐지하였다.

　두 설화는 고려장의 폐지를 가져오는 내용이지만, 그 방법은 전혀 다르다. 앞 이야기는 불효를 강조하면서 손자의 지혜를 해결의 계기로 삼았고, 뒤 이야기는 노부모의 지혜로 국가적 문제를 해결하면서 고려장을 폐지하게 된 내용이다.

노인을 버리는 풍습은 인간으로서의 가치를 보이지 않는 정신적인 것이 아닌 육체적인 힘이나 능력 위주로 평가하였기 때문이다. 아들의 재치 있는 대처 방법이나 노인의 지혜는 인간의 존엄성과 정신적 가치의 중요성을 일깨워 준다.

수명이 늘다보니 노인 모시는 것이 사회적 문제가 되고 있다. 어느 집이고 모시지 않으려고 한다. 모시는 것이 귀찮아서 물건 맡기듯 요양원으로 보내고 놀러 다닐 것 다 놀러 다니는 사람도 있다. 그래도 요양원에 들어가는 사람은 행복한 사람이다. 돈 없으면 요양원에 가고 싶어도 가지 못한다.

재산 상속 받기 전에는 세상에 그런 효자 없다. 하늘이 무너져도 부모 모시는 것은 믿고 맡겨 달란다. 상속 끝나니 코빼기도 안 보인다. 머리가 좋지 않아선지 약아선지 모르지만 함흥차사다. 어차피 죽는 인생이지만 죽을 때 죽더라도 재산 상속하는 것 신중해야 한다. 다 주었다가는 길거리에 내몰리어 굶어 죽고, 조금만 주었다가는 매일 와서 조르는 통에 우울증에 죽고, 안 주었다가는 맞아 죽는 세상이다. 어떻게 해서 세상이 이 지경이 되었는지 통탄할 일이다.

그 재산이 어떤 재산인가? 먹고 싶어도, 입고 싶어도, 쓰고 싶어도 자식위해 피땀 흘려 평생 모은 재산이다. 그런데 못난 자식들은 그런 부모의 마음을 조금도 모른다. 주지 않는 것이 오로지 서운할 뿐이다. 재산 다 준다고 부모에게 고마워하는 자식 하나 없다. 죽을 때 누구 차지가 되더라도 재산 함부로 주지 말고 손에 꼭 쥐고 있어야 그래도 사람대접 조금이라도 받는다.

재산을 자식에게 다 주는 것은 자식 위하는 것 같아도 그렇지 않다. 오히려 자식 버리는 것이라는 것을 알아야 한다. 자식에게 재산 다 주고 나서 여기저기 구걸하면서 추하게 살지 말라. 세상에 제일 미련한 바보나 하는 짓거리다.

돈은 가지고 있다가 자식 와서 하는 것보고 하는 것에 맞게 주어

라. 돈보다 부모를 모시려는 마음이 보이면 돈을 주고, 부모를 돈으로 보면 돈 줄 필요 없다. 부모를 부모로 보지 않고 돈으로 보면 있는 것 혼자 쓰다가 남거든 사회에 환원하라. 물려주는 것보다 주지 않는 것이 자식을 위하는 길이다. 아무리 많은 재산 물려주더라도 없어지는 것 한 순간인 것을 주위에서 많이 보면서 왜 똑같은 어리석은 사람이 되려고 하는가? 아쉬울 때마다 부모 찾아와 손 벌리는 자식 억만금을 주어도 못 지킨다. '밑 빠진 독에 물 붓기'다.

스스로 재산 모으면서 인생사는 재미를 느끼는 자식이 되도록 하여야 한다. 그래야 돈의 소중함도 알고 함부로 낭비하지도 않는다. 어려울 때마다 도와주니 어려울 때마다 손 벌린다. 이 버릇 집안 재산 다 말라야만 고쳐진다.

돈 있어야 자식 얼굴 본다. 미리 다 주었다가는 자식 얼굴 보지도 못하고 신세타령하다 굶어 죽는다. 돈 주는 지혜도 가져야 한다. 아무 때나 주면 안 된다. 얼마나 자주 찾아와 정성을 다하는지 보고 하는 만큼 줘라. 잘 하면 많이 주고 잘 못하면 주지 마라. 잘 못하는데도 돈 주면 버릇만 나빠진다.

노인들 하는 것 보면 참 바보스럽다. 자식에게 재산 물려주고도 떳떳하지 못하다. 키워준 것 하나만으로도 떳떳할 자격이 충분하다. 당당할 자격이 있다. 그럼에도 무슨 죄를 지었기에 며느리한테 숨도 쉬지 못하는가? 모시려 하지 않으면 있는 것 가지고 요양원에 들어가 편히 살아라. 왜 며느리 눈치를 보며 사는가? 줄 것 다 주고도 왜 당당하지 못한가?

요즘 젊은 부부들 하는 것 보면 가관이다. 아이만 낳아 놓으면 큰일 한 것으로 안다. 자식 키우는 것은 다른 사람이 하는 것으로 안다. 직장 다닌다고 손자, 손녀 봐주니 자식 그냥 키운 줄 안다. 자식을 키워봐야 부모 고생 안다. 자식을 키워보지 않으니 지가 거저 큰 줄 안다. 그러니 부모 고마움 모르고 효도도 하지 않는다.

처음부터 빚 얻어 집 사주는 것도 좋은 것은 아니다. 전세살이도 인생 공부다. 처음부터 집 사주고, 차 사주니까 고생 모른다. 인생은 고생하면서 깨우치며 배우는 것이다.

돈 쓰는 것보다 중요한 것이 모으는 것이다. 자식에게 돈 주는 일, 한번으로 끝나지 않는다. 돈 떨어질 때마다 손 벌리는 자식 만들면 안 된다. 어렵게 돈 벌어봐야 가치를 알고 함부로 쓰지도 않는다. 나이 50이 넘었음에도 아직도 부모에게 기대는 사람이 있다. 돈 많은 부모덕으로 직장 구하고, 아파트, 자동차 사니 돈의 소중함을 어떻게 알겠는가? 어려울 때마다 '고향 부모 앞으로 갓!'이다. 이런 자식은 평생 부모 등골 빼 먹을 놈이다. 등골 빠지면 인생 끝이다. 등골이 그렇게 중요한데 그 등골을 자식이 빼 먹는다.

젊었을 때 고생 좀 하게 두어라. 주고 싶어도 참는 것이 자식 잘되게 만드는 일이다. 자식이 열심히 벌어서 집 사려고 하는데 돈이 좀 부족할 경우, 그런 때 조금 도와주는 것이 좋다. 물론 혼자서 마련하면 더 좋은 일이다.

자식이 스스로 일어설 수 있도록 하여야 한다. 도와주는 것은 반드시 한계가 있지만 능력은 한계가 없다. 부모에게 의지하는 것은 한계가 올 수밖에 없다. 그러나 부모의 도움이 없더라도 스스로 일어설 수 있는 힘을 가질 수 있도록 해 주어야 한다. 자식이 어렵게 사는 것을 보면 도와주고 싶지 않은 부모는 없다. 그러나 시기가 있다. 아무 때나 도와주면 일어서야 할 힘을 잃는다. 부모에게 의지할 수밖에 없다는 것을 학습시키는 것이다. 눈 감아야 끝나는 것이 자식 걱정이다.

요즘 같은 세상이면 '무자식이 상팔자다.'라는 말이 참으로 와 닿는다. 그러나 이러한 생각을 가지고 있는 사람은 인생을 잘못 사는 것이다. 인생은 그래도 자식 키우는 맛으로 살기도 한다. 자식 덕 좀 보자고 사는 인생은 아닌 것이다.

'유자식이 상팔자다.'라는 말이 맞는지도 모르겠다. 자식 키우면서 그래도 즐거웠지 않았는가? 자식 재롱에 힘든 일도 이겨내지 않았는가? 자식에게 사랑만 주다보니 사랑이 받기만 하는 것으로 안다. 부모와 자식 사이에도 사랑을 주고받을 수 있어야 한다.

아름답게 사는 것도 중요하지만 아름답게 죽는 것 또한 중요하다. 요양원에 가보면 인생이 참으로 허무하다는 것을 느낀다. 아무 의식도 없이 산소 호흡기로 목숨을 이어가는 사람이 있다. 정말 살아있다고 해야 할까? 갈등이 생긴다. 누가 그렇게 하고 싶어서 하겠냐만 사는 게 사는 것이 아니다. 이런 것을 보면 아름다운 죽음을 맞이하는 준비도 필요한 것 같다.

웰빙(well-being)이 유행어처럼 되어 있지만 엄숙해야 할 장례식이 자식들 품앗이로 변한 지도 오래다. 웰빙(well-being)은 '잘 사는 것'을 의미한다. 공기 좋은 곳을 찾고, 좋은 음식을 먹고, 몸에 맞는 운동을 하는 등 이 모든 것들이 행복하게 살기 위한 웰빙(well-being)이다. 이러한 웰빙(well-being)에 이어 요즘에는 웰다잉(well-dying)이 등장하고 있다. 언뜻 보면 잘 살기 위한 웰빙(well-being)과 잘 죽는 웰다잉(well-dying)이 반대의 개념으로 보일지 모르나 같다는 생각을 갖는다. 잘 죽는 것이 잘 사는 것이기 때문이다.

웰다잉(well-dying)하니 아버지 생각이 난다. 농촌에 있는 오지 학교인 서천 지산초등학교에서 근무할 때이다. 결혼한 지 한 달이 되었을 때다. 퇴근하고 부여 홍산에 있는 집에 돌아와 보니 '아버님이 보고 싶다고 찾으셔서 공주에 가요.'라는 아내의 메모지가 있었다. 집주인 전화로 연락이 와서 공주로 올라간 모양이다. 막차에도 아내는 오지 않았다.

다음날 학교에 출근하고 퇴근할 무렵 아버님이 돌아가셨다는 전화를 받았다. 어제까지 건강하셨던 아버지가 돌아가셨다는 것이 믿기지 않았다. 그러나 누가 사람 죽은 것 가지고 장난하겠는가? 택시를 불러 타고 집에 와서 짐을 챙겼다. 집주인에게 이야기하고 '아버지 돌아가셔서 지금 공주로 가고 있어.' 라는 메모를 방에 남기고 공주로 향했다.

안방에 아버님이 누워 계셨다. 돌아가셨다는 것이 믿기지 않았고 금방이라도 일어나실 것만 같았다. 아버님 얼굴에 볼을 비비면서 한없이 울었다. 모두가 그만하라고 말렸지만 아버지를 놓아드릴 수가 없었다.

아버지가 누구인가? 집안에서 큰소리 하나 치지 않으시며 어머니의 빈자리까지 채워주신 아버지다. 머슴보다도 더한 머슴살이를 하신 아버지다. 단 한번 혼내시지도 않으셨다. 그렇다고 기억에 남을 만한 칭찬을 받은 적도 없다.

물론 교육에 대하여 잘 아시는 것도 없지만 타고난 팔자대로 놔두신 것 같다. 특히 어머니 없이 철부지로 자란 나와 동생을 무척이나 사랑하셨다. 그 오랜 세월을 아주 오래 된 허름한 좁은 방에서 아버지, 나, 동생이 같이 잤다.

아버지가 피우시던 담배로 책받침이나 유리 위에 달걀을 만들기도 했고, 공중에 도넛 모양의 동그란 고리를 만들어 날리는 놀이도 했다. 물론 담배를 피운 것은 아니다. 얼마나 놀이거리가 없으면 그러한 놀이로 하면서 시간을 보냈겠는가? 그렇게 정이 든 아버지다.

소풍 때면 소주 한 병과 마른 멸치를 사서 술을 따라드리면 그렇게도 좋아하셨다. 그 추운 겨울날 이른 새벽에 조금이라도 더 따뜻하게 더 포근하게 자라고 아궁이에 불을 지펴 주신 아버지다. 추운 겨울날 먹을 것이 없던 그 시절, 대문 밖 무 구덩이에서 무를 꺼내서 숟가락으로 긁어 먹으면서 허기진 배를 채웠던 것을 생각하니 이 글을 쓰면서도 그 때의 모습이 너무나 생생하게 떠오른다.

공부 잘 하라고 하지도 않으셨고, 일을 시키지도 않으셨다. 그저 못난 자식 사랑하는 마음에 모든 것을 그 작은 체구에 혼자서 감당하신 것이다. 그런 아버지가 돌아가셨다.

나중에 안 일이지만 결혼한 지 한 달밖에 되지 않은 셋째 며느리인 아내가 보고 싶다고 하셔서 공주에 가게 된 것이다. 하룻밤을 지내면서 그 이튿날 점심까지 차려드리고 홍산으로 내려온 것이다. 집에 돌아온 아내가 나의 메모를 보고는 처음에는 장난일 줄 알았는데 부모 생명 가지고 장난치지는 않을 것이란 생각으로 다시 공주로 왔단다.

아버지는 분명히 돌아가실 준비를 하신 것이다. 셋째 아들을 그렇게 사랑하셨기에 며느리가 보고 싶으셨나 보다. 마지막 밥상을 받고 싶으셨던 모양이다. 그래서 부르셨던 것이다. 이것이 운명이다.

우리 아버지는 저 세상으로 가기까지 너무나 아름답게 살다 가셨다. 앞에서도 이야기했지만 누나와도 같이 착하셨다. 누구한테 싫은 소리 한번 하시지 않고 저 세상으로 가셨다. 아내가 차려준 밥상이 마지막 밥상이 될 줄 누가 알았겠는가? 아무도 아버지의 임종을 보지 못했다. 큰 형수님이 저녁 식사 하시라고 문을 열어보니 돌아오시지 못하는 잠에 들으신 것이다. 어떻게 보면 편히 영면에 드신 것이 행복인지도 모르겠다. 그래서 웰다잉(well-dying)이 중요하다.

장인어른은 공주 요양병원에서 아무 의식도 없이 한 달간 계시다가 돌아가셨다. 아무 의식이 없는 장인에게 처제가 귀에 대고 "아버지, 아버지" 부르면 말은 하시지 못해도 알아듣기는 하시는 모양이다. 눈에서는 눈물이 흘러 내렸고, 미세하나마 손가락을 꿈틀꿈틀하셨다. 무엇인가 할 말이 있음에도 말을 하시지 못하는 것 같았다. 그것이 장인어른의 운명인가 보다. 많은 사위 중에서 술을 좋아하는 나를 유독 좋아하셨던 분이시다. 너무나 가슴이 아팠고 효를 하지 못한 내 자신이 원망스러웠다.

사람은 언젠가 죽는다. 오래 살고 싶다고 오래 사는 것도 아니다. 미국과 일본 등 선진국들은 30～40년 전부터 웰다잉에 대해 관심을 쏟고 있다. 물질적인 면이 충족되고 나니, 그동안 외면했던 죽음을 바라볼 여유가 생긴 모양이다.

우리는 그동안 웰빙을 외치며 좋은 음식을 먹고 운동을 하며 몸을 건강하게 가꾸어 왔지만 웰다잉에 대해서는 남의 일로만 알았다. 이

제는 죽음을 아름답게 맞을 수 있도록 노력해야 할 때다. 웰빙과 웰
다잉, 그것은 동전의 양면과도 같다.

그러나 어떻게 해야 '잘 죽을 수 있는지' 가르쳐 주는 사람도 없다.
또한 정답도 없다. 여기에서의 죽음은 결코 자살과 같은 죽음이 아
니다. 어떤 일이 있어도 자살하는 행위는 주위의 모든 사람 마음을
아프게 하는 일이고 짐을 주는 일이기 때문에 절대 있어서는 안 된
다.

웰다잉은 우리에게 주어진 마지막 과제와도 같지만 인생을 멋지게
내려놓는 방법을 알고 웃으면서 죽음을 맞이하는 일이다.

살고 싶어 하는 사람은 있어도 죽고 싶어 하는 사람은 없다. "죽고
싶다. 죽고 싶다."라고 말하는 사람은 죽고 싶지 않은 사람이다. 어
떻게 보면 살려고 하는 욕망이 더 강한 사람이다.

삶과 죽음!

살고 있어도 죽어 있는 것보다 못할 때가 있고 죽었어도 살아 있
는 사람이 있다. 이런 면에서 삶과 죽음은 반대가 아니라 같이 이어
져 있다. 다만 그 기준이 다를 뿐이다.

웰빙의 중심이 건강한 육체라면, 웰다잉의 중심은 건강한 마음이
다. 욕심이 많은 사람은 죽음을 맞이하려 하지도 않고 거부한다. 죽
지 않기 위해 마지막 발악을 한다. 그렇다고 죽지 않는 것은 아닌데
말이다. 용을 쓰나 쓰지 않나 죽는 것 시간문제다.

김수한 추기경, 성철 스님, 법정 스님!

마지막을 보라. 얼마나 평온하게 떠나셨는가? 공통점은 욕심이 없
다는 것이다. 사랑과 봉사, 무소유의 정신으로 평생을 살아온 분들
이다. 욕심이 없으니 가진 것도 없고 가진 것이 없으니 줄 것도 없
다. 그러니 마음 편하게 떠날 수 있다.

불행의 근원은 욕심이다. 버리면 행복한 것을 왜 그 부질없는 욕
심을 가지려 하는가? 추접하게 죽지 말고 떳떳이 죽을 수 있는 능력
있는 사람이 되어야 한다. 돈이 없어서 손 벌리지 말고 지금이라도

웰다잉할 정도의 돈은 스스로 만들어 놓아야 한다. 자식에게 손 벌리는 부모가 되어서도 안 되고, 부모에게 손 내미는 자식이 되어서도 안 된다.

이 세상에 내가 태어났다는 것은 내가 할 일이 있기 때문이다. 내가 할 일을 찾아서 땀을 흘려라. 놀고먹는 사람이 되어 또 '고려장' 만들어야 정신 차리겠는가?

젊은이들이여! 어떻게 하여 이 세상에 나왔는가? 부모가 없었다면 이 아름다운 세상 볼 수나 있었는가? 노인이 되는 것 먼 것 같아도 바로 돌아오게 되어 있다. 부모 돌아가시고 모시지 못한 것 후회하지 말고 살아계실 때 지극 정성으로 모셔야 한다.

늙으신 부모 음식 드실 때 질질 흘리는 것도, 대소변 가리지 못하는 것도 모실 때 긴 것 같지만 지나고 나면 짧다. 고생이 아니라 나를 위해서 좋은 일 하는 것이다. 조금만 참으면 길고 긴 행복이 반드시 온다. 세월이 지나도 모신 것은 없어지지 않고 다시 돌아온다.

자식이 나에게 잘못하는 것은 내가 부모님께 했던 것을 그대로 받는 것이다. 손가락에 상처를 내어 피를 떨어뜨려 드시게 하고, 손가락을 잘라 뼈를 갈아드시게 하여 병을 치료하였다는 대전시 대덕구 법동에 있는 '송씨 정려각'에 새겨진 그런 사람이 되지는 못할망정 부모님 가슴에 못을 박아서는 안 된다. 부모님의 은혜에 보답은 하지 못할망정 "부모 등골 빼 먹을 놈."은 되지 마라.

고시레

새참을 먹기 전에 '고시레! 고시레!'하며 논이나 밭에 숟가락으로 음식을 던지는 풍습이 있다.

'풍년이 들도록 하는 풍습이겠지……'라는 생각을 어렸을 때부터 가지고 있었다. 물론 잘못된 생각은 아니다. 하지만 '고시레'는 같은 동네에 살았던 죽은 사람을 생각하는 따뜻한 마음이 담겨 있는 풍습이다.

옛날 충청도 당진 땅에 고씨 성을 가진 늙은 홀아비가 살았다. 가난한 살림에 아주 작은 논이 있었다. 그나마 그 땅은 비가 조금만 와도 수해를 입고 며칠만 비가 오지 않아도 한해를 입는 좋지 않은 땅이어서 굶기를 밥 먹듯 하였다.

곡식을 심어놓고 잘 자라기를 기원하였지만 가뭄이 계속된 어느 해 애써 가꾼 곡식이 메말라가고 있었다. 이를 보다 못한 고씨 노인은 커다란 통으로 아래 논에서 물을 퍼 올렸다. 노쇠한 몸에 제대로 먹지도 못하여서 결국은 지쳐 쓰러져 죽고 말았다.

죽은 지 며칠 후에야 마을 사람들에 의해 발견되었다. 마을 사람들은 고씨네 논이 바라다 보이는 건너편 산허리에 그를 묻었다.

같은 마을에 살던 전서방이 논둑에서 점심을 먹으려고 첫 숟가락을 뜨는 순간 산허리에 있는 고씨 무덤이 눈에 들어왔다. 전서방은 한평생 일만 하고 고생하다 먹지도 못하고 죽은 고씨가 불쌍해 '고씨네~'하고 이름을 부르며 첫 숟가락의 밥을 무덤을 향해 던졌다.

이 때문인지 몰라도 전서방네 농사는 다른 해보다 갑절 잘 되었고, 이 사실을 전해들은 마을 사람들은 논이나 밭에서 음식을 먹을 때 먼저 '고씨네' 하고 첫술을 던졌다. 그런데 그렇게 한 사람은 모두 풍년이 드는 것이었다.

이 이야기가 널리 퍼지며 '고씨네~'하는 말이 '고시레'로 변하여 오늘날까지 전해지고 있는 것이다.

옛날 사람들은 음식을 먹을 때 모든 음식에서 조금씩 덜어내어 그릇사이에 놓고 만든 사람에 대하여 엄숙하게 공경하였다. 근본을 잊지 않기 위함이다.

인도의 시성 타고르는 일찍이 우리나라를 가리켜 '동방예의지국'이라 하여, 법 없이도 살아 갈 수 있는 예절 바른 민족이라 하였다. 단군의 건국이념인 홍익인간(弘益人間)만 보아도 더불어 사는 생활을 얼마나 중시하였는지 알 수 있다.

조상들의 아름다운 풍속 중에 아직까지도 이어지고 있는 품앗이, 계, 두레, 향약과 같은 것이 있다.

품앗이는 노인이나 젊은이, 일의 잘 하고 못함을 구분하지 않고 서로의 일을 도와주었던 일종의 1:1의 노동 교환 형태다. 젊은 사람이 나이 많이 먹은 사람보다 일을 두 배로 잘 한다고 해서 젊은 사람은 하루, 나이 먹은 사람은 이틀 일해 주는 것이 아니라 똑같이 하루씩 해 주었다. 모내기 할 때도 일을 잘 하지 못하시는 연세 많이 드신 분께는 논두렁의 양쪽 끝에서 못줄 띄우는 힘이 덜 드는, 그래도 누군가는 반드시 해야 하는 단순한 일감을 드렸다. 이처럼 일 못하는 노인이라 푸대접하지도 않았고, 차등을 두지도 않았다. 일을 잘하고 못하고를 떠나 평등하게 대하는 상부상조의 따뜻한 마음씨가 담겨 있는 아름다운 노동 형태이다.

지금이야 회갑 잔치하면 욕먹을 일이지만 의료 혜택도 부족하고 먹을 것 없었던 시절 회갑을 넘기어 산다는 것이 쉽지 않았다. 그래서 회갑이 되면 마을 사람들을 초대하여 많은 음식을 장만하여 대접하였다. 이웃 마을 사람까지 초대하다보니 먹고 살기 힘든 시절에 음식 준비하는 것이 그렇게 쉽지 않았다.

또한 집안에 누가 돌아가시기라도 하면 없는 살림에 음식을 준비하는 것도 매우 부담이 되었다. 지금이야 스마트폰의 문자 메시지를 이용하여 부고를 신속하게 알릴 수 있으나 과거에는 마을마다 사람을 배정하여 부고장을 돌렸다.

　이처럼 회갑이나 상을 당하였을 때 많은 사람에게 알리어 음식을 준비하다 보니 부담이 되지 않을 수가 없었다. 회갑이야 정해진 날이 있으니까 미리 준비할 수 있지만 사람이 죽는다는 것은 정해진 날이 없으니 상을 당하기라도 할 것 같으면 준비하는데 많은 어려움이 있었다.

　이러한 큰 일이 닥치면 모두가 자기 일로 생각하고 팔을 걷고 도와주었다. 또한 이러한 큰일에 대비하여 '막걸리계', '쌀계'와 같은 계를 조직하였는데 누가 먼저 타든 늦게 타든 상관하지도 않았고 받는 것 또한 똑같았다. 이러한 모습에서 조상들의 아름다운 상부상조 정신을 엿볼 수 있다.

　어린 아이들까지도 마을을 담당하여 부고장을 돌렸을 정도로 한마음이었다. 부고장을 사립문에 끼워 넣으며 땀 흘렸던 그 시절이 너무나 정겹게 느껴진다.

　마을 일 중에는 한 두 사람의 힘으로는 할 수 없어 여러 사람이 모여야만 할 수 있는 공동 작업이 있었다. 냇물에 보를 만드는 일, 도로에 자갈을 까는 일, 황무지인 산에 나무를 심는 '사방공사' 등과 같은 일이다. 이러한 공동 작업이 바로 '두레'다.

　공동작업 할 때도 한 집에서 한 사람씩 나오게 하였는데 나이의 많고 적음, 일의 잘하고 못함을 따지지 않았다. 일을 잘못하는 아이가 나와도 인정해 주었다. 일을 처음 배우는 어린 아이지만 일의 잘못함을 꾸짖지 않고 자식 대하듯 자상하게 가르쳐 주기도 하고 그 아이가 할 수 있는 일감을 주었다. 아이들은 어른들께 감사하는 마음을 갖게 되었고 어른이 되어서도 어렸을 때의 혜택을 잊지 않고 아이들을 배려하니 아름다운 전통이 이어지게 되는 것이다.

　또한 착한 것을 권하고 나쁜 것은 벌하는 '권선징악'을 실천하도록 마을의 약속인 '향약'이 있었다. 그 마을의 특성에 맞게 만든 약속이므로 그 마을 사람이라면 지키지 않을 수 없었다. 만약 지키지 않게 되면 그에 따른 매우 엄격한 벌을 받아야 했다. 그러니 어떻게 동네 어른들께 예절 바르지 못한 행동을 할 수 있겠는가! 내가 어렸을 때 동네 어르신들의 말씀이라면 그 말의 옳고 그름을 따지기 전에 무조건 따라야 했다. 만약 따르지 않을 경우에는 동네에서 '못된 놈'으로 낙인 찍혀서 생활해 나가기가 힘들었다.

어디 그 뿐인가? 지금이야 길거리마다 미용실, 이발소가 있지만 옛날에는 미용실 찾아보기가 힘들었다. 여자들이 파마를 할 때도 파마하는 사람이 도구를 가지고 그 동네에 나타나게 되면 그 날이 그 동네 여자들 파마하는 날이었다. 그렇지 않으면 파마하는 도구와 약품을 몇몇 사람들이 같이 준비하여 서로 해주기도 하였다.

이발을 할 때도 아무 때나 할 수 있는 것이 아니었다. 1년에 몇 번 정도 정해 놓고 이발을 하였다. 지금은 이발할 때마다 돈을 주고 하지만 옛날에는 1년에 쌀 한 말, 보리쌀 한 말씩을 주고 이발을 하였다. 이발 도구가 좋지 않아 머리카락이 뽑히거나 면도 잘못해서 피가 나는 웃음이 나오는 일도 있었다. 지금 같으면 고소하느니 변상해 달라느니 난리가 날 일이다. 또한 의자도 좋지 않아서 아이들이 이발할 때면 의자 양손 걸치는 곳에 판자를 얹어 그 위에 올라가 앉도록 하였다.

이발뿐이 아니었다. 참외나 수박, 복숭아, 자두 같은 것을 사 먹기도 어려웠던 시절이다 보니 돈보다는 쌀이나 보리쌀을 주고 먼 길을 마다하지 않았고, 밤중에 밭이나 과수원에 몰래 들어가 서리도 하였다. 서리를 하다가 주인에게 잡혀도 변상을 요구받지도 않았으며 오히려 다시는 하지 말라고 타이르며 얼마나 먹고 싶었겠냐면서 흠집이 있는 상품 가치 없는 것을 먹도록 배려도 하였다. 지금 같으면 변상이나 형사적 책임도 생각하여야 할 일이다.

요즘 길거리에서 청소년들의 비행을 자주 본다. 어른들이 옆에 있어도 아랑곳하지 않는다. 어떤 망신을 당할지 모르는 시대다보니 훈계하기도 겁난다. 참으로 가슴 아픈 일이다. 과거에도 술을 먹거나 담배를 피우는 아이들이 있었다. 그러나 그 때는 기본 예의는 있었다. 최소한 술을 먹어도 예의에 벗어나지 않았으며, 담배도 어른들 피해서 피우는 것은 기본이었다. 그런데 지금은 어떠한가?

많은 사람들이 오고가는 근린공원의 정자에서 교복을 버젓이 입은채 어른들 의식하지 않고 담배를 피우는 학생들이 있다. 정말 이래서는 안 된다. 기본은 있어야 한다. 어른들을 공경은 못할망정 미안해 할 줄 아는 최소한의 양심은 있어야 한다. 어른들 말씀은 듣지 않을 지라도 보는 앞에서 듣는 체라도 할 줄 알아야 한다.

우리 조상들은 네 아이, 내 아이 가리지 않고 관심과 사랑을 주었다. 나만을 위함이 아닌 배려와 나눔이 있는 생활을 실천하였던 것이다.

지금은 시골에서도 중화요리를 시켜 먹거나 식당에 가서 점심을 먹지만 모내기 날이면 동네 아주머니들이 광주리에 음식을 머리에 이고 새참을 들녘으로 날라다 먹었다. 일을 다 마치고 저녁 식사를 하게 되면 일하는 사람만 먹는 것이 아니라 일하지도 않은 할아버지, 할머니, 아이 할 것 없이 동네 모든 사람들이 모여 음식을 나누어 먹었다. 하루에 서너 집을 돌며 일을 하기도 하였는데 일을 마친 저녁을 먹을 때는 그래도 살림이 나은 집을 찾아 그 집의 일을 맨 나중에 하고 그 집에서 저녁을 먹었다. 일은 다른 집에서 하고 음식은 왜 내 집에서 먹느냐고 따지는 사람이 없을 정도로 따뜻하고 아름다운 나눔이 있었다. 그러한 문화는 그 동네에서 살아 본 사람이라면 누구나 알고 있었고 당연하게 받아들였다. 이것이 바로 생활로 실천한 대대로 대물림된 나눔의 문화다.

들녘에서 술상을 차려 새참을 먹을 때도 어른들이 먼저 드신 다음에 젊은이들 차지가 돌아왔다. 올바른 주법이 무엇인지 배우는 자리가 되었고, 담배를 피우더라도 집동가리 뒤에 숨어서 보이지 않게 피우는 것이 기본 예의였다.

나눔의 문화는 내 것을 챙기는 것이 아니다. 내 것을 나눌 줄 아는 문화다. 이러한 문화는 식생활에서도 많이 나타난다. 서양의 음식 문화를 보면 찌개와 같이 공동으로 같이 먹는 것을 보기 힘들다. 그러나 찌개를 보자. 개인별로 나뉘어져 있는 것이 아니라 공동으로 먹는다. 먹던 숟가락임에도 개의치 않고 찌개를 먹는다. 찌개 하나만 보아도 공동체라는 것을 더욱 느끼게 한다. 어떤 사람은 찌개를 가리켜 한국인만이 가질 수 있는 인간미가 흐르는 문화라고도 하였다. 이것이 오늘날의 대한민국을 있게 한 '찌개문화'다.

우리 조상들은 음식을 남기거나 함부로 버리는 일을 매우 엄하게 금하였다. 매일 먹는 음식이 어떠한 과정을 거쳐 식탁에 오르게 되었는지 생각해 보고 이와 관련된 많은 사람들의 고마움을 잊지 않았다. 쌀뜨물도 버리지 않고 국이나 찌개의 국물이나 가축의 먹이로 사용하였다. 밥그릇에 밥 한 알이라도 붙여 남기면 혼났다. 그릇을 깨끗하게 비우는 것이 기본이었다. 농사짓는 농부가 없고, 고기를 잡는 어부가 없고, 자동차를 만드는 기술자가 없다고 생각해 보자. 맛있는 쌀, 생선을 어떻게 편하게 먹을 수 있으며, 자동차를 어떻게 타고 다닐 수 있겠는가?

그래서 주위의 많은 사람들이 모두 고마운 것이다. 그 고마움을 잊지 말아야 한다. 주위에 있는 사람들이 못 살고 나만 행복하면 좋을 것 같아도 그렇지 않다. 주위 사람들로부터 얼마나 시달림을 당하겠는가? 가지고 있고 나눌 줄 모른다면 얼마가지 못해 불행을 만난다.

주위 사람이 없어 보아야 주위 사람의 고마움을 느낀다. 주위 사람이 없으면 도와주려고 해도 도와줄 수 없다. 죽은 사람도 생각해서 나누어 먹으려 하는 민족이 바로 우리 민족이다. 기왕이면 죽은 사람보다 지금 서로 몸을 맞대고 있는 사람들에게 베푸는 것이 더 좋다. '고시레'와 같은 고마움을 주는 사람이 되자.

사람과 동물의 다른 점은 무엇일까? 힘이 센 동물이 약한 동물이 불쌍하다고 굶어 죽지는 않는다. 동물 세계에서는 인정사정없다. 오로지 힘이 센 동물만이 살아남는 것이다. 그러나 인간은 그렇지 않다. 부자라고 가난한 사람을 우습게 여기고, 힘이 세다고 힘이 약한 사람을 괴롭히지 않는다. 도움을 주려고 하는 것이 인간이다.

'고시레'와 같은 생활!

이와 같은 생활이 행복 지수를 높이는 생활이다. 행복을 많이 지으면 반드시 나에게 오게 되어 있다. 대기의 순환이 있듯, 행복의 순환이 있다. 행복을 많이 나누면 나눌수록 그 행복은 더 크게 나에게 다가온다.

고시레!

까치밥

서리가 내리는 늦가을 따지 않은 감 몇 개가 외롭게 나뭇가지에 달려 있다. 지금이야 일손이 부족하여 따지 않고 그대로 둔 감나무를 많이 볼 수 있지만 먹고 살기 힘들었던 시절에 감 한 개를 그냥 남겨 둔다는 것은 쉽지 않은 일이었다.

산 짐승들도 먹고 자랄 수 있도록 배려하여 식량으로 남겨 둔 것이 '까치밥'이다. 수확할 때 다 따지 않고 몇 개 남겨 놓은 대표적인 것이 감이다. 감을 따 본 사람은 알지만 감 따는 일은 장난이 아니다. 높이 달려 있는 감을 따려면 장대가 길어야 하는데 무게가 만만치 않다. 몇 개 따고나면 팔이 떨어져 나가는 것 같고 목이 끊어지는 것 같은 고통이 따른다. 하늘을 쳐다보기도 싫을 정도로 고개를 위로 하는 것이 힘들다.

처가에 감나무 몇 그루가 있는데 딸 시기가 돌아오면 골칫거리다. 84살의 홀로 되신 장모님은 다른 사람이 감 다 따간다고 여기저기 전화를 하신다. 옛날 장인어른이 계실 때만 해도 그 따기 어려운 감을 따서 시장에 팔기도 하셨고 8남매 집에 보내주시기도 하셨다. 감을 따시다가 감나무에서 떨어지셔서 서울 병원에서 허리 대수술까지 했다. 그렇게 소중했던 감을 어떻게 다른 사람이 따가게 할 수 있겠는가?

감나무의 감을 따지 못하고 그냥 두는 것은 처가만의 일은 아니다. 시골에 젊은이가 없다보니 그대로 두는 집도 많다. 어려웠던 시절, 감 따는 일이 어렵고 위험함에도 먹을 것이 귀하다 보니 남겨두는 일이 없었지만 먹고 살만한 요즘에는 별 신경을 쓰지도 않는다. 그 전처럼 악착같이 따려고도 하지 않는다. 좋아하는 사람이 있으면 따다 먹으라고 할 정도다.

추운 겨울철 그것도 눈이 온 세상을 하얗게 덮어버리면 새들이 먹이를 구하기가 힘들다. 그러다보니 위험을 무릅쓰고 사람들이 사는 마을까지 내려왔는데 그 중에서도 대표적인 새가 까치다. 길조로 불리는 까치가 울면 좋은 일이 생길 것이라고 많은 사람들은 생각한다. 그만큼 믿음과 친근감이 있는 새다.

그러나 아무리 배가 고파도 사람이 살고 있는 집안까지는 들어올 수 없다. 이러한 새들에게 한 끼의 배고픔이라도 해결하라고 다 따지 않고 한두 개를 남겨 두었던 것이 바로 '까치밥'이다. 이처럼 먹고 살기 어려울 때임에도 새들까지 배려한 따뜻한 마음을 가진 사람들이 바로 우리 조상이다.

요즘 세상을 보면 살기에 바빠서인지는 몰라도 너무나 각박하다는 생각을 갖는다. 누구는 먹고 살기 어려울 정도로 어려운가하면 누구는 돈이 너무 많아 해외로 빼돌리기도 한다. 은행에 개인 금고도 마련해 두고 있다. 불공평하다는 생각도 들지만 돈이 인생의 모두는 아니라는 생각이 든다. 어느 경우는 돈 없는 사람이 돈 많은 사람보다 더 행복하게 살기도 한다.

'갑과 을'의 논쟁 또한 뜨겁다. 더 가진 사람이 덜 가진 사람을 배려하는 마음을 갖는다면 갑과 을의 논쟁은 없을 것이다. 가진 사람이 더 가지려하고 덜 가진 사람을 등쳐먹으니 '갑과 을'의 논쟁이 나온다. 이왕 나쁜 일 하려면 권력 있고, 힘세고, 나보다 돈 많은 사람 것 뜯어서 없는 사람 좀 나눠줘라. 권력, 힘, 돈 없는 사람에게 왜 피눈물 나게 하는가? 약자를 배려하는 사회가 진정으로 아름다운 사회다.

대기업은 일하기도 편하고 대우도 좋다. 그러다보니 취직하려고 난리다. 중소기업은 일하기도 어렵고 대우도 좋지 않다. 그러다보니 쳐다보지도 않는다. 중소기업은 일할 사람이 없어 해외에서 들어올 정도다. 비단 급여만의 차이는 아닐 것이다. 작업 환경이나 사회적 지위 등에서도 많은 차별이 있는 것이 현실이다.

하청업체나 관련 중소기업체는 대기업의 눈치만 본다. 이래서는 안 된다. 사실 대기업의 막대한 이윤은 관련 하청업체에서 만들어준 것이다. 그럼에도 많은 이윤을 대기업이 가져간다. 이것이 대기업의 횡포가 아니고 무엇이겠는가?

요즘 논쟁이 되고 있는 '갑과 을'의 문화는 반드시 개선되어야 한다. '갑과 을'이 서로 상생하는 문화가 조성되어야 한다.

내가 장항초등학교에 근무할 때이다. 장항 제련소에 필리핀 배가 광석을 싣고 오는 날이면 장항 사창가가 떠들썩하다. 선원들을 서로 끌고 가려고 경쟁이 말이 아니다. 지금도 일부 관광지에서 볼 수 있는 것처럼 호객 행위가 심하였다.

그러나 이러한 것 말고 놀라운 사실 하나가 있다. 선원들이 배에서 내릴 때 가장 늦게 문단속하고 내리는 사람이 선장이라는 사실이다. 우리나라 같으면 어떤가? 선장이 제일 먼저 내리고 지위가 낮을수록 늦게 내리고 문단속을 한다. 힘이 있는 자리에 있으면 그만큼 책임도 져야 한다. 힘이 있다고 힘이 없는 사람을 업신여겨서는 안 된다. 힘이 약한 사람일수록 더 배려하고 도와주어야 한다.

기업도 마찬가지다. 대기업이라고 하청업체를 마음대로 주물러서는 안 된다. 하청업체가 튼튼할 때 더 좋은 제품이 나오고 더 높은 이윤을 얻을 수 있다. 역으로 말하면 '을'이 튼튼해야 '갑'도 튼튼한 것이다. 노사분규가 일어나면 많은 손실을 입는다. 그래도 대기업은 쉽게 일어나지만 중소기업은 다시는 일어설 수 없을 정도의 타격을 입는다. 심지어 도산한다. 이것이 우리나라 기업의 현실이다.

대기업이 동네 빵집까지 손을 대고 있다. 돈 없는 어려운 사람들도 먹고 살 구멍은 있어야 한다. 유명 브랜드 제과점의 경우, 죽으라고 돈 벌어봤자 소용없다는 말들을 한다. 몇 년마다 한 번씩 인테리어를 새로 해야 되는데 그동안 모은 돈으로 인테리어 하고 나면 남는 것 하나도 없단다. 인테리어도 회사에서 요구하는 업체에 맡겨야 하고 가격도 정해져 있다. 사실 그 인테리어는 분점이 아니라 본점에서 해 주어야 하는 것 아닌가? 정말 이것은 아니다. 그 회사 이윤 만들어 준 사람은 소비자와 직접 상대한 분점의 영세 상인이다. 이러한 사람이 더 잘 살아야 한다. 밑바닥에서 실제 돈 버는 사람은 땀만 흘리고 돈도 벌지 못하고 가만히 앉아 노는 사람이 돈 다 가져가서는 안 된다.

소도 비빌 언덕이 있어야 비빈다. 일할 수 있는 환경이 만들어져야 일할 맛이 나는 법이다. '까치밥'의 의미를 바르게 알자. 나보다 더 어려운 사람을 굽어보는 사람이 되자. 똑같은 돈도 돈 많은 사람과 돈 없는 사람의 느낌은 다르다. 어려운 사람 도와주는 일이 얼마나 행복한 일을 하는 것인지는 실제로 해 본 사람만이 알 수 있다. '을'에게 투자하는 것은 '갑'에게 투자하는 것과 같다. '을'이 잘 되어야 '갑'도 잘 된다. 그런 세상이 행복한 세상이다.

꽃과 얼굴

'양귀비'라는 꽃이 있다. 양귀비는 당나라 현종의 황후이며 최고의 미인으로 불리는 사람이다. '양귀비'라는 꽃 역시 양귀비에 비길 만큼 아름답다고 해서 붙여진 이름이다.

그리스 신화에 곡물과 대지의 여신인 데메테르가 저승의 지배자인 하데스한테 빼앗긴 딸 페르세포네를 찾아 헤매다가 이 꽃을 꺾어 스스로 위안을 찾았다는 이야기도 있다. 양귀비가 많은 사람들의 마음을 끌어당기는 아름다움을 지닌 미인이었다는 것은 역사를 통하여 잘 알려지고 있다. 양귀비 꽃 또한 사람들의 시선을 사로잡는 아름다운 꽃이다.

시골 사람들은 마약성분이 들어 있는 이 양귀비를 배 아플 때 잘 낫는 특효약으로 알고 재배하여 먹기도 하였다. 물론 양귀비는 마약의 원료로 사용되는 아주 위험한 식물이어서 나라에서는 재배를 엄격히 법으로 금지하여 단속하고 있다.

20대의 양귀비는 40대의 안록산을 수양아들로 삼고 가까이 하였다. 그렇게 아꼈던 안록산이 난을 일으키자 현종과 함께 피난하던 양귀비는 격노한 백성들의 손에 비참한 최후를 마감하였다. 그래서일까, 지중해 연안에서 들여온 '아편 꽃'이 사람의 마음을 현혹시키고 중독시킴으로써 패망의 길로 들어서게 하는 치명적인 아름다움이 있다고 하여 '양귀비(楊貴妃)'라 불리게 되었다.

일본의 국화로 알고 있는 벚꽃을 보자. 벚꽃 피는 시기에 따라 전국 곳곳에서 축제가 열리지 않는 곳이 없을 정도다. 그 화사하게 피었던 벚꽃이 오래가지 못하다 보니 아쉬움도 많이 남는 듯하다. 어떻게 보면 제2차 세계대전 때의 일본의 모습을 잘 보여주는 꽃이라는 생각도 든다. 권력의 무상함과도 무관치 않다는 생각이 든다. 또한 그 화려했던 벚꽃이 얼마가지 못하고 초라하게 지는 것을 보면 인생의 한 단면을 보는 것 같기도 하다.

　꽃 중 으뜸은 무엇일까? 많은 사람들이 장미를 꼽는다. 아름다움과 향기가 다른 모든 꽃들을 무색하게 만들기도 한다. 여성에 비유되는 장미지만 가시 때문에 함부로 만지지 못한다.

　가시에 대한 페르시아의 전설이 있다. 옛날 연꽃이 화왕(花王)인 시절, 연꽃이 밤에 잠만 자고 다른 꽃들을 지켜주지 않자, 꽃들이 신에게 호소하였다. 그래서 신은 흰 장미를 만들어 가시를 무기로 주었다.

　그런데 흰 장미의 아름다움에 끌린 나이팅게일이 흰 장미를 안으려다 그 가시에 찔려 죽게 되었고 그 피가 흰 장미를 적셔 붉은 장미가 태어났다고 한다. 그래서 장미와 여성은 아름답지만 가까이 하려면 조심해야 한다.

　장미의 꽃말은 '애정', '사랑의 사자', '행복한 사랑' 등이 있지만, 다른 꽃말로 '밀회(密會)의 비밀'도 있다.

　로마신화에서 사랑의 신 주피터가 어머니인 비너스의 로맨스를 말하지 말아달라고 침묵의 신인 해포크라테스에게 부탁하였다. 침묵의 신은 그렇게 하겠다는 응답으로 장미를 보냈다. 그 후 장미는 밀회의 비밀을 지켜주는 꽃이 되었다. 그래서 로마시대 연회석 천장에는 말조심하라는 표시로 장미를 조각했으며, 16세기 중엽 교회의 참회실에 장미를 걸었다 한다. 이처럼 장미에 얽힌 이야기를 보면 좋은 것만은 아닌 것 같다.

　이외에도 많은 사람의 사랑을 받는 꽃은 얼마든지 있다. 또한 아무도 찾아주지 않는 이름 모를 야생화가 있는가 하면 나라꽃이면서도 대우도 제대로 받지 못하는 무궁화가 있다.

　무궁화는 화려하지도 않고, 향기가 진한 것도 아니다. 쉽게 시들지도 않는다. 어쩌면 파란만장한 대한민국 오천년 역사를 말없이 보여주는 꽃이라는 생각도 든다. 화려하지도 않고 향기도 없지만 천여 차례의 외침에도 굴하지 않고 꿋꿋하게 이겨낸 위대한 대한민국의 자존심을 지켜온 꽃이다. 축하해 주는 화환에 꽂히지도 않고, 방 안의 꽃병에도 꽂히지 않는 꽃이지만 보면 볼수록 은은함과 수수함이 묻어나는 꽃이다.

향기가 짙고 꿀이 많은 꽃에 벌들이 모인다. 벌들이 그 꽃을 그냥 지나치지 않는다. 꿀을 다 빨아가니 그 꽃이 오래갈 리가 없다. 사람도 마찬가지다. 아름다운 여자를 보면 많은 남자들이 관심을 갖게 되고 온갖 수단과 방법 가리지 않고 접근한다. 그러니 팔자가 사나울 수밖에 없다.

그래서 '미인박명'이라는 말이 틀리지는 않는 모양이다. 그냥 떠도는 말이 아니라 근거가 있는 말이라는 생각이 든다. 미인으로 좋은 점도 많지만 모두가 좋은 것은 아닐 것이다. 어떤 면에서는 미인이기 때문에 보통 사람들이 겪지 못하는, 눈에 보이지 않는 어려움도 많을 것이다. 미인들이라고 해서 다 그런 것은 아니지만 미인이라는 이유로 온갖 유혹에 빠져 남들이 겪지 않는 고통을 겪는 사람이 많다.

인간 본연의 모습보다는 눈에 보이는 것이 기준이 되다보니 진실한 사랑이 되지 못하는 경우가 많다. 맺어지기도, 헤어지기도 잘 한다. 그러니 팔자가 사나울 수밖에 없다. 마음이 중요한데 마음을 보지 않고 물질적인 것을 보고 맺어지기 때문에 그 사랑이 오래가지 못하고 쉽게 식는다.

미인을 인간의 내면적 가치를 중시해서 찾았더라면 '미인박명'이라는 말은 없었을 것이다. 그러나 한 가지 부인 못할 사실이 있다. 물론 다 그렇다는 것은 아니다. 미인일수록 더 초라하게 늙는 것을 많이 본다. 하기야 원래 못생긴 사람이니까 늙는 것 자체가 더 아름답게 변할 수도 있다. 하지만 그것은 아니다.

어느 날 최고의 미인이라 불리던 사람이 나이가 들어 텔레비전에 나왔다. '세상에 어떻게 저렇게 변할 수가…….' 그 아름다웠던 시절의 모습은 온데간데없고 초라함의 극치를 보는 것 같았다.

'꽃과 얼굴' 너무나 닮은 점이 많다. 화려한 벚꽃이 시들 때 보면 너무나 초라하다. 그 화려함이 모두 어디 갔는지 하나도 보이지 않는다. 무궁화가 시들 때 보면 그렇지 않다. 화려하지 않은 탓도 있지만 시들면서도 그 은은함이 남아 있다. 그렇게 초라해 보이지도 않는다.

꽃과 얼굴을 생각하면서 공통점이 많다는 것을 알았다. 꽃이나 사람이나 처음 볼 때 와 닿는 첫인상이 있다. 그런데 마음속으로 생각했던 그 첫인상이 신통하게 들어맞는 경우가 많다. 그래서 첫인상이 중요한가 보다.

아름다웠던 얼굴이 초라하게, 초라했던 얼굴이 아름답게 변한 것을 주위에서 많이 본다. 왜 그럴까? 어떤 마음을 가지고 생활하였는가의 차이다.

첫인상이 차갑고 깍쟁이처럼 느껴지는 사람이 있다. 자기보다 못한 사람 우습게 본다. 자기에게 이득이 되는 일에는 눈에 불을 켜지만 손해 보는 일은 하지도 않는다. 초라한 마음을 가졌으니 초라하게 늙어갈 수밖에 없다.

잘생기지 않았지만 복스러운 얼굴을 가진 사람이 있다. 얼굴이 아름답지 않으니 잘났다고 나서지도 않는다. 남이 하기 싫은 일 도맡아 하고 손해 보는 일을 즐겁게 한다. 아름다운 마음을 가졌으니 아름답게 늙을 수밖에 없다.

아름다운 마음을 가져야 아름답게 변한다. 좋지 않은 마음을 가졌으니 좋지 않게 변하는 것이다. 화려한 꽃일수록 초라하게 시들듯 분수를 지키지 못하는 사람 또한 초라하게 변하는 것은 당연한 결과다.

많은 돈을 들여 성형을 해도 성형의 뒤끝은 남는다. 죽을 때 보면 성형하지 않은 것이 오히려 낫다. 반대로 아름답지 않은 꽃은 시들어봐야 거기서 거기다. 오히려 시든 것이 더 아름답게 보인다.

사람도 마찬가지다. 아름답지 않았던 사람은 늙는 것이 더 아름다울 수도 있다. 그럴 수밖에 없는 이유가 있다. 젊었을 때 예쁘지도 않았던, 그저 그랬던 사람이 나이가 들면 들수록 모든 사람들이 좋아하는 얼굴, 부러워하는 얼굴, 보고 싶은 얼굴로 변하는 것은 마음이 아름다워서이지 얼굴을 가꾸어서가 아니다.

화사한 벚꽃이 일찍 피고 초라한 모습으로 지듯, 미인이면 미인일수록 초라한 모습으로 일찍 사라지는 것도 어떻게 보면 자연이 준 이치이고 순리다.

미인의 기준은 무엇인가? 사람마다 기준이 다르다. 내가 싫어하는 사람도 어떤 사람은 좋아하고, 내가 좋아하는 사람도 어떤 사람은 싫어한다. 사람마다 보는 눈이 다르기 때문이다. TV에 출연한 연예인을 보면 누가 누구인지 구분하기가 어렵다. 그 사람이 그 사람인 것 같다. 그 사람만이 지니고 있는 개성이 없어 아쉽다는 생각도 든다.

무엇이 미인인지도 모르고 성형외과가 호황을 누린다. 특히 방학 때면 '얼굴 공장'이 풀가동된다. 밤늦게까지 공장이 멈추지 않는다. 성형외과가 그렇게 많아도 예약하지 않으면 '의사하느님' 만나기 힘들다. 얼굴을 다시 만들어 주니 의사가 아니고 하느님이다.

TV 프로그램에 출연하는 많은 연예인들이 성형 수술한 것을 스스럼없이 이야기한다. '얼굴만 성형하지 말고 마음도 좀 하지…….' 마음이 예뻐야 얼굴도 예쁘다. 마음도 예쁘고 얼굴도 예쁜 미인이 진정한 미인이다. 그러한 미인은 초라하게 늙지 않는다. 얼굴만 예쁘고 마음이 예쁘지 않은 미인이 초라하게 늙는다.

좋지 않은 생각, 미움이 가득한 마음을 가지고 있는 사람은 미인이 될 수 없다. 얼굴에 그대로 나타난다. 미워하는 마음이 가득한 사람의 얼굴에서는 따뜻함을 찾을 수 없다.

모든 사람의 마음을 따뜻하게 해 주는 사람이 진짜 미인이다. 모든 사람의 사랑을 받으니 미인이 될 수밖에 없다. 악역을 맡은 배우의 얼굴을 착하게 분장하지 않는다. 착하게 분장하면 효과가 떨어지기 때문에 악한 얼굴로 분장한다. 그래야 더 실감이 난다. 그래서 얼굴에 그 사람의 마음이 묻어난다. 첫인상만 보고도 그 사람을 알아볼 수 있는 것은 얼굴을 통해 마음이 보이기 때문이다.

잘나지도 못했으면서 입만 살아있는 사람이 있다. 다른 사람을 배려하지 않고 나만 아는 이기적인 사람이다. 자기의 고집을 꺾지 않는다. 자기중심적이다. 위아래가 없다. 말조심할 대상이다. 직장의 인화를 깬다. 곱게 늙지 못하고 추하게 늙는다. 욕심이 많을수록 죽을 때 억울해한다. 죽어야 하는데 죽지 않으려고 발악한다. 죽어 주는 것이 남아 있는 사람 도와주는데 그것을 알지 못하는 바보다. 모든 재물을 다 가지고 가려고 한다. 아까워서 남겨둘 수가 없다.

얼굴은 못 생겼어도 따뜻함이 묻어나 있는 사람이 있다. 믿음이 간다. 배려할 줄 안다. 곱게 늙는다. 그러기에 이런 사람은 늙어도 아름답게 늙는다. 재물은 없으나 돈 주고 살 수 없는 위대한 재산이 있다. '희생과 봉사'다. 웃으면서 죽음을 맞이한다. 많은 사람들이 저 세상으로 보내지 않으려고 대성통곡한다.

당신은 어떤 얼굴로 변하고 싶은가? 집안에 어렸을 때 얼굴이 별로였던 사람이 있다. 누구 이야기로는 이 사람 누가 데려가나 했단다. 결혼할 때 장인어른은 눈물을 흘리실 정도로 너무 가난한 집에 시집보낸 것을 가슴 아프게 생각했단다. 그러나 사람 팔자 모를 일이다. 지금은 8남매 중에서 가장 잘 살고 있고, 얼굴도 그렇게 아름다울 수가 없다.

얼굴도 별로였고 잘 살 거라고 생각하지도 않았던 사람이다. 그런데 집안을 위하여 좋은 일에 앞장서다 보니 재물 복도 생기고 얼굴 또한 너무나 아름답게 변한 것이다. 복이 가득 담긴 얼굴이라고 이구동성으로 이야기한다. 좋은 일 많이 하니 얼굴도 아름답게 변한 것이다.

좋은 일을 많이 하고 있는 사람을 자세히 보라. 평화스러움과 포근함을 느낄 것이다. 다시 만나고 싶은 마음이 생겨날 것이다. 오랜 시간을 같이 하고 싶은 마음이 우러날 것이다. 나 자신 또한 행복하다는 것을 느낄 것이다.

처음에 아름다운 얼굴을 가지고 태어나지 않았더라도 아름다운 얼굴을 만드는 것은 성형이 아니라 마음이다. 성형을 하려거든 보이는 곳만 하지 말고 보이지 않는 마음도 해야 한다. 마음이 얼굴이다. 그래서 제일 먼저 마음부터 성형해야 한다.

꽃집에 아가씨가 예쁜 것은 날마다 예쁜 꽃을 만나고 가꾸기 때문이다. 나쁜 것을 매일 만나다 보면 아무리 좋은 사람이라도 나쁘게 변한다.

아름다운 사람을 만나고, 아름다운 마음을 가지고, 아름다운 일을 하다보면 나도 모르게 아름답게 변하게 된다. 그것이 순리고 이치이기 때문이다. 아름다움의 중심은 마음이다.

나잇값

　나잇값을 해야 사람대접 받는다. 나이보다 훨씬 성숙한 사람이 있고 나이보다 한참 떨어지는 사람이 있다. 나이에 걸맞게 생활하지 못하면 나잇값도 못한다고 한다.

　나잇값을 하자. 나이 그냥 먹는다고 생각하면 안 된다. 설날 떡국 한 그릇 먹고 나면 '나이 한 살 더 먹었네.'하는 어른들의 지나치듯 하시는 말씀엔 나잇값을 하라는 깊은 뜻이 담겨 있다. '나이 헛쳐 먹었어.'하는 소리는 듣지 말아야 한다.

　지학(志學)!

　논어의 위정편에 나오는 말이다. 학문에 뜻을 둔다는 15세를 뜻한다. 다른 생각 말고 학문에 정진해야 할 시기다. 사춘기라고 방황할 때가 아니다. 1달 고생하면 1년이, 1년 고생하면 10년이, 10년 고생하면 평생이 편하다. 젊어서 고생은 사서도 한다.

　고등학교 때 친구 하나가 있었다. 친척이기도 하고 초등학교, 중학교를 같이 다녔던 친구다. 시장에 있는 하숙집에서 생활했는데 시장에서 나는 소리가 시끄럽다고 그 무더운 여름에도 문을 닫고, 이불을 뒤집어쓰고 땀을 흘리며 공부하였다. 고등학교를 1등으로 졸업하였고, 그 때 당시 처음으로 개교한 항공대학에 입학하였다. 지금은 잘 나가는 항공회사 임원으로 있다. 땀 흘려 공부한 보상이다.

　평생 고생할 것인가? 아니면 젊을 때 고생할 것인가? 7년 전쟁 임진왜란이 있다. 1년만 미리 준비했더라면 1년도 가지 못할 전쟁이었다. 설마하다 당한 전쟁이다. 이순신 장군이 아니었으면 나라가 어떻게 되었을지도 모를 전쟁이다.

　배워서 남 주는 것 아니다. 부모 좋게 하는 것도 아니다. 나 잘 되자고 하는 것이다. 이순신 장군처럼 미래를 위해 미리 준비하는 사람이 되어야 한다.

약관(弱冠)!

남자가 20세에 관례를 한다는 뜻이다. 남자가 성년에 이르면 어른이 된다는 의미로 상투를 틀고 갓을 썼다. 유교에서는 원래 스무 살에 관례를 하고 그 후에 혼례를 하였으나 조혼이 성행하자 관례와 혼례를 겸하였다. 아이가 아니고 어른이다.

지금 스무 살 먹은 젊은이들을 보라. 어른스러운 점이 없다. 오히려 스무 살이 넘어서도 아이 같다. 너무나 애지중지 키워서다. 과잉보호해서다. 혼자 스스로 행동할 수 있고 험한 세상 헤쳐 나갈 수 있도록 하여야 한다.

자녀 하는 일에 너무 간섭 말라. 걱정한다고 안 되는 일이 되는 것도 아니고 되는 일이 안 되지도 않는다. 스스로 알아서 잘 할 수 있으니 믿고 맡겨라. 자식에게 평생 김장 담가주고, 반찬 해 주고, 손자 봐 주는 것은 자식을 공주 인형으로 만드는 것이다. 뒤 늦게 후회하지 말고 스스로 할 수 있도록 맡겨라.

이립(而立)!

자립할 수 있는 30세를 뜻한다. 스스로 일어설 수 있다. 옛날 서른 살에 높은 벼슬한 사람 많다. 지금도 서른 살에 자립하여 사는 사람 많다. 부모나 스승은 할 수 있도록 도와주는 조력자가 되어야지 끌고 가는 사람이 되어서는 안 된다. 서른이면 놔두어도 잘 할 수 있다. 못한다면 능력의 한계라고 생각하라. 마음 편히 가져라. 잘 된 사람과 비교하여 마음 상처 갖지도 주지도 말고 팔자려니 생각하라.

불혹(不惑)!

사물의 이치를 깨달았다는 40세를 가리킨다. 사물의 이치를 알았으니 이치에 거슬리는 일을 해서는 안 된다. 이치를 바로 알고 이치를 거역하지 말라. 이치를 거슬리면 반드시 화를 입는다. 이치에 맞는 생활, 말로는 쉬우나 행동으로 옮기는 데는 어렵다.

이놈의 사회가 착하게 살고 공부 잘 하는 사람이 잘 되지 않다 보니 다른 생각을 가질 수 있다. 그러나 좋지 않은 것은 오래 가지 못한다. 지금 손해 보는 것 같더라도 이치에 맞는 생활을 하면 나중에 덕 본다. 손해 보는 것처럼 사는 사람이 그릇이 큰 사람이다. 손해가 아니고 덕을 베푸는 일이다. 너무 똑같이 나누려 하지 말고 비움의 참의미를 알아야 한다.

지명(知命)!

천명을 알게 된다는 50세를 뜻한다. 작은 그릇의 사람들이 옳다고 생각하는 것은 하늘에서 보면 우습고 어리석다. 보다 큰 뜻을 가질 필요가 있다. 재물에 대한 욕심보다는 남을 배려하고 경청하고 비울 줄 아는 큰 뜻을 가져야 한다. 의사가 되어 돈 많이 벌어 우리 가족만 잘 먹고 잘 사는 것은 지명이 아니다. 나보다 가난하고 힘이 없는 사람이 있다면 나를 버려서라도 도와주는 희생의 고귀함을 실천할 줄 알아야 한다.

이순(耳順)!

남의 말을 순순히 받아들일 줄 아는 60세를 뜻한다. 그래서 귀 이(耳)를 쓴다. 내가 잘 되었다고 내 말만 앞세우지 말고 나의 뜻을 상대가 이해해 주기를 바라지 말아야 한다. 상대의 말을 순순히 받아주고 이해하려는 넓은 바다와 같은 마음을 가져야 한다.

이외에도 61세를 회갑(回甲), 화갑(華甲), 환갑(還甲)이라 하고, 환갑보다 한 살 더 나갔다고 하여 진갑(進甲)이라 한다.

70세를 고희(古稀)라 하는데, 뜻대로 행하여도 도에 어긋나지 않는 생활을 한다는 데서 나온 종심(從心)도 70세를 뜻한다. '희(喜)'자를 초서로 보면 일곱 칠(七) 위에 하나, 아래 두 개로, 세 개가 쓰이므로 '七 + 七'세, 즉 77세를 희수(喜壽)라 하고, '산(傘)'자는 초서로 쓰면 팔(八) 아래에 열 십(十)이 들어가 있으므로 '八 + 十'세 즉, 80세를 산수(傘壽)라 하며, 미(米)자를 분해하면 '八 + 八'이 되기 때문에 미수(米壽)는 88세, 졸(卒)을 초서로 쓰면 九와 十이 합쳐진 것과 같이 보여 졸수(卒壽)는 90세, 백(百)에서 일(一)을 빼면 백

(白), 즉 백수(白壽)는 99세를 가리킨다. 나이에 대하여 정리해 보면 다음과 같다.

지학(志學): 공자는 『논어』에서, 15세가 되어 학문에 뜻을 두었다고 한 데서 나온 말. 15세를 일컬음

약관(弱冠): 남자 나이 20세를 일컬음

이립(而立): 공자가 『논어』에서, 30세가 되어 인생관이 섰다고 한 데서 나온 말. 30세를 일컬음

불혹(不惑): 공자가 『논어』에서, 40세가 되어 사물의 이치에 의문나는 점이 없었다고 한 데서 나온 말. 40세를 일컬음

지명(知命): 공자가 『논어』에서, 50세가 되어 천명(天命)을 알았다고 한 데서 온 말. 50세를 일컬음

이순(耳順): 공자가 『논어』에서, 60세가 되어 남의 말을 순순히 받아들일 수 있었다고 한 데 서 나온 말. 60세를 일컬음

화갑(華甲): 「화(華)」자는 십(十)이 여섯 개에다 일(一)이 하나 있으므로 61세를 나타내며, 회갑(回甲) 또는 환갑(還甲)이라고도 한다. 61세를 일컬음

진갑(進甲): 환갑보다 한 해 더 나아간 해란 뜻이다. 62세를 일컬음

고희(古稀): 70세를 일컬음

종심(從心): 공자가 『논어』에서, 70세가 되어 뜻대로 행하여도 도(道)에 어긋나지 않았다고 한 데서 나온 말. 70세를 일컬음 從心所欲不踰矩(종심소욕불유구)

희수(喜壽): 「희(喜)」자를 초서로 쓰면 일곱 칠(七)이 위에 하나, 아래에 두 개로 모두 세 개가 쓰이므로 喜壽는 '七 + 七'세 즉, 77세를 일컬음

산수(傘壽): 「산(傘)」자는 초서로 쓰면 여덟 팔(八) 아래에 열 십(十)이 들어가 있으므로 '八 + 十'세 즉, 80세를 일컬음

미수(米壽): 「미(米)」자를 분해하면 '八十八'이 되기 때문에 米壽는

88세를 일컬음

졸수(卒壽): 「졸(卒)」을 초서로 쓰면 九와 十이 합쳐진 것과 같이 보
여 卒壽는 '九十'세, 즉 90세

백수(白壽): 「백(百)」에서 일(一)을 빼면 「백(白)」 즉 百에서 하나를
빼면 99세가 된다.

도마뱀 사랑

동경올림픽 주경기장으로 들어가는 길에 있는 보기 흉한 건물을 허물게 되었다. 합판을 떼어내는 과정에서 못에 박혀 꼼짝 못하는 도마뱀을 발견하였다. 하필이면 못을 박을 때 그곳을 지나다가 못에 박힌 것이다.

신기한 것은 3년 동안 살아있었다는 것이다. 3년 전 지붕을 수리할 때 도마뱀이 못에 박혔다는 것을 집주인이 확인해 주었다. 그저 일반적으로 갇힌 것이 아니라 어쩌다가 벽 밖에서 안으로 박은 긴 못에 꼬리가 물려 꼼짝 못하게 갇혔다는 것이다.

집 주인은 그 도마뱀이 가엾기도 하려니와 호기심이 생겨 그 못을 조사해 봤다. 집 주인은 놀랐다. 도마뱀의 꼬리를 찍어 물고 있는 못이 집을 지을 때 벽을 만들며 박은 못이었다는 사실이다.

그렇다면 어떻게 된 것일까? 벽 속에 갇힌 채 꼼짝도 못하고 어떻게 살아왔을까? 그것도 캄캄한 벽 속에서 삼 년간을……. 정말 놀라운 일이 아닐 수 없었다. 꼬리가 못에 박혀 한 걸음도 움직일 수 없는 그 도마뱀이 도대체 삼 년간이나 그 벽 속에서 무엇을 먹고 산 것일까? 굶어서? 그럴 수는 없다.

집 주인은 벽 수리 공사를 일단 중지했다. "이 놈이 도대체 어떻게 무엇을 잡아먹는가?" 얼마 있더니 어디서 다른 도마뱀 한 마리가 먹이를 물고 살금살금 기어왔다. 집 주인은 다시 한 번 놀라지 않을 수 없었다.

사랑!

그 지극한 사랑!

그 끈질긴 사랑!

그 눈물겨운 사랑!

꼬리가 못에 찍혀 갇혀 버린 도마뱀을 위하여 또 한 마리의 도마뱀은 긴 세월을 비가 오나 눈이 오나 먹이를 물어 나른 것이다. 그 먹이를 물어다 준 도마뱀이 어미인지, 아비인지, 그렇지 않으면 부부간 혹은 형제간인지, 그것은 알 길이 없다. 또 알아야 할 필요도 없다. 알아야 할 것은 도마뱀보다도 못한 사람이 많다는 현실이다.

만남

만나고 싶은 사람이 있고 그렇지 않은 사람이 있다. 만나고 싶은 사람은 어떤 사람일까?

경청, 배려, 나눔이 있는 사람이다. 다른 사람의 말에 귀를 기울이고, 상대를 배려하고, 나눔을 실천하는 사람이다. 경청, 배려, 나눔을 실천하는 것은 매우 중요하다. 이 세상에는 다른 사람의 말을 들으려고 하기보다는 내 말을 들어주기를 바라는 사람들이 많다. 특히 다툼이 있을 때 보면 상대방의 말에는 아랑곳하지 않고 목소리 키우고 자기 말만 늘어놓는다. 그러다보니 언성이 높아지고 욕설이 난무하고 신체적으로 접촉하게 된다.

나이 먹으면 제일 먼저 눈이 침침해진다고 한다. 좋은 것만 가려보라는 의미다. 눈이 침침하다보니 잘못 본 것을 가지고 이야깃거리를 만들어 오해를 산다. 나쁜 것을 보고 모두 간섭하다 보면 사람들이 잘 만나려고 하지도 않는다. 들었어도 못 들은 것처럼 해야 할 것도 있다. 좋은 것만 보고 좋은 말만 하는 사람이 되어야 한다.

그 다음 귀가 어두워진다. 아무거나 다 들으려 할 필요 없다. 꼭 들어야 할 말 잘 듣고 잊지 않도록 해야 한다. 들을 필요도 없는 말 듣고 여기저기 가서 엉뚱한 말 하지 말아야 한다. 좋지 않은 말은 한 귀로 듣고 한 귀로 흘려라.

나이가 들면 이가 빠진다. 그만큼 소화능력이 떨어졌다는 신호다. 젊을 때 생각해서 음식을 함부로 먹다보면 건강을 해친다. 소화가 잘 되는 음식을 알맞게 먹어야 한다.

좋은 것만 보고 듣다 보면 나도 모르게 다른 사람들이 좋아하게 된다.

돈 없으면 사람대우 받지 못하는 세상이 되다 보니 좋은 만남이 돈으로 인해 깨지는 일도 많다. 그래서 돈을 쓰는데도 인격이 있다.

돈 많은 것을 과시하는 사람이 있다. 정말 꼴불견이다. 좋은 차 가지고 있다고 경차 가진 사람을 사람으로도 보지 않는다. 그렇다고 돈을 잘 쓰는 것도 아니다. 돈 쓰는 것도 인색하다. 정말 구역질 나온다. 돈 없는 사람이 10,000원 썼다고 자기도 10,000원 쓰는 것으로 안다. 그러니 욕먹을 수밖에 없다. 돈 없는 사람이 쓸 때는 고마워해도 그 사람이 쓸 때는 등 돌린다. 돈도 다른 사람이 이해할 수 있는 만큼은 쓸 줄 알아야 한다. 돈 쓰고 욕먹으려면 쓰지 않는 것이 낫다.

  집안 행사를 보더라도 돈 잘 쓰는 사람이 자리 마련하면 모든 일 접고 너도 나도 잘도 모인다. 그러나 평소 잘 쓰지 않는 사람이 자리를 마련하면 이 핑계 저 핑계 대고 모이지 않는다. 같은 돈을 쓰더라도 사람에 따라 가고 싶기도 하고 가기 싫기도 한 것이다. 돈보다 사람이 우선이다. 돈이 우선이지 않다. 돈은 돈일뿐이다. 돈으로 만든 관계는 오래 가지 못한다. 돈 떨어지면 떨어진다.

  돈으로 사람을 사는 것 또한 한계가 있다. 그렇다고 돈이 없는 사람이 좋다는 의미는 아니다. 이왕이면 돈 없는 사람보다 돈 있는 사람이 낫다. 그러나 돈 많다고 없는 사람 무시하고 우습게 본다면 돈 없는 사람만 못하다. 이런 사람은 만나려 하지도 않는다. 하늘은 잘못한 사람을 그냥 두지 않는다. 어렵게 한만큼 어려움을 겪는다. 남을 어렵게 하면서 잘된 사람 찾아보기 힘들다. 혹시 있다 하여도 오래가지 못한다. 인과응보다.

  경청, 배려, 나눔의 실천은 다시 만나고 싶은 사람을 만든다. 헤어지는 것이 아쉽고 섭섭하고 다시 만나고 싶은 사람이 되어야 한다. 소식이 끊겼던 생각지도 않은 사람의 전화를 받아보면 대부분 무엇이 필요해서 부탁하는 사람이다. 반가웠던 마음은 순간이고 찝찔한 마음만 남는다. 해 줄 수 있는 것임에도 해 주고 싶은 마음이 사라진다. 만나는 사람을 이용하려 하지 말고 내가 그 사람에게 필요한 사람이 되도록 노력해야 한다.

오랜만에 전화하려면 상대가 기뻐할 수 있는 것을 만들어서 해라. 그래야 또 만나고 싶은 사람이 된다. 필요할 때만 전화하는 사람이 되지 마라. 평소에 자주 전화도 하고 부담 없이 만나는 사람이 되어야 한다.

만남은 우연이 아니다. 어떻게 보면 바람이었는지도 모른다. 잊을 수 없는 기구한 운명이요 인연이다. 그래서 만남이 가슴을 설레게 하기도 하는 모양이다.

믿음

　의심하기는 쉬워도 믿기는 어렵다. 별의별 일이 다 벌어지는 세상이다 보니 믿을 사람 찾기도 힘들다. 믿지 못하는 세상이 되다보니 사회가 너무나 각박하다. 네 것, 내 것 가리지 않았던 시골의 정겨웠던 풍경도 사라진지 오래다. 세상이 아무리 더럽다 하여도 믿음을 버려서는 안 된다. 믿음이 깨지면 모든 것이 깨지기 때문이다.

　고급 만년필을 잃어버린 적이 있었다. 사실은 잃어버린 것이 아니라 보관을 잘못한 것이다. 너무나 속이 상했다. 가까이 지냈던 주위 사람들의 행동이 수상하고 모두가 도둑으로 보였다. 아무 죄도 없는 사람을 도둑으로 만든 것이다.

　평소와 똑같은 행동인데도 수상하게 보이는 것은 왜일까? 의심을 하였기 때문이다. '나를 피하는 것 같기도 하고…….' 믿음이 깨지니 평소와 똑같은 행동도 다르게 보였다. 뭔가 숨기려는 듯한 인상을 갖게 되었다. 한 사람을 의심하다가 아니다 싶으면 또 다른 사람을 또 의심하였다.

　만년필을 찾지도 못하면서 죄 없는 사람만 의심한 꼴이 되고 말았다. 전보다 사이가 나빠졌을 뿐만 아니라 의심의 끈을 내려놓지도 못하였다. 그러던 중 책꽂이를 정리하는 과정에서 잃어버렸던 만년필을 찾았다. 기쁨도 기쁨이지만 죄 없는 사람을 의심하였던 내 자신이 한심하고 바보스러워 보였다. 그리고 의심한다는 것이 얼마나 잘못된 것인지를 알게 되었다.

　의심이 들기 시작하면 평소에는 정상적인 것도 모두 이상하게 보인다. 그만큼 무서운 것이 의심인 것이다. 의심이라는 것은 자기 마음대로 상황을 만들고 추리하는 행동으로도 볼 수 있다. 의심이 크면 클수록 잘못된 믿음에 대한 신뢰 또한 강하다. 의심이 깊다 보면 사실이 아닌 것도 사실로 만들어 누명을 씌우게도 된다. 서로 믿지 못하여 신뢰가 깨지면 그것을 회복하는 데는 많은 시간이 걸린다. 어느 경우에는 아예 등을 돌리는 일도 있다. 그래서 서로 모르고 지내는 것이 좋을 때도 많다.

'도둑이 들거든 잡으려 하지 말고 쫓아내라.'는 말도 잡아서 평생 원수로 사는 것보다는 모르고 지내는 것이 낫기 때문에 하는 말인 것 같다. 믿음이 있어야 정이 생기고 정이 있어야 사람 냄새가 난다. 사람에게서 사람 냄새가 나야지 짐승 냄새가 나서야 되겠는가?

자녀 교육도 마찬가지다. 자녀를 끝까지 믿어야 한다. 믿은 만큼 성장한다. 자녀를 믿지 못하면 자녀가 하는 모든 일이 마음에 들지 않아 간섭을 한다. 간섭은 자녀를 잘 되게 하는 것이 아니다. 그래서 믿음이 중요하다. 자녀를 믿으면 믿음으로 보답하지만 자녀를 믿지 못하고 간섭하게 되면 간섭하는 반대 방향으로 자란다.

믿음이 마음을 움직이게 하고 마음이 움직여야 행동도 변한다. 먼저 행동의 변화를 바라지 말고 마음이 움직이도록 해야 한다. 믿음은 사람을 움직이는 가장 큰 힘이다.

아무리 메마른 사회일지라도 그 사회를 따뜻하게 만드는 것이 믿음이다. 믿는 만큼 행복하고 믿지 못하는 만큼 불행하다. 믿지 못하는 것 또한 자신에 대한 믿음이 약하기 때문이다.

자기 자신을 믿는 사람은 성공하지만 믿지 못하는 사람은 성공하지 못한다. 의심하면 손해 보는 일이 생기지만 믿어서 손해 보는 일은 없다. 의심하여 속상해 할 필요 있는가? 의심해서 좋아지는 일 있는가? 믿음이 가지 않더라도 믿어보자. 반드시 행복이 온다.

큰일 하고, 큰 사람이 되려거든 믿어야 한다. 어느 자리에 있더라도 믿음을 주는 사람은 흔들리지 않고 군소리가 없으나 믿음을 주지 못하는 사람은 항상 시끄럽고 결국 그 자리에서 물러나게 된다.

각종 선거에서 낙선하는 사람들의 가장 큰 원인은 믿음을 주지 못하여 신뢰가 깨졌기 때문이다. 믿음에 따라 인생이 바뀐다.

믿음

부부농사

부부농사 잘 지어야 한다. 제일 중요한 것은 믿음이고 신뢰다. 부부란 관계가 맺어진 것도 믿음과 신뢰가 있기 때문이다. 믿음과 신뢰가 깨지면 아무리 좋은 일도 나쁘게 보인다.

믿으면 팥으로 메주를 쑨다 해도 믿는다. 부부 싸움의 가장 큰 원인의 하나는 상대를 서로 믿지 못하는 것이다. 하찮은 것일지라도 믿음에 소홀함이 없어야 한다.

부부 사이에 의심이 있다는 것은 헤어진다는 약속과 같다. 이 의심이 치유되지 않으면 골이 더 깊어지고 이혼에 이르게 된다. 바로 믿음이라는 울타리가 무너졌기 때문이다. 울타리가 튼튼하면 튼튼할수록 도둑 걱정 덜 하듯이 부부 관계를 튼튼히 해 주는 울타리는 믿음이다.

믿음은 인내를 필요로 한다. 사소한 일에 화를 내고 다투다 보면 믿음이 깨진다. 그러기에 인내할 줄 알아야 한다. 인내를 아는 사람은 용서할 준비도 되어 있는 사람이다. 조금을 참지 못하고 화를 내다보면 부부 사이가 멀어지는 것은 당연한 이치다.

그 놈의 화가 문제다. 평소에 점잖던 사람이 화났을 때 보면 어디에서 저런 마음이 숨어있었는지 의문이 갈 때가 있다. 깜깜한 밤중에 길을 가다가 동물 만나는 것보다도 사람 만나는 것이 더 무섭다고 한다. 제일 믿어야할 사람이면서도 제일 믿지 못하는 것 또한 사람인 모양이다. 사람으로서는 도저히 상상하지 못할 일들이 벌어지고 있는 것을 보면 잘못된 말은 아닌가 보다. 상상하지도 못할 행동을 하는 것 역시 동물이 아닌 사람이다.

그러한 행동이 나오는 가장 큰 원인은 화를 다스리지 못해서 나오는 것이 많다. 세 번만 참으면 무엇이든 이룰 수 있다고 한다. '참는 자에게 복이 온다.'는 말도 있다. 참는 만큼 복이 오니 참고, 참고,

또 참아야 한다.

싸움도 현명하게 할 줄 알아야 한다. 싸움에도 도가 있다. 도를 벗어나면 '무자비 하다.'라는 말을 한다. 무자비한 사람은 되지 말아야 한다.

언젠가 웃으면서 욕하려고 해 보았다. 신기하게도 웃으면서 욕을 하려니 욕이 나오지 않았다. 그래도 욕을 하려니까 얼굴이 찡그려졌다. 찡그리지 않고는 욕을 할 수 없다. 찡그림이 심하면 심할수록 욕다운 욕이 나온다. 주위에 욕을 즐겨 쓰는 사람이 있다. 그 사람의 얼굴에서는 미소를 찾아볼 수 없다. 항상 증오와 질투의 마음이 자리하고 있기 때문이다.

부부 싸움할 때 웃으면서 하는 사람은 없지만 그래도 한번 웃으면서 싸움하려고 해 보라. 욕을 하려고 해도 욕이 나오지 않으니 웃음이 저절로 나온다.

싸움을 하더라도 돌이킬 수 없는, 가슴에 비수를 꽂는 말은 하지 말아야 한다. 무심코 툭 던진 말이 심장에 비수로 꽂히는 경우도 있으니 돌이킬 수 없는 말은 하지 말아야 한다. 가슴에 앙금으로 남아 있는 말은 화해를 했다고 해도 풀리지 않고 남아 있다. 싸우더라도 웃으면서 싸워봐라. 싸움이 되지 않는다.

마음에 내키지 않더라도 사랑하고 있다는 믿음을 주어야 한다. 아주 작을지라도 마음에서 우러나는 믿음을 주는 사랑을 하다보면 서로에게 감동을 주게 될 것이다. 아름다운 사랑은 아름다운 마음에서 나온다. 보이기 위한 사랑은 사랑이 아니지만 그래도 사랑한다는 말을 해 보자. 처음에는 좀 어색해도 하다보면 자연스러워진다. 서양 사람과 달리 우리나라 사람들은 사랑한다는 말에 매우 인색하고 쑥스럽게 생각하는데 잘못된 생각이다. '사랑'이라는 말을 자주 하다보면 정말 사랑이 적금 모아지듯 쌓인다.

'남녀칠세부동석'이라는 말이 있듯, 남녀가 어울리는 것 자체를 윤리·도덕에 어긋나는 불순한 것으로 생각하다보니 '사랑'이라는 좋은

말을 잘 표현하지 않는 것 같다. 가수 김세환이 부른 '사랑하는 마음'의 가사를 보면

사랑하는 마음보다 더 좋은 건 없을걸
사랑받는 그 순간보다 흐뭇한 건 없을걸
사랑의 눈길보다 정다운 건 없을걸
스쳐닿는 그 손끝보다 짜릿한 건 없을걸

혼자선 알 수 없는 야릇한 기쁨
천만 번 더 들어도 기분 좋은 말 사랑해
사랑하는 마음보다 신나는 건 없을걸
밀려오는 그 마음보다 포근한 건 없을걸

혼자선 알 수 없는 야릇한 행복
억만 번 더 들어도 기분 좋은 말 사랑해
사랑하는 마음보다 신나는 건 없을걸
스쳐닿는 그 손끝보다 짜릿한 건 없을걸

'사랑'이라는 좋은 말을 마음껏 해 보자. 하루에 한 번씩 사랑한다는 말만 하여도 암에 걸리지 않는다고 한다. 사랑이 식었다하더라도 자주 하게 되면 정말 더 사랑할 수 있다. 사랑한다는 말 한마디, 가벼운 입맞춤 하나가 부부 사이를 더욱 가깝게 해 준다.

마음속으로만 사랑하지 말고 행동으로 보이는 사랑을 하자. 사랑을 보이게 하는 것은 사랑하는 사람만이 알 수 있다. 사랑은 몸도 맑게 하여 건강에도 최고다.

어느 집을 보면 부부간에 철저하게 구분해서 돈을 사용한다. 부부임에도 식당에서 돈을 지불할 때 서로 내주기를 바라는 눈치다. 보기에 좀 그렇다. 물론 다 나쁜 것은 아니지만 어딘가 씁쓸한 뒷맛이 난다. 우리 집은 일정한 장소에 현금을 놓고 생활한다. 한꺼번에 다 쓰던, 얼마를 꺼내 쓰던 절대 묻지 않는 것이 규율이다. 돈이 떨어

지지 않도록 항상 넣어두는 것도 잊지 않고 지킨다. 이러한 것을 주위에 이야기 했더니 모두가 놀라는 기색이다. 신뢰가 있기에 가능한 일이다.

부부간을 일심동체라 한다. 마음과 몸이 하나다. 따로따로 통장 만들고 자기 주머니만 챙기는 부부가 되지 말아야 한다. 시가, 친정 차별하는 것도 네 것, 내 것 가리는 것이 있기 때문이다. 시가, 친정 차별로 인해 다툼하는 집 많이 본다.

외도하였다고 의심이 들어도 끝까지 캐묻지 말고 그냥 덮어두는 것도 하나의 지혜다. 끝까지 캐서 외도한 것 알았다고 하자. 어떻게 할 작정인가? 이혼할 것인가? 이혼할 것이 아니라면 믿어줘라. 알아서 뭐 좋아지는 것이라도 있는가? 좋아질 것이 있으면 하라. 믿음을 주게 되면 미안해서라도 줄일 것 아니겠는가? 좋은 쪽으로 생각하고 믿어줘라.

자식 농사도 모를 일이다. 사회적, 경제적, 학벌로 볼 때 내로라할 만한 부부 사이에서 태어난 자식이 남 자식인 것처럼 느껴질 정도로 별 볼일 없는 경우가 있는가 하면, 별 볼일 없는 부부 사이에서 태어난 자식이 믿기 어려울 정도로 잘될 수도 있는 것이 자식 농사다. 자식 농사는 하느님이 점지해 주는 것이지 부모 마음대로 되지 않는다.

신혼부부가 좋은 자녀 두려고 오랜 기간 몸 관리하는 것을 보았다. 좋은 현상이다. 좋은 인재 하나면 나라 전체를 먹여 살리는 세상 아닌가? 하지만 두고 볼 일이다. 자식 장담 못한다. 하늘이 점지해 준다고 하지 않는가? 아무리 몸 관리 잘 하더라도 마음 관리를 잘못하면 안 된다. 보이지 않는 마음 관리도 잘 해야 한다. 마음먹은 대로 인생이 이루어지면 얼마나 좋겠냐만 마음먹은 대로 되지 않는 것이 더 많은 것이 인생살이다.

우리가 알지 못하는 뜻하지 않는 인생이 펼쳐짐으로써 좋을 때도 있고 나쁠 때도 있다. 하늘이 항상 좋게는 하지 않는다. 그러나 '지성이면 감천'이라고 하늘은 뜻을 이루려고 열심히 노력하는 사람을 절대 버리는 일은 없다.

　부부농사 잘 지으려고 노력해서 나쁠 일은 없다. 부부농사 잘 짓는 것 중에 자식 농사 잘 짓는 것도 있지만 가장 중요한 것은 부부간의 사랑이다. 부부 사이에 금이 가면 모든 것이 끝이다. 자식 농사도 끝이다. 행복도 끝이다.

　작은 것이라도 서로 이해하고, 배려하며 살아야 한다. 부부 사이가 좋으면 가정이 행복하고, 자식이 잘 된다.

부부는 닮는다

한국인 부모사이에서 태어난 아이가 서양으로 입양되었다가 부모를 찾기 위하여 왔다. 부모가 한국인임에도 외모는 서양인에 가까웠다. 매일 먹는 음식이나 생활 습관 등의 영향을 받았기 때문이다. 외모 뿐만은 아닐 것이다. 눈에 보이지 않는 생각이나 가치관도 한국 문화와는 많은 차이가 있을 것이다.

나에게는 위로 형 둘, 누나 하나, 아래로는 남동생 하나가 있는데 모여 식사하는 것을 보면 좋아하는 것이 비슷하다. 덜 익은 김치보다는 금방 만들어낸 겉절이나 아니면 아주 숙성된 김치를 좋아하고, 밥보다는 칼국수나 수제비 같은 면을 즐겨 먹는 것이 같다. 어렸을 때부터 길들여진 음식이라 그런지는 몰라도 지금까지도 즐겨 먹는다.

큰형이나 작은형이 초등학교에 근무했던 관계로 내 주위에는 형들과 같이 서로 알고 지내는 사람들이 많다. 처음에는 나를 잘 몰랐다가 큰형이나 작은형의 동생이라는 말을 하면 말투나 행동에서 많이 닮았다는 이야기를 많이 듣는다. 역시 숨길 수 없는 것이 핏줄인가보다.

형제간에도 이렇거늘 부부 사이야 어떻겠는가? 초등학교 입학하기 전에 어머니가 돌아가셨다. 그러기에 어린 시절을 큰 형수님의 보살핌 속에서 자랐다. 큰 형수님은 반찬을 만들 때 화학조미료를 많이 사용한다. 그런 화학조미료를 즐겨 먹다보니 결혼하고 나서도 화학조미료가 들어가지 않으면 맛이 없어서 잘 먹지 않았다. 사실 결혼하기 전만 해도 조미료가 무슨 건강에 좋은 보약이나 되는 것으로 알았다.

아내는 화학조미료를 사용하는 대신에 멸치, 건새우, 다시마, 양파, 파뿌리 등을 달여 국물을 내서 음식을 만든다. 화학조미료를 사용하지 않는 반찬에 입을 맞추다 보니 지금은 화학조미료의 뒷맛이 개운하지 않는 것을 느끼게 되었고 잘 먹지 않고 있다.

이렇게 되기까지에는 결코 쉽지만은 않았다. 결혼하고 나서도 잘 숙성된 열무김치에 고추장과 화학조미료를 넣고 비빔밥 만들어 먹는 것은 기본이었다. 화학조미료를 사용하지 않는 아내의 반찬에 맛을 느끼지 못하니 그렇게 하였던 것 같다. 그러한 나를 보고 아내는 신기하게 생각하였다.

화학조미료 사용을 나도 모르게 조금씩 줄여온 아내 덕으로 지금은 거의 먹지 않고 있다. 하지만 가족들이 모이는 날, 큰 형수 맛이 나오는 화학조미료 넣은 반찬을 맛있게 먹는 가족들을 보면 어렸을 때의 입맛을 쉽게 버려지는 못하는 모양이다.

부부는 서로 닮아간다고 한다. 부부가 100% 다 똑같을 수는 없다. 그렇지만 부부라는 연으로 서로의 의견이 다르더라도 조금씩 양보하고 맞추어 가려고 노력한다. 그러다보니 닮아가는 모양이다. 오랫동안 생활한 부부일수록 닮은 점이 너무나 많다. 즐겨 먹는 음식이나 취미는 말할 것도 없고 말투나 얼굴도 비슷하다. 매일 같은 음식과 환경에서 생활하다 보니 닮지 않은 것이 이상할 수 있다.

부부간에 닮는다는 것을 증명해 낸 연구도 있다. 영국 리버풀 대학에서 남녀 각 11명에게 부부 160쌍의 사진을 뒤섞은 뒤 인상이 닮은 남녀들을 고르라고 했다. 서로 닮은 것으로 지목된 남녀 가운데 부부 관계가 사실인 것이 상당히 많이 나왔다. 매일 보는 사람은 잘 모르지만 닮아가는 것이 부부인 모양이다.

서양의 어린 아이들을 보면 너무나도 귀엽고 다른 점을 찾기가 어렵다는 것을 느낀다. 그 아이가 그 아이인 것 같다. 비단 아이만은 아니다. 많은 서양의 성인들을 보더라도 한 두 번 보아서는 구분해 내기가 쉽지 않다. 그것은 음식의 영향도 크겠지만 그들이 함께 공유하고 있는 문화의 영향도 있을 것이다.

1996년 프랑스를 간 적이 있다. 몽마르뜨 언덕에서 돈을 받고 연

필로 초상화를 그려주는 화가가 있었다. 일행 중 여자 하나가 초상화를 부탁하였다. 우리끼리는 얼굴을 확실하게 구분하는 데 그 화가는 동양인 모두가 그 사람이 그 사람처럼 보였던 모양이다. 결국에는 도저히 그릴 수 없다면서 포기하였다. 매일 보았던 서양인만 생각하다가 동양인을 대하자니 그 특징이 잘 와 닿지 않은 모양이다. 이처럼 같은 음식과 문화를 공유하다보면 서로가 닮아가는 모양이다.

얼굴은 마음을 닮아간다. 같은 음식과 문화 속에서 자라는 가족들의 얼굴도 닮아간다. 나에게는 두 아들이 있는데 지금은 성인이 되어 구분이 잘 가지만 백일 때 찍은 사진을 놓고 보면 구분이 잘 가지 않을 정도로 닮아 있다.

부부는 촌수도 없다. 그만큼 가까운 사이가 부부다. 그러니 닮지 않으려고 해도 닮을 수밖에 없는 것이다. 부부가 서로 닮았다는 것은 재미있게 잘 살아왔다는 뜻이다. 악에 받혀 부부싸움을 한 사람의 입김을 모아 독극물 실험을 했다. 놀랍게도 코브라 독보다 강한 맹독성 물질이 나왔다. 과연 이 맹독성 물질이 누구를 향하고 있는가?

이상이 없는 건강한 사람을 칸막이 속에 가두고 약을 올려 신경질을 부리게 한 뒤 타액검사를 했다. 황소 수 십 마리를 즉사시킬 만큼의 독극물이 검출되었다. 감정을 다스리지 못하는 것이 얼마나 무서운 것인지를 보여준다.

반대로 즐겁게 웃고 난 사람의 뇌를 조사해 보았다. 놀랍게도 독성을 중화시키고 웬만한 암세포도 죽일 수 있는 호르몬을 다량 분비시켰다. 사실 암환자 중에는 웃음 치료를 통하여 치료한 사례도 많다. 건강하게 사는 비결은 바로 즐겁게 사는 자체다. 좋은 음식보다 중요한 것이 즐거운 마음이다.

인간의 내부에는 얼마나 많은 양의 독이 들어 있을까? 억제, 불안, 미움, 공포, 스트레스 등이 뭉쳐서 눌려 있다가 어느 날 갑자기 폭발하는 순간, 그것은 엄청난 양의 독으로 뿜어져 나올 것이다. 그

독을 없애는 유일한 길은 웃음, 전체적인 웃음만이 그것을 없앨 수 있다. 그리고 그 웃음은 주변사람의 기분마저 바꿔 놓는다. 항상 웃는 사람의 얼굴은 편해 보인다. 인자해 보인다. 그늘진 구석이 없다. 건강하다는 것이다.

　웃음으로 암을 치료하였다는 방송을 본 적이 있다. 웃음의 효과는 현대 의학도 넘어선다. 웃음 치료사도 있을 정도이니 웃음이 얼마나 소중한가를 알아야 한다.

　내가 웃으면 전 세계의 에너지가 나에게 흘러온다. 전 세계가 나에게 웃음을 보낸다. 어느 나라의 속담에 이런 말이 있다. '네가 웃으면 세상도 웃는다. 네가 울면 너는 혼자다.' 크게 한번 웃어보자. 억지로라도 웃어 보자. 세상 부러울 것 없는 가장 행복한 사람이 거기 있음을 알게 된다.

　서로 더 닮은 부부가 되도록 노력해야 한다. 많이 닮는다는 것은 먹는 것만 같은 것이 아니라 마음을 하나로 모으는 것이다. 부부가 많이 닮았다는 것은 그만큼 잘 맞추면서 잘 살아 왔다는 증거다. 많은 사람이 있는 앞에서 나보다 더 좋은 사람이라는 것을 알리는 것도 부부를 더 닮게 한다. 마음이 하나가 아니고서는 얼굴도 닮지 않는다.

비교

아이나 어른이나 남과 비교되는 것을 싫어한다. 비교할 때 보면 좋은 점을 드러내기 위해 하는 것보다는 나쁜 점을 고치기 위해 하다 보니 싫어한다. 나쁜 것을 들추어내는데 누가 좋아하겠는가?

칭찬해 주는 것이라면 혹시 몰라도 잘못된 것을 지적하여 고치게 하기 위한 것이라면 절대 비교해서는 안 된다. 당하는 사람 정말 스트레스 받는다. 쥐구멍이 어딘지 숨고 싶은 심정이다.

좋은 차 가지고 있어도 가만히 있어라. 말하지 않아도 좋은 차인 것 다 안다. 이야기하지 않아도 좋지 않은 차 가지고 있는 사람 마음 아프고 차 없는 사람 속 뒤집어진다. 어느 사회든 앞서가는 사람이 있는가하면 뒤처지는 사람도 있다. 내가 제일 앞인 것 같아도 그렇지 않다. 주위에 있는 사람과 비교했을 때 조금 앞에 있을 뿐이다. 잘난 것 종이 한 장 차이다.

너무 앞서도 안 되지만 너무 뒤져서도 안 된다. 어울릴 수 있는 위치는 되어야 한다. '가만히 있으면 중간은 간다.'는 말이 있다. 잘 모르면 가만히 있는 것이 상책이다.

사람들은 흔히 눈에 보이는 것을 가지고 비교하기를 좋아한다. 그렇게 해야 이해가 빠르고 공감해 줄 것으로 생각하기 때문이다. 그렇지만 눈에 보이는 것은 아주 작은 일부분일 뿐이다. '빙산일각(氷山一角)'이란 말이 있다. 빙산의 뿔이라는 뜻으로, 대부분이 숨겨져 있고 외부로 나타나 있는 것은 극히 일부분에 지나지 않음을 비유한 말이다. 우리 눈에 보이는 것은 빙산의 10%일 뿐이다. 나머지 90%는 물속에 잠겨 있어 볼 수 없다.

이처럼 보이지 않는 부분이 더 많다. 어떤 측면에서는 1% 안 되는 것을 보고 나머지 99%를 같은 것으로 착각한다. 흰 도화지에 검은색으로 칠하면 모두 검게 보인다. 내 마음대로 붓을 들고 색칠해서는 안 된다.

사람에 대하여 함부로 논하는 것은 매우 위험한 일이고 비교해서도 안 된다. 사람이란 참으로 간사하다. 많은 사람이 좋은 사람이라고 이야기해도 나에게 도움이 되지 않으면 그 사람을 좋은 사람으로 생각하지 않는다. 오히려 많은 사람에게 잘 하지 않더라도 나에게만 잘 하면 좋은 사람으로 생각한다. 달면 삼키고 쓰면 뱉는 사람이다.

사람을 비교하게 되면 대부분 눈에 보이는 것, 특히 물질적인 것을 가지고 비교하기를 좋아한다. 아파트 평수, 자동차, 부동산, 현금 등 재산과 관련된 것이나 그 사람의 겉으로 드러난 행위 등이 주 내용이다. 눈에 보이지 않는 생각이나 가치관을 비교하는 사람은 드물다. 눈에 보이는 것을 가지고 비교해야 쉽기 때문이다.

재물에 대한 욕심은 끝이 없다. 앞만 보고 가다보면 반드시 낭떠러지를 만나게 되어 있다. 낭떠러지를 만나 보아야 내 삶이 헛된 것이라는 것을 느낀다. 앞만 보는 사람이 되지 말고 뒤를 볼 줄도 알아야 한다. 뒤에 있는 사람들과 함께 갈 줄도 알아야 한다. 힘들어 잘 올라오지 못하는 사람이 있으면 앞에서 손을 잡아주거나 뒤에서 밀어주는 사람이 되어야 한다. 그러다 보면 앞에 있는 사람만 잘난 사람이 아니라 뒤에 있는 사람이 사람 냄새 나는 아름다운 사람이라는 것을 느낀다.

주로 자녀의 성적, 대학, 직장, 결혼 등을 가지고 비교한다. 내 자식이 잘 되어 자랑하고 싶지 않은 사람 어디 있겠는가? 그 자랑거리 자녀의 1%도 안 되는 것 가지고 하는 것이다. 나머지 99%는 눈에 보이지도 않고 어떤 좋지 않은 것이 있는지도 모른다. 어떤 자식은 부모 기쁘게 해드리려고 겉으로만 그런 척 보이기도 한다. 부모를 속이고 있는 것인데 그것을 믿고 있는 것이다.

자식 자랑 하고 싶어도 하지 않는 사람이 속이 꽉 찬 사람이다. 별것도 아닌 것 가지고 자식 자랑하는 사람 오래 가지 못해 후회한다. 자식 자랑 꼭 하고 싶거든 내 입으로 먼저 말하지 말고 누가 묻거든 묻는 말에만 간단하게 말하라. 그것이 기본이다.

부모가 예의 잘 지켜야 자식이 잘 된다. 자식 자랑으로 다른 사람에게 상처주면 자식 잘 될 것도 안 된다. 잘 하고 못 하는 것, 어찌 보면 도토리 키 재기다. 눈에 보이는 것 1%도 안 되는 것 가지고 자랑하는 것이다.

아내의 모임에 가면 유난히 자식 자랑 늘어놓는 사람이 있다. 그 사람 때문에 모임을 탈퇴한 사람도 있단다. 나는 좋아서 자랑하지만 듣는 사람 중에는 속 터지는 사람 있다. 듣는 사람도 배려할 줄 알아야 한다.

이상하게 내 자식 잘난 것 이야기하기 전에 잘 되지 못한 집 자식을 여러 사람 앞에서 묻는다. 속 아픈 사람 더 아프게 하는 일이다. 물어서 좋지 않은 말 무슨 심보로 묻는지 모르겠다. 놀부 심보가 아니고는 하지 못할 일이다.

엄마 뱃속에서 8개월도 안되어 나온 아이를 칠삭둥이, 팔불출이라 하는데 자기자랑, 마누라자랑, 자식자랑, 부모자랑, 선조자랑, 형제자랑, 선후배자랑(학교자랑), 고향자랑 하는 사람들을 팔불출이라 한다. 팔불출 되지 말라. 제일 어리석은 사람이 팔불출이다. 그런데도 이 세상 참으로 팔불출이 많다. 자식 잘 되어 자랑하고 싶으면 집에서 혼자서 미친 사람처럼 큰소리로 마음 놓고 하라. 그것이 예의다.

상대가 물어도 겸손할 줄 알아라. 그래도 묻거든 듣는 사람 입장 생각해서 이야기해라. 하고 싶어 입이 근질근질하여도 입을 닫을 줄도 알아야 한다. 침묵이 금인 것을 모르는가? 특히 자식자랑은 팔불출 중에서도 으뜸가는 팔불출이라 했다.

다른 사람과 비교하여 스트레스 주지 말라. 스트레스 주어서 나에게 무슨 좋은 것이 오겠는가? 마음에 없어도 축하해주는 척하지만 돌아서면 모두가 못 하는 욕 없다. 하기야 욕 많이 먹는 사람 오래 산다고 하니까 오래 살려면 팔불출 되어라. 염라대왕도 팔불출 같은 사람이 오면 속 썩으니까 저승사자를 보내지 않는다. 그래서 욕먹는 사람이 오래 산다. 좋게 오래 사는 것이 아니라 더럽게 오래 산다.

살고 죽는 것 어디 마음대로 할 수 있는 것은 아니지만 많은 사람들이 암으로 죽어가고 있다. 암의 원인에는 여러 가지가 있지만 가장 큰 원인의 하나가 스트레스다. 다른 사람에게 스트레스 주지 말고 스트레스 받을 일이 있어도 스트레스 받지 않는 지혜를 가져야 한다.

매일 면장실에 불려가 밖에 들릴 정도로 큰 소리로 혼나는 직원이 있었다. "나는 하나도 혼 난 것 없는데, 괜히 혼자서 열 내고 있네."

하며 히죽 웃으면서 면장실을 나온다. 면장이 어떤 소리를 하던 개의치 않는 것이다. 그러니 실제 스트레스 받는 것은 면장이다. 직원들도 그러한 행동을 보고 정말 누가 혼난 사람인지 판단이 가지 않는다. 기분 나쁜 것 오래 가지고 있어야 병만 생긴다. 마음속에서 빨리 지울 줄 알아야 한다. 걱정해서 해결된다면 몰라도 걱정해서 해결될 일이 아니라면 마음 고생할 필요 없다.

어떤 사람은 인간의 삶을 불행하게 하는 가장 강력한 요소를 한 가지만 말하라면, 주저 없이 '비교'를 첫손가락에 꼽는다고 했다. '무엇에 비해서'라는 그 비교 대상이 듣는 사람보다 더 잘 하는 대상을 선정하기 때문에 듣는 사람의 마음에 깊은 상처를 주기 때문이다. 그 사람에게 용기와 자신감을 주는 것이 아니라 무기력한 사람, 초라한 사람으로 만들기 때문이다.

비교하면 '다름'이 보인다. '다름'은 개성이다. '틀림'이나 '모자람'이 아니다. 그런데 많은 사람들은 이것을 개성이 아닌 모자람으로 본다. 잘못된 비교는 사람을 불행하게 만드는 요인이 된다.

듣는 사람이 가장 싫어하는 말이 비교다. 내가 비교 당했을 때의 경험을 생각해 보라. 그 때 기분이 어떠했는가? 비교하려면 자신의 생활 중에서 과거와 현재를 비교하고 미래를 위하여 무엇을 해야 할 것인지 도움을 얻을 수 있는 발전적인 비교를 하라. 비교는 오로지 자신의 성장과 발전을 위하여야 한다.

기를 꺾는 비교가 되어서는 안 된다. 기가 살아야 살맛나는 인생을 만들 수 있다.

Comparison is a vicious trap.(남과의 비교는 악순환의 덫이다.)

비리법권천(非理法權天)

'비리법권천'이란 말이 있다. 옳지 못한 것은 옳은 것을 이기지 못하고, 이치에 맞지 않는 것은 법을 이길 수 없으며, 법도 권력 앞에서는 힘을 못 쓴다. 그러나 무소불위의 권력도 하늘의 뜻, 즉 민심을 거스를 수 없다. 이치란 '사물의 정당하고 당연한 조리' 또는 '도리에 맞는 취지'를 말한다. 말다툼할 때 가장 많이 쓰는 말 중의 하나가 '이치에 맞게 하라.'고 할 정도로 이치에 맞게 생활하는 것은 기본이다.

이치란 사람으로서 마땅히 지켜야 할 가장 기본이 되는 밑바탕이다. 그 기본이 무너지면 모든 것이 무너지게 되어 있다. 그래서 이치에 맞게 생활해야 한다. 이치에 맞게 생활한다는 것은 다른 사람에게 피해를 주지 않는 것이다.

부정적인 방법으로 사업을 따거나 이권을 챙기는 것은 모두 이치에 맞지 않는 일이다. 이러한 비리를 다스리기 위하여 법이 존재하는 것이다.

'악법도 법이다.'라는 말이 있다. 많은 사람들은 소크라테스가 한 것으로 알고 있지만 사실이 아닌 것으로 밝혀지고 있다. 소크라테스가 위의 말을 한 적이 없음에도 그의 말로 오해되고 있는 이유는 그가 부당한 판결을 받았음에도 독배를 마시고 죽었기 때문이다. 그의 행위가, 부당하지만 법의 판결이기에 순응한 것으로 받아들여져서, 준법의 모범처럼 이해되고 있는 것이다.

그러나 소크라테스는 친구 '크리톤'에게 분명히 자신을 사형으로 내몬 다수의 생각은 우매하고 그릇된 것이라고 밝히고 있다. 우매한 군중들이 상식으로 여기는, 감옥에서 간수에게 뇌물을 주고 탈출하여 삶을 영위하는 그 방식이 옳지 않다고 생각했기에 당당히 죽음을 맞이한 것이다.

또한 그는 '소크라테스의 변론(혹은 변명)'에서 법정 최후의 변론에 임할 때, 그릇된 시인들과 소피스트들의 궤변에 현혹되어 자신을 유죄로 몰고 있는 아테네 시민들이 우매한 판단을 내리고 있음을 분명히 밝히고 있다. 그는 법의 판결을 순응한 것이 아니라, 삶의 고결한 원칙을 죽음이 두려워서 깨뜨리고 싶지 않았을 뿐이다.

그러나 악법은 따라서는 안 된다. 법이 법다워야 모든 사람이 따른다. 법이 엿장수의 엿가락이 되어서는 안 된다. 엿장수의 기분에 따라 엿가락 떼어 주듯 적용되어서는 안 된다.

법이 잘못 적용되다보니 '유전무죄, 무전유죄'라는 말이 나온다. 돈 많은 사람은 높은 형량을 받고도 언제 나왔는지 모르게 나와서 잘못을 뉘우치기는커녕 아무 일도 없었다는 듯이 행세하고 다니고, 돈 없는 사람은 적은 형량 받고 모범수 생활하여도 나오지 못한다. 그러니까 법을 우습게 보는 것이다.

법 앞에서는 만인이 평등하여야 한다. 그래야 살아 있는 법이 되고 모든 사람이 그 법을 지키려고 노력한다. 법을 안 지키는 사람이 잘 살고, 법을 잘 지키는 사람이 미련한 사람으로 취급받는 세상이 되면 그 법은 있으나 마나다.

세금 낼 돈이 없어 세금 못 내는 사람이 있는가 보면 돈이 너무 많아 해외로 빼돌리고 세금 덜 내려고 하는 사람이 있다. 정말 세상이 공평하지 못하다. 돈이 인생의 전부가 아닌데 말이다. 그러나 법도 법다운 법이 되어야 한다. 모두에게 이로운 법이 되어야 한다. 누구 하나만을 위하는 법은 있어서는 안 되는 법이다.

범죄 집단에도 지켜야 할 법이 있다. 그 법의 주된 목적은 그 집단을 위한 법이지 사람을 위한 법이 될 수 없다. 이러한 법은 사실은 지켜서는 안 되는 법이다.

지켜야 할 법은 사회적 합의에 의해서 모두가 공감하는 법이다. 국회에서 여당과 야당이 싸우는 것은 어제 오늘의 일이 아니다. 오히려 싸우지 않으면 이상한 것이 오늘날 우리나라의 암울한 정치 현실이다.

물론 지지층의 의사를 대변할 수 있는 법을 만들려고 하는 것에 대해서는 이해가 간다. 하지만 기본적으로 생각하여야 할 것은 지지층의 이익보다는 국가 전체 이익을 생각하여야 한다.

더 많은 사람들이 공감할 수 있는 법이 되도록 타협과 양보가 요구된다. 일시적 필요에 의하여 만들어진 법은 항상 말을 낳게 되고 오히려 부메랑이 되어 돌아온다. 야당일 때 제안하여 만든 법이 정권이 교체된 다음 여당이 되었을 때 부메랑이 되어 돌아오는 것이 한 두 개가 아니다.

'이현령비현령'이 되어서는 안 된다. 상대를 견제하기 위하여 무리수를 두면서까지 법을 만들어서는 안 된다. 여야가 서로 공감할 수 있는 최대공약수를 찾는 노력이 필요하다. 서로가 합의한 법이 만들어질 때 그 법이 남을 수 있다.

법보다 위에 있는 것이 권력이다. 우리의 역사를 조명해 보면 권력 앞에서는 힘도 써보지 못하는 법을 무수히 보아왔다. 북한을 보자. 물론 법은 있다. 그러나 그 법이 과연 누구를 위한 법인지 알아보면 법이라고도 할 수 없다.

미국의 어느 사람은 북한을 가리켜 국가가 아닌 하나의 범죄 집단이라 했다. 김일성, 김정일, 김정은의 3대에 걸친 통치체제는 법을 있으나마나한 것으로 만들었다. 오로지 한 사람의 말 한마디가 법이 되는 세상이다.

국가 간의 약속도 아무 소용없다. 금강산 사업이나 개성 공단만 보더라도 이를 증명하고도 남는다. 사실 나는 금강산 사업이나 개성 공단 사업이 시작될 때 이용당할 것이라는 100%의 확신을 가졌던 사람이다. 그동안 북한이 한 행위를 볼 때 절대적으로 믿음을 줄 수 없기 때문이다.

필자가 우려했던 대로 북한의 핵무기 개발로 인하여 개성 공단 사업이 인하여 중단되었다. 언제 정상화될지 모르지만 기대하기 어려운 상황으로 흘러가고 있다.

금강산 사업이나 개성공단으로 인해 지원된 많은 돈이 어디로 갔을까? 정말 굶주림에 시달리는 북한 주민들의 삶에 도움이 되었을까? 북한 주민들의 삶이 더 나아졌을까? 부정적으로 생각하는 것이 많은 사람들의 지배적인 생각이다.

북한에서 상위층에 속하는 중국에 있는 북한 식당 종업원이 가족과 친지를 뒤로한 채 대한민국으로 온 것만 보아도 북한의 현실이 얼마나 비참한지 짐작이 간다.

북한은 우리와 함께 가야 할 대상임은 분명하다. 하지만 현실을 냉정하게 보아야 한다. 진정성을 가지고 대화에 나설 때와 그렇지 않을 때를 구분할 줄 알고 대처해야 한다.

북한의 겉만 보고 속도 모른 체 북한의 놀음에 놀아나서는 안 된다. 이런 면에서 박근혜 정부의 신뢰 프로세스는 국민들의 높은 지지를 받고 있다. 퍼 주었으면 나아지는 것이 있어야지 나아지기는커녕 당하기만 하니 더 이상 어떻게 퍼 주란 말인가?

퍼 주고 퍼 주어서 고작 받은 것이 천안함 폭침이나 연평도 포격과 같은 것인데 이래도 퍼 준 것을 잘 했다고 생각하는 사람이 제 정신인지 묻고 싶다. 공포와 굶주림에 시달리고 있는 북한 주민을 도와주지 말자는 것이 아니다. 그러나 우리가 도와주는 것이 진정으로 북한 주민들의 삶의 질을 높이는데 도움이 되는지 생각해 보지 않을 수 없다. 국립현충원에 안장된 천안함 장병의 묘소를 보면서 평생 잊히지 않을 자식 잃은 부모의 아픈 마음을 생각하니 가슴이 아프고 눈시울이 붉어졌다.

역사의 흐름을 정확하게 맞출 수 있는 능력을 가진 사람은 아무도 없다. 역사의 흐름을 맞춘다기보다는 예측한다는 것이 맞는 말이다. 역사는 흐른다. 흐르는 그 역사를 통해서 무소불위의 권력도 결국은 하늘의 심판을 받고 사라지게 되어 있다.

사람으로서 하지 말아야 할 일을 한 사람의 최후는 비참하다. 역사는 법을 무시하고 권력을 휘두른 사람에게 반드시 그만큼의 고통을 주었다. 법을 지키지 않고 권력을 쟁취한 대통령이 교도소 가는 것을 보았고, 연산군과 같은 폭군의 처참한 최후를 생생하게 알고 있다. 그것이 역사가 주는 교훈이다.

이치를 어기고, 법을 무시하고, 무소불위의 권력을 휘두른 사람에게 하늘이 어떠한 심판을 내릴 것인지는 묻지 않아도 잘 알 것이다. 비리법권천이 되지 말고 비리권법천이 되는 세상이 바른 세상이다. 권력보다 법이 위인 시끄럽지 않은 세상이 되었으면 한다.

서열

서천 지산초등학교에 근무할 때이다. 학교 근처에 커다란 젖소 목장을 경영하는 학부모가 있었다. 갓 짜낸 우유를 따뜻하게 데워주는데 원액이어선지 너무나 고소했다.

날이 어두워지자 젖소들이 축사 안으로 들어가는데 차례차례 한 줄로 들어갔다. 들어가는 순서가 있다는 것을 알고 놀랐다. 만약 순서를 무시하고 들어가는 소가 있을 경우 그에 따른 혹독한 대가를 치러야 한다는 것이다.

사회생활에서 서열은 엄연히 존재한다. 서열이 있기 때문에 질서와 안정이 유지되는지도 모른다. 많은 사람들은 서열에 대한 관심을 가지고 있다. 조직에 따라 서열이 아주 중시되기도 하고 그렇지 않기도 하다. 폭력 집단이나 군대와 같은 조직에서는 서열을 매우 중시한다. 폭력 집단의 경우 상위 서열에 있는 사람의 말 한마디는 그 자체가 법이요 행동 강령이다. 따르느냐 마느냐의 선택이 아니라 필수다.

군대의 경우도 상사의 명령에 절대 복종이다. 거기에 이의를 달기가 쉽지 않다. 부하가 상사의 명령에 왈가왈부하고 잘 따르지 않는다면 질서를 유지하기도 힘들고 유사시에 대처할 수 있는 능력도 떨어질 것이다. 그러기에 군대에는 엄정한 군기가 있다.

서열이 매우 중시되는 조직이 있는가 하면 그렇지 않은 조직도 있다. 예술 동호회와 같이, 취미 생활이 같은 사람들의 모임에서의 서열은 느슨하다. 서열이 중시되지도 않고 상위 서열이라 해도 봉사와 희생의 성격이 강하며 구성원 개개인의 의사를 자유스럽게 이야기할 수 있는 분위기가 조성되어 있다.

이처럼 창작 활동이 요구되는 조직일수록 서열이 중시되지 않는 경향이 있다.

그러나 서열을 위해서 생사를 걸기도 한다. 동물의 세계를 보면 암컷을 차지하기 위하여 목숨 걸고 싸우기도 한다. 물론 동물의 세계에서만 볼 수 있는 것은 아니다.

프랑스의 수학자이자 철학자인 파스칼은 "클레오파트라의 코가 1㎝ 낮았더라도 역사는 달라졌을 것이다."라고 하였다. 클레오파트라가 미인이 아니었다는 의혹이 제기되고 있지만 화술, 결단력, 지성, 노력 등에서 뛰어난 능력을 지닌 것으로 짐작되어 진다.

클레오파트라는 마케도니아의 마지막 여왕이다. 파라오 율법에 따라 남동생들과 두 번씩이나 결혼하여 왕좌에 올랐다. 아버지 프톨레마이오스 12세는 남동생 프톨레마이오스 13세와 이집트를 공동 통치하라는 유언을 남겼지만 왕위를 혼자 차지하려고 하였다. 왕위 쟁탈전에서 패한 그녀는 강제로 폐위되어 유배된 상태였다.

이 때 이집트를 침공한 로마제국의 카이사르가 있는 성에 들어가기 위하여 양탄자로 몸을 감고 충복을 통해 선물을 가져왔다고 속여 성안으로 들어갔다. 카이사르 앞에서 양탄자를 펴니 그 곳에 바로 반라의 그녀가 비너스처럼 나왔다. 그녀의 미모에 반한 카이사르는 연인이 되었고 모든 정적을 제거하고 왕의 자리에 앉게 하였다.

그 후 클레오파트라는 카이사르와 함께 로마에서 살았는데 기원전 44년 카이사르가 암살된 후 이집트로 아들을 안고 돌아왔다.

신흥 세력 중의 하나인 안토니우스를 이집트로 불러들여 그를 유혹, 결혼하였고 안토니우스는 로마에 있는 아내와 아들을 버리고 클레오파트라를 택하였다.

로마의 거대 세력인 안토니우스와 옥타비아누스는 로마 황제 자리를 놓고 격돌하였다. 바로 이 싸움이 '악티움 해전'이다. 싸움에서 패한 안토니우스는 클레오파트라의 품에 안겨 자살하게 되고 그녀 또한 노예가 되느니 죽음을 택하게 되는데 아름다운 옷과 보석으로 몸단장을 하고 고의로 풀어놓은 독뱀에 가슴을 물려 자살하였다. 한 여자로 인하여 역사가 어떻게 바뀌었는지를 알게 한다.

우리나라 역사를 보더라도 한 여자로 인하여 역사가 뒤바뀐 것이 한 두 번이 아닌 것을 보면 여자가 가지고 있는 보이지 않는 힘이 얼마나 위대한지를 알 것 같다.

폐쇄적인 집단일수록 서열이 높으면 높을수록 무소불위의 권력을 휘두른다. 서열은 여자보다는 남자가 더 중시하는 것 같다. 동물의 세계와 큰 차이가 없다는 생각도 든다. 남자들이 만나면 나이, 학번, 군번 등을 많이 따진다. 서열을 가리기 위함이다.

이처럼 모든 조직에는 서열이 있다. 하지만 그 서열이 누구를 지배하고 감시하는 서열보다는 함께 어울리는 서열이 되어야 한다. 가정에도 서열이 있지만 이때의 서열은 가정의 안녕과 질서를 위한 서열이다. 경직된 서열이 필요한 조직도 있지만 반면에 유연한 서열이 요구되는 조직도 있다.

서열이 중시되면 될수록 긴장도는 높다. 폭력 집단에서의 긴장도는 매우 높다. 서열에 맞게 분명한 역할이 부여되어 있고 그 역할을 수행하여야만 한다. 중간 어느 하나에 구멍이 뚫리게 되면 그 집단은 유지하기가 어렵다. 그래서 서열을 중시하고 조직을 강화하는 것이다.

특히 군대와 같은 명령에 따라 움직이는 조직에서 한 사람만 자기 역할을 이행하지 못하더라도 그 피해는 조직 전체가 입는다. 예를 들어보자. 전쟁에서 상황이 급박하여 철수 명령이 떨어졌을 때 중간에서 전달이 끊어져서 많은 부대원들이 철수하지 못하였다고 하자. 어떠한 일이 벌어지겠는가?

서열이 중시되지 않는다고 나태해져서는 안 된다. 서열을 중시하지 않는다는 것은 그만큼의 자율과 책무성을 요구받는다. 단순한 업무보다도 창의적인 업무를 수행하여야 한다. 그렇기 때문에 누가 시켜서 하기보다는 스스로 알아서 해야 한다. 이러한 곳에서는 창의력이 풍부한 사람이 능력을 인정받을 수 있다.

교직에 있어서의 서열은 자율과 책임을 요구받는 서열로 볼 수 있다. 관리자인 교장, 교감이라고 학교 경영을 혼자서 할 수 있다고 생각하는 것은 아주 위험하다. 과거 교장 주도의 학교 경영 시대에 있어서는 학교장의 수완에 따라 '대교장'이 만들어지기도 했다. 하지만 지금 이렇게 하다가는 욕먹는다.

몇 년 전만 하여도 가을체육대회가 끝나고 전 직원 저녁 식사 자리를 마련하지 않으면 교장이 욕먹었다. 하지만 지금은 어떠한가? 오히려 저녁식사 대접하면 욕먹는 세상이 되었다. 이처럼 세상은 변한다. 그러기에 변화에 앞서가는 사람이 되어야 하는 것이다.

학교의 중심은 학생이다. 교직원 모두는 학교의 중심인 학생을 위하여 창의적인 교육활동을 하여야 한다. 누가 시켜서 하는 것이 아니라 아이들의 수준을 바르게 이해하고 아이들의 요구에 맞는 교육을 해 나가야 한다.

자기가 위치하고 있는 서열에서 하여야 할 역할을 충실히 할 때 그 조직은 생동감이 있고 활기가 있으며 비전이 있다. 위에 있는 서열만 생각하지 말고 아래에 있는 서열도 배려할 때 생명력이 있는 인화가 가득한 조직이 된다.

서열이 높으면 높을수록 책임이 크다. 서열이 높다고 어깨에 힘을 주어서는 안 된다. 서열이 높을수록 겸손하여야 하고 봉사할 줄 알아야 한다. 차려 놓은 밥상에 숟가락만 들어서는 안 된다. 서열에 맞는 자율성과 책무성을 다할 때 그 자리가 빛나 보인다.

집에서의 가장을 생각해 보자. 가족들의 모든 것을 걱정하는 자리지 목에 힘을 주는 자리가 아니다. 그래서 가장이라는 자리가 고달프고 힘이 든다.

손가락

호기심을 가지고 신체를 보면 신비스러움에 놀라지 않을 수 없다. 귀는 열고 닫고 할 수 없다. 듣기 싫어도 듣도록 되어 있다. 듣기 싫으면 귀를 막을 수밖에 없다. 그래서 많이 들어야 되는 모양이다. 귓바퀴도 앞으로 숙여져 있다. 뒤로 숙여져 있으면 소리를 잘 모을 수 없지만 앞으로 숙여져 있어 잘 모아들을 수 있다.

귀가 큰 사람을 가리켜 위인이 될 사람이라고 부르는 것도 아주 근거 없는 이야기는 아닌 듯하다. 어떤 좋은 이야기를 할 때 '귀담아 잘 들어야 한다.'라는 말을 한다. 귀가 크니까 좋은 말을 많이 들을 수 있는 것이 아닐까?

입이 한 개인데 귀가 두 개인 것은 말도 되지 않는 말이나 듣기에 거북한 말을 듣더라도 너무 마음에 담아두지 말고 '한 귀로 듣고 한 귀로 흘려보내라.'라는 의미도 있는 것 같다. 좋지 않은 말 들어서 좋을 리 없다. 괜히 마음만 상하고 싫은 소리하게 되어 있다. 그래서 담아두지 말고 한 귀로 듣고 한 귀로 흘려보내라는 모양이다.

몸에 나 있는 털이나 눈 위에 달려 있는 눈썹을 보면 필요 없는 것으로 보일지 모른다. 그러나 없어 보면 필요하다는 것을 안다. 이마에서 흘러내리는 땀방울이나 빗물이 눈으로 들어오는 것을 막아주는 일을 눈썹이 하고 있다는 사실을 알게 되면 우리 몸에 있는 모든 것들이 하나도 버려서는 안 된다는 것을 알게 된다.

이처럼 몸은 신비 덩어리이다. 그러기에 소중히 하여야 한다. 털 하나 훼손하는 것도 불효라고 하는 것은 그만큼 우리 몸에 있는 모든 것이 소중하기 때문이다.

신체 부위 중에서도 자주 다치는 부분이 있는데 어떻게 보면 가장 많이 사용되는 부분이기도 하다. 즉 상처가 많은 손가락은 그만큼 많이 사용했다는 증거다.

발바닥을 보면 단단한 굳은살로 되어 있다. 만약 물렁물렁한 살로 되어 있다면 걷기에도 불편하고 많이 걷지도 못하고 평형을 유지하기도 쉽지 않을 것이다. 그만큼 다 이유가 있다. 그 이유를 알면 우리 몸이 얼마나 신비스러운지를 안다.

한쪽 손가락이 다섯 개다. 다섯 손가락의 굵기와 길이가 모두 다른 것은 그 역할 또한 다르기 때문이다.

엄지손가락은 가장 굵고 힘이 세다. 권력을 나타내기도 하고, 잘했다는 의미를 전달할 때 사용된다. 운동 경기에서 골을 넣거나 득점을 했을 때 엄지손가락을 치켜세우는 것도 힘과 용기를 주기 위함이다. 사실 압정을 박는 것과 같이 힘을 쓸 때도 엄지손가락을 사용한다. 벙어리장갑을 보더라도 엄지손가락은 남은 네 손가락을 합친 것과 독립되어 있다.

검지는 지식을 나타낸다. 방향을 가리키거나 무엇을 알려줄 때 사용한다. 다른 손가락을 모두 접고 검지로 방향을 가리키면 잘 되나 다른 손가락을 다 접고 중지로 방향을 가리키려면 잘 되지 않는다. 쉽게 사용하기 쉬운 손가락이다. 자녀에게 책을 읽어주거나 잘못된 것을 설명할 때도 이 손가락을 이용한다. 그러기에 지식과 관련이 있다.

중지는 능력을 나타낸다. 다섯 손가락 중 가장 길고, 위치상으로도 손가락의 중간에 있다. 모든 일에 있어서 중심은 매우 중요하다. 학교에서의 중심은 학생이다. 그렇기 때문에 학교의 주인은 학생이다. 권력 다툼이나 전쟁에 있어 중심에 비유되는 중원을 장악하는 것은 매우 중요하다. 중요한 전투일수록 중원을 장악하기 위해서 사활을 거는 것도 이러한 까닭이다. 축구 경기에서도 골로 승부가 나지만 골이 나기까지 가장 중요한 것은 미드필드다. 미드필드를 오랫동안 장악하는 팀이 이길 확률이 높다. 그래서 중앙, 중심, 가운데가 중요하다.

새끼손가락은 여림과 사랑스러움을 나타낸다. 이성친구나 애인을 지칭할 때 사용되기도 하고, 사랑을 약속할 때도 이 손가락을 걸어서 맹세한다. 가루약을 물에 타서 잘 녹도록 저을 때도 이 손가락을 사용한다. 어머니의 따뜻한 사랑을 이 손가락을 통하여 전하는 의미도 있다.

약지는 변함없는 관계를 나타낸다. 결혼이나 약혼반지도 대부분 이손가락에 낀다.

이처럼 손가락이라고 해서 다 같은 손가락이 아니다. 모두가 다른 의미를 지니고 있는데 이 중에 하나라도 없으면 불편을 겪는다. 언젠가 연장을 다루다가 검지를 다쳐서 몇 바늘 꿰매고 붕대를 감았는데 물을 묻히지 않으려고 하다 보니 보통 불편한 것이 아니었다. 이처럼 손가락 중 어느 하나를 다쳐 보아야 다친 손가락이 중요하다는 것을 느낀다.

대전시 대덕구 중리·법동 지역은 저소득층 밀집지역이다. 이와 같은 지역 특성으로 인해 대전중리초등학교, 대전중원초등학교, 대전법동초등학교, 중리중학교, 대전법동중학교 5개교가 교육복지우선지원사업 대상학교로 2007년도부터 선정되었다. 이 사업은 학교뿐만 아니라 지역사회 유관기관 및 단체와 연계하여 운영되어야 사업의 효과를 높일 수 있다.

지역사회 네트워크로서 '다섯 손가락'이라는 모임이 있다. 다섯 손가락이 모두 소중하듯 단 한 명의 학생이라도 꿈을 버리지 않도록 해 주는 데 목적을 가지고 있다. 사랑 나눔 바자회, 꿈 만들기, 장기자랑, 등산과 같은 행사를 매년 2회 개최하고 있는데 지역사회에서도 많은 관심을 가지고 도움을 주고 있다.

손가락 하나보다는 열 개 모두가 있어야 일을 잘할 수 있다. 어려운 일도 마찬가지다. 힘이 없는 사람이라도 그 작은 힘이 모아지다 보면 기적을 이룰 수 있다.

손가락이 열 개인 이유! 어느 시인이 쓴 짧은 시에 '손가락이 열 개인 것은 어머니 뱃속에서 몇 달이나 은혜를 입나 기억하려는 태아의 노력 때문인지 모른다.'라고 하고 있는데 이런 신비스러운 몸으로 이 세상에 있다는 것 자체에 감사한 마음을 가져야 할 것이다.

'다섯 손가락' 모두가 자기의 역할이 있듯, 사회 구성원으로서의 내가 해야 할 역할이 있다. 다섯 손가락 모두가 다르듯 사람도 다르다. 손가락마다 할 일이 다른 것처럼 할 일 또한 모두 다르다.

대통령하고 싶다고 모두 대통령되는 것은 아니다. 길거리를 청소하는 환경미화원이 있기에 깨끗한 사회에서 살 수 있고, 경찰이 있기에 마음 놓고 살 수 있다. 그러기에 주위에 있는 만나는 사람 모두가 소중하고 고마운 '다섯 손가락'같은 사람이다.

인연

옷깃만 스쳐도 3,000겁의 인연이라고 한다. 겁이란 가장 길고 영원하며, 한없이 긴 시간의 단위로, 산스크리트의 칼파(kalpa)를 한역(漢譯)한 '겁파'의 약칭이다. 《대지도론(大智度論)》에 의하면 불교의 초기 경전인 잡아함경(雜阿含經)에서는 사방이 1유순(由旬, 약 15km) 즉 사방 40리나 되는 거석(巨石)을 사람이 100년에 한 번씩 얇은 흰 천으로 닦아 그 거석이 닳아 없어져도 끝나지 않는 것이 1겁이라 하였다.

1겁이 이런데 3,000겁을 어찌 말로 표현할 수 있으랴? 옷깃만 스쳐도 3,000겁의 연인데 말을 하고, 손을 잡고, 같이 잠을 잔다는 것은 3,000겁에 비교가 되지 않는 몇 만 겁의 연이 되고도 남을 것이다.

인연에는 좋은 것만 있는 것은 아니다. 어떤 경우는 악연으로 만나기도 한다. 그 연이 좋은 연이든 악연이든 간에 좋은 연은 더 좋은 연으로 만들 줄 알아야 한다. 악연으로 만났다 하더라도 그 악연을 악연으로 남기지 말고 좋은 연으로 만들어야 한다.

흔히 좋지 않은 사람을 만나 경제적으로나 신체적으로 피해를 보면 그 사람 잘못 만났다고 한다. 악연이라고 생각한다. 물론 피해를 입었으니까 그런 생각이 들 수 있다. 그러나 조금만 물러서서 생각해 보면 이해할 수 있다. 고의적으로 하는 경우도 있지만 뜻하지 않은 일로 그런 피해를 입는 경우도 있기 때문이다. 더 넓게 죽을 때를 가정해서 생각해 보면 다 부질없는 짓이라는 것을 알게 된다. 그래서 좋지 않은 것도 좋게 만들려는 노력을 해야 한다.

부정적 생각보다는 긍정적인 생각을 갖자. '칭찬은 고래도 춤추게 한다.'라는 말이 있다. 조련사는 고래가 하고 싶은 일을 해 주는 데 중점을 두었다. 질책보다는 칭찬을 해 준 것이다. 좋아하는 것을 할 수 있도록 해 준 것이다.

많은 사람들을 보면 좋은 것을 칭찬하기보다는 좋지 않은 것을 가지고 이야깃거리를 만든다. '사촌이 땅을 사면 배 아프다.'는 말이 있듯 남 잘 되는 것을 좋아하지 않는다. 칭찬에 인색하다. 남 안 되는 것을 좋아하다보니 좋지 않은 것을 가지고 말하기를 좋아한다. 이런 사람은 절대 잘 되는 일이 없다. 좋지 않은 것만 보고 좋지 않은 생각만 하게 되니 모든 일이 잘 될 리 없다.

나쁜 것보다는 좋은 것만 보자. 좋은 것을 보려는 사람에게는 항상 좋은 것만 보인다. 좋은 것만 보고 좋은 생각만 하니 좋은 일만 생기는 것은 당연하다.

주위에서 아니라고 아무리 말려도 잘 살 테니 두고 보라며 결혼한 사람이 얼마 되지 않아 후회하는 것을 보았다. 심지어 신혼 여행가서 다투고 헤어지는 사람도 있는 것을 보면 그것도 오래되었다고 해야 할 모양이다.

'그 때는 내가 미쳤어. 아니 뭘 보고 결혼했대? 콩깍지에 씌어서 눈이 멀었어.'하며 때늦은 후회를 한다. 주위 사람한테 장담한 이야기가 있으니 당장 이혼하지는 못해도 오래 가지 못한다. 결국 언제 사랑하였느냐는 듯이 주위 시선 아랑곳하지 않고 이혼한다.

인연의 소중함을 모르는 사람이다. 인연의 소중함을 안다면 그럴 수 없다. 결혼 전에 있었던 장점을 보기보다는 보이지 않았던 단점에만 집착하기 때문에 그 뜨거웠던 사랑이 갑자기 식는 것이다. 사실 결혼하고 나면 결혼 전에 보이지 않으려고 했던 단점이 자연적으로 나온다. 그러나 그 단점도 장점으로 볼 수 있어야 한다.

우스운 이야기가 있다. 어느 신혼부부가 첫날밤을 맞이했다. 이제 결혼도 하였으니 그동안 말 못했던 고민을 다 털어놓자고 하였다. 신랑이 갑자기 가발을 벗으며 "여보, 미안하지만 나 대머리이야." 신부는 놀라는 기색이 하나도 없었다. "다 이해해요. 우린 사랑하니까. 하지만 당신도 이해해주어야 해요."하면서 갑자기 틀니를 빼냈다.

물론 우스갯소리로 한 말이겠지만 결혼생활 하다보면 그동안 보이지 않으려고 숨겼던 것이 하나 둘 나타나게 마련이다.

요즘 신혼부부의 이혼이 늘고 있다. 성격 차이도 있겠지만 물질적인 문제로 인한 것이 대부분이다. 성격 차이라고 하는 사람도 다른 사람 이목 생각해서 마음 편하자고 하는 말일 뿐이다. 학력, 직장, 나이, 연봉, 아파트, 자동차, 신장 등과 같이 눈에 보이는 것을 기준으로 삼고 결혼하다 보니 그것이 하나 둘 무너지면서 사랑이 식고 이혼에 이르게 되는 것이다.

설사 물질적인 것을 보고 결혼하였다고 해도 그 인연을 끊어서는 안 된다. 남편 사업이 잘 안 되어 망하였을 때 가장 힘든 사람은 남편이다. 망하고 싶어 망하는 것 아니다. 그 과정이 이해가 안 된다 하여도 잘 하려고 한 것이 잘못된 것이다.

최고의 힘이 되어 줄 사람은 아내다. 아내마저 떠나면 누가 지켜주겠는가? 혼자의 힘으로 일어나는 것보다 둘의 힘으로 일어나는 것이 쉽다. 아무리 힘이 들어도 참고 이겨내다 보면 이 세상 무엇과도 바꿀 수 없는 최고 고마운 사람이 되는 것이다. 사랑도 더 깊어가고, 자식 또한 보고 배우니 안 되려고 해도 안 될 수 없다. 이 세상 최고로 행복한 가정이 될 수 있다. 정말 멋진 인생을 만든 것이다.

소크라테스는 "어쨌든 결혼하라. 만일 그대가 선한 아내를 얻는다면 그대는 아주 행복할 것이며, 그대가 악한 아내를 얻는다면 나처럼 철학자가 될 것이다."라고 말하였고, 프랑스의 사상가이며 대표적인 도덕주의자인 몽테뉴는 "결혼이란 새장과 같다. 밖에 있는 새들은 필사적으로 안으로 들어가려고 하고 새장 안에 있는 새들은 한사코 밖으로 나오려고 한다."고 하였다.

새장에 갇혀 있는 새는 먹이 구하기가 힘든 추운 겨울에도 먹이 걱정 없이 지내지만 하늘을 마음껏 날지 못하고, 새장 밖에 있는 새는 하늘을 마음껏 날아다닐 수는 있지만, 추운 겨울에 먹이를 찾아 헤매는 고통을 겪으니 원하는 것이 서로 다를 수밖에 없다.

새가 하늘을 마음껏 나는 것은 공기가 있기 때문이고, 물고기가 물속을 헤엄치는 것은 물이 있기 때문이다. 물과 공기가 없으면 그렇게 할 수 없음에도 그 고마움을 모르고 마치 자기가 잘 나서 하는 것으로 어리석은 생각을 한다.

이 자리에 내가 있다는 것은 내가 잘 나서가 아니다. 주위의 고마운 사람들이 있었기에 가능하다. 그러기에 연을 소중히 하고 살아야 한다. 명심보감에 하늘의 뜻을 따르는 자는 복을 받고, 하늘의 뜻을 거역하는 자는 벌을 받는다고 하였다. 그렇다. 하늘을 보고 부끄럽지 않은 인연을 만들어 가자.

'하늘은 스스로 돕는 자를 돕는다.'고 하였다. 인연의 크고 작음, 좋고 나쁨은 마음가짐에 달려 있다. 악연으로 만났어도 좋은 인연이 될 수 있고, 좋은 연으로 만났어도 악연이 될 수 있다. 인연 역시 내가 어떻게 만드느냐에 달려 있다. 좋게 보면 좋게 보이고 나쁘게 보면 나쁘게 보인다.

인연의 좋고 나쁨은 마음먹기에 달려 있다. 좋은 인연이란 남에게 덕을 베푸는 일에서 출발한다. 주위의 모든 사람이 고맙게 생각할 수 있는 일을 하는 것이 좋은 인연을 만드는 길이다. 이 세상 최고의 인연은 결혼이다. 그래서 결혼을 인륜지대사(人倫之大事)라고 한다.

요즘 늙은 노인 서로 모시지 않으려고 난리다. 심지어 가족이면서도 의절할 정도로 끊고 사는 일까지 벌어지고 있다. 정말 문제다.

급변하는 시대에 따라 세속의 결혼 풍습도 많이 달라지고 있다. 심지어 결혼식도 올리지 않기도 한다. 주례도 없다. 신성해야 할 결혼식이 돈 잔치가 되는 것이 안타깝다.

옛날 결혼할 때는 보는 것이 한두 가지가 아니었다. 요즘에는 눈에 보이는 것이 기준이 되고 있지만 과거에는 그 집안의 내력을 중시하였다. 결혼할 상대의 그 집안을 보는 것은 그 집안 어른들의 인품과 성품을 보고 젊은 신랑 신부를 미루어 유추(類推)함에 있는데 이것이 희석(稀釋)되어 집안의 권력과 재물을 보는 척도로 변질되었다.

부모를 잘 모셔야 한다는 생각으로 '정단명리학회'카페에 실린 글을 인용하여 소개한다.

조선조 중엽에 퇴계 이황선생은 봉화금씨(奉化琴氏) 집안의 규수를 장자 이준(李寯)의 아내, 즉 첫째 며느리로 맞이하였는데 다음과 같은 일화가 전해지고 있다.

당시 금씨는 봉화와 안동일대에서 행세하는 토박이 양반 가문으로 5대에 걸쳐 과환(科宦, 生員, 進士, 文科)이 이어진 명성 있는 집안인 반면 진보이씨(眞寶李氏)의 후손인 퇴계는 6대 선대가 아전(衙前.하급관리)을 지냈을 뿐 당시로는 초라한 편이었다.

퇴계 자신은 이미 문과에 급제하여 예문관 검열(藝文館檢閱)을 지낸바 있고, 이미 높은 학문으로 명성이 널리 알려지던 때였다. 금씨 집안의 완고한 노인들은 지체가 낮은 퇴계 집안과의 혼사를 반대하였지만 우여곡절 끝에 가까스로 혼사가 결정되었다.

퇴계는 맏며느리를 맞아올 때 상객(上客)으로 사돈댁에 갔다가 금씨 문중 사람들에게 혹독한 냉대를 당했다. 혼인예식이 있을 때 상객에게는 사돈댁에서 모두들 융숭하게 접대하는 것이 통례인데 금씨 문중사람들은 그림자도 보이지 않았고 오직 혼주(婚主) 한 사람만이 상객을 맞았다.

혼주 혼자서만 우겨 퇴계 가문과 통혼을 했다는 이유에서다. 퇴계 선생이 이런 냉랭한 상황을 모를 까닭이 없었지만 추호도 동요함이 없이 기색도 안보인 채 혼주에게 예의를 다 갖추어 대하였다.

혼인예식을 끝마치고 사돈댁을 막 떠나오는데, 신부 집에서 난장판이 벌어졌다. 금씨네 일가친척들이 떼를 지어 몰려와선 혼주에게 공격을 퍼부었다.

"우리 가문의 규수를 어느 명문가에 시집을 못 보내 하필 이황과 같은 보잘 것 없는 집으로 며느리를 준단 말이오. 그런 사람이 금씨네 집안에 엉덩이를 대고 있었다는 것만으로도 우리로서는 가문을 더럽힌 셈이요. 그가 앉아 있었던 마루를 물로 말끔히 씻고 대패로 깨끗하게 밀어 버려야만 하겠소."

그들은 정말 대청마루를 물로 씻고 대패로 깨끗하게 밀어 버렸다. 이와 같은 사실이 전해지자 이번엔 퇴계선생 문중이 발칵 뒤집어졌다. 문중 사람들이 분개하여 모두들 퇴계선생을 찾아와 소리를 높였으나 선생은 평소와 다름없이 조용한 어조로 달랬다.

"사돈댁에서 무슨 일이 있었던지 우리로서는 관여할 바가 아니다. 가문의 명예란 문중에서 떠든다고 높아지는 것도 아니요, 남들이 헐뜯는다고 낮아지는 것도 아니다. 상대방이 예의를 갖추지 못했다고 해서 나도 예의를 지키지 않으면 우리 가문은 사돈댁 가문보다도 형편없는 가문이라는 증거밖에 더하겠느냐? 더구나 우리는 사돈댁 귀한 따님을 며느리로 맞이하는 터인데 우리가 지금 그런 하찮은 일로 분란을 일으키면 새 며느리가 이 집에서 얼굴을 들 수가 없을 것이다. 내 며느리를 보아서라도 아무 소리하지 말고 물러들 가거라."

이렇게 퇴계의 단호한 결단으로 혼사문제가 더 크게 번지지 않고 잘 이루어지게 되었다. 퇴계선생의 며느리가 된 금씨의 딸은 시아버지의 이와 같은 인품에 감화되어 선생을 평생 극진히 모셨다.

또한 퇴계선생은 장인이 후사 없이 돌아가시자 처조부모와 처부모의 기제사까지 모셨는데 정상인이 아닌 시어머니를 대신하여 금씨부인이 늘 시아버지 옆에서 지켜보며 예를 다해 도왔다. 그런 착한 며느리에게 인자한 시아버지 퇴계선생의 사랑 또한 각별하였다.

"너의 아내가 지어 보낸 단령(團領/조선시대에 깃을 둥글게 만든 공복)을 받으니 기쁘고 즐겁다만 어려운 살림에 구태여 이렇게까지 하니 오히려 편안치 않구나. 접는 부채와 참빗은 네 처에게 전해주어라."

"아몽(阿蒙/퇴계 선생의 맏손자인 이안도(李安道)의 아명)의 어미 앞으로 보낸 바늘과 분은 잘 받아 두어라. 보내 준 버선 세 켤레를 받은 기쁜 뜻을 아울러 전해 주면 좋겠구나."

400년도 훨씬 이전에 시아버지로부터 이렇게 자상한 내용의 편지와 선물을 받은 며느리가 이 땅에 몇이나 되었겠는가? 그녀는 죽으면서도 다음과 같은 유언을 남겼다.

"내 생전 시아버님을 모시는데 부족함이 많았으니 죽어서라도 정성껏 모시게 시아버님 묘소 가까운 곳에 묻어 달라."

요즘에 과연 시아버지를 이렇게 생각하는 며느리가 얼마나 될까? 오히려 시아버지의 손길이 묻어 있는 것을 버리지나 않는지 모르겠다.

결혼은 인연 중에서 가장 큰 인연이다. 항상 사랑한다는 마음을 보내면 나에게도 사랑의 기가 온다. 양보하고 배려하는 것이 중요하다.

[결혼기념일(結婚記念日)]

지혼식(紙婚式): 1주년
고혼식(藁婚式): 2주년
당과혼식(糖菓婚式): 3주년
혁혼식(革婚式): 4주년
목혼식(木婚式): 5주년
화혼식(花婚式): 6주년
전기기구혼식(電氣器具婚式): 8주년
도기혼식(陶器婚式): 9주년
석혼식(錫婚式): 10주년
강철혼식(鋼鐵婚式): 11주년
마혼식(麻(絹)婚式): 12주년
상아혼식(象牙婚式): 14주년
동혼식(銅婚式): 15주년
자기혼식(磁器婚式): 20주년

은혼식(銀婚式): 25주년
진주혼식(眞珠婚式): 30주년
산호혼식(珊瑚婚式): 35주년
벽옥혼식(碧玉婚式): 40주년
홍옥혼식(紅玉婚式): 45주년
금혼식(金婚式): 50주년
회혼식(回婚式): 60주년
금강석혼식(金剛石婚式): 75주년

쪽밤

한 톨 안에 두 쪽이 들어 있는 밤을 '쌍동밤'이라 한다. 표준어 규정 제3장 제5절 제25항에 '의미가 똑같은 형태가 몇 가지 있을 경우, 그중 어느 하나가 압도적으로 널리 쓰이면, 그 단어만을 표준어로 삼는다.'라는 규정에 따라 '쌍동밤'만을 표준어로 인정하고 '쪽밤'은 표준어로 인정하지 않고 있다. 하지만 어렸을 때 '쌍동밤'보다는 '쪽밤'이라는 말을 썼기에 '쪽밤'으로 하였다.

쪽밤은 '쌍동밤'의 잘못, 또는 '쌍동밤'의 북한어로 나타나 있다. 1960년대만 하여도 도시, 농촌을 막론하고 매우 궁핍한 생활을 하였다. 먹을 것이 귀한 때인지라 덜 익은 땡감도 먹었고, 벌레 먹은 물렁감도 서로 먼저 주워 먹으려고 컴컴한 새벽에 일어나 감나무 아래를 돌아다녔다. 지금 생각하면 우스운 일이지만 그러한 감 몇 개 모아만 놓아도 마음이 든든하였고 자랑거리도 되었다. 잘 익은 감도 먹지 않는 지금 보면 상상이 가지 않는 일이다.

밤도 마찬가지였다. 그 때는 밤농사를 전문적으로 짓는 집이 없었다. 동네 앞 둑이나 산 중간 중간에 있는 밤나무를 찾아다니며 밤을 발랐다. 그러다 보니 밤나무 찾아다니는 것이 그렇게 쉽지 않았다. 잘 벌어져 쏟아지는 알밤을 기다릴 여유도 없었다. 기다리다가는 내 차지가 오지도 않는다. 그러다보니 여물지도 않은 밤을 장대로 털어서 생밤을 발랐다.

잘 익은 알밤을 만나는 것은 행운이었다. 밤을 발라 본 사람은 알겠지만 밤 바르는 일이 보통 일이 아니다. 가시에 찔리면서 발라 모아도 작은 자루 채우기가 쉽지 않다. 그렇게 귀한 밤이다. 먹으려고 속껍질을 벗겼을 때 쪽밤이 나오면 '쪽밤이 나오면 나누어 먹어야 한다. 그렇지 않으면 쪽니 난다.'는 어른들의 말씀에 아까워도 다정스럽게 나누어 먹었다. 보기 싫은 쪽니가 난다고 하니 먹을 것이 귀한 시절이지만 나누어 먹을 수밖에 없었다.

나눔을 소중하게 생각하는 조상들의 지혜가 아닌가 생각한다. 쪽 밤을 생각하면서 요즘 아이들이 너무나 이기적이라는 생각이 든다. 물론 너무나 치열한 경쟁 사회다 보니 주위를 돌아볼 틈도 없는 것이 현실이라는 것도 이해가 간다.

요즘 출산 장려 운동이 전개되고 있을 정도로 아이를 낳지 않는다. 그러다 보니 자녀에 대한 과잉보호를 하지 않을 수도 없는 상황이다. 오로지 앞만 보고 가도록 길들이고 있다. 주위를 돌아볼 틈도 없다. 사람이 친구이어야 할 자리에 스마트폰이 대신하고 있으니 정을 느낄 시간이 없다. 그러니 어떻게 사는 것이 사람답게 사는 것인지도 모른다. 배려와 나눔이 무엇인지도 모른다.

'사람은 사회적 동물이다.'라는 말이 있다. 사람은 혼자서 살 수 없다는 말이다. 혼자 있으면 잘 살 수 있을 것 같아도 그렇지 않다. 무인도에서 살기 어려운 것을 생각해 보면 이해가 갈 것이다. 주위에 있는 모든 사람들이 고마운 사람들이다. 그래서 더불어 살아야 한다. 나보다 어려운 사람이 있다면 도울 줄 아는 것이 사람이다.

부자와 가난, 기준이 있는가? 아마 그 기준은 자신의 마음에 달려 있을 것이다. 아무리 각박한 사회일지라도 약자를 보듬어 주는 아량이 있어야 살맛나는 사회가 된다.

좋은 자리에 있다고 죽을 때까지 그 자리가 보장되지 않는다. 언젠가는 그 자리에서 내려와야 한다. 그것이 진리다. 자리에서 내려와서야 잘못을 깨닫는다. 후회해도 소용없는 후회를 한다. 하려고 해도 할 힘이 없다. 마음만 있을 뿐이다. 그래도 마음만이라도 가지고 있어야 한다. 마음만이라도 가지고 있어야 기회가 온다.

'인생 새옹지마(塞翁之馬)'란 말이 있다. 한치 앞도 모르는 것이 사람임에도 모든 것을 다 알고 있는 것처럼 생활하는 사람이 있다. 참으로 어리석은 사람이다.

앞일은 아무도 모른다. 어떠한 난관이 닥치더라도 당황하지 않기 위해 할 수 있는 것은 있을 때나 없을 때나 마음 변치 말고 나보다 어려운 사람을 도와주는 것이다. 도와준다는 것은 나가는 것처럼 보일지 몰라도 나가는 것이 아니다. 내가 어려움에 처했을 때 다시 받을 수 있도록 모아둘 뿐이다. 일종의 저축이다. 많이 저축하면 많이 받고 적게 저축하면 적게 받는다.

쌍동밤을 즐겁게 나누어 먹듯, 작은 것 하나라도 나누는 생활을 하게 되면 어떠한 어려움이 닥치더라도 반드시 도움을 주는 사람이 나타난다. 남을 배려하지 않고 혼자만 챙기다 보면 어려움에 처했을 때 모두 등을 돌린다. "꼴좋다. 아이 시원하다."라고 한다.

착한 사람

'학교 1등이 사회 1등은 아니다?'

왜 이런 말이 나왔을까? 공부를 못하는 사람이 자기 위안을 찾기 위해서 하는 말인지도 모른다. 그러나 주위 사람을 보면 그렇지 않다. 통계를 보더라도 공부 잘 한 사람이 공부 못한 사람보다는 잘 산다. 사회적으로 선망의 대상인 의사나 판·검사를 보더라도 공부를 못하고서는 될 수 없다.

이런데도 학교 1등이 사회 1등이 아니다? 공부 잘 하면 잘 되면 잘 되었지 못 되지 않는다. 그러니 모두가 그 어려운 공부를 한다.

공부를 잘 하지 못했던 친구가 있다. 유난히도 친구를 못살게 괴롭혔다. 지금은 변변한 직장도 없어서 모임에 잘 나오지도 못하고 있다. 학교 다닐 때 내가 선생한다니까, "야, 창피하게 어떻게 선생하냐? 나는 죽으면 죽었지 선생 안 한다."고 했던 친구다. 선생 안 하는 것이 아니고 못하는 것이겠지…….

물론 공부를 잘 하지 못했어도 열심히 노력해서 성공한 친구들도 많다. 아마 이러한 친구들 때문에 '학교 1등이 사회 1등은 아니다.'라는 말이 나온 것은 아닌지 모르겠다.

그러나 평균적으로 보더라도 공부를 잘 했던 친구가 대체적으로 잘 산다. 그래서 공부하는 것이다. 반드시 출세를 위해서 공부하는 것은 아니다. 그래도 안전한 인생을 위해 든든한 보험에 가입했다고 생각하는 것이 좋을 것이다.

'착한 끝은 있어도 악한 끝은 없다.'는 말이 있다. 착한 끝은 어디일까? 천당이다. 악한 끝은 어디일까? 지옥이다. 지옥은 한없이 빠져 들어간다. 그래서 끝이 없다.

'착하게 살면 손해 본다.'는 말을 한다. 그것은 착한 것이 잘못이 아니라 그런 사회가 잘못인 것이다.

법 없이도 살 사람이 있다. 지금은 손해 보는 것처럼 보이지만 죽음에 다다르다 보면 역시 착하게 산 것이 옳았다는 생각을 갖는다. 착하게 생활해서 좋아지는 일이 있으면 있지 절대 나쁠 일 없다. 그래서 착하게 살아야 한다.

6학년 각 반을 돌면서 '꿈 너머 꿈'이란 주제로 강의를 했다. 하루에 한 가지씩 착한 일을 하고 잠자리에 들도록 하였다. 기분 좋게 잠자리에 들 수 있으니 건강에도 좋기 때문이다.

반대로 좋지 않은 일은 절대 해서는 안 된다고 하였다. 친구를 괴롭힌 것을 예로 들면서 '친구 아버지가 학교에 쫓아오지는 않을까? 선생님으로부터 꾸중을 듣지는 않을까?'와 같은 걱정이 되어 잠도 잘 오지 않고 건강에도 나쁘다고 했다. 그래서 나쁜 일을 해서는 안 된다고 하였다.

왜 착한 사람이 잘 살지 못한다고 했을까? 착한 사람을 이용하는 사람들이 많다보니 그런 말을 하는 것 같다. 그러나 착한 일로 손해 보는 일 절대 없다. 착하게 살면 반드시 복을 받는다. 가진 것은 없어도 짐승처럼 살지 않고, 사람답게 살았다는 평가를 받는 것이 복 중의 복이다.

매일 끊이지 않고 일어나는 끔찍한 사건들을 보면 악함의 끝이 보이지 않는다. 사람이라는 생각이 들지 않는다. 어떤 경우는 짐승만도 못하다. 악한 일을 할 때 흥분과 쾌락을 느낄지는 몰라도 잡히고 나서야 후회한다. 되돌릴 수도 없다.

그러나 착한 사람은 후회하는 인생을 살지 않는다. 어려운 사람을 위해 있는 것을 다 주어도 부족하다고 말한다. 욕심의 끈을 내려놓을 줄 안다. 착한 사람 주위에는 착한 사람이 모이고, 악한 사람 주위에는 악한 사람이 모이게 되어 있다. 착함은 깊어질수록 좋지만 악함은 깊어질수록 그 끝이 보이지 않는다.

'웃는 낯에 침 뱉으랴?'라는 말이 있다. 사회가 이상해지다보니 함부로 웃지도 못하는 세상이 되었다. 자기 보고 웃은 것도 아닌데 웃는 사람이 보기 싫다고 폭행하고 심지어 살인까지 하는 세상이다. 정말 어떻게 이 지경이 되었는지 한심하다. 아무 죄도 없는 사람이 영문도 모른 채 당하는 일이 생긴다. 세상이 미쳤나 보다.

착한 사람은 잘 살지 못하더라도 마음만은 편하다. 경제적으로 부유하다고 행복한 것은 아니다. 경제적으로 부유하지 않더라도 행복할 수 있다.

'부탄'이라는 나라는 경제적으로 부유하지 않지만 행복지수는 세계 최고다. 행복지수를 높이기 위해서는 마음이 편안해야 하고 마음이 편안하기 위해서는 착해야 한다.

돈이 너무 많아 불행한 사람도 많다. 돈 때문에 인생을 망치는 사람도 있다. 돈이 행복을 주지 않는다. 착한 사람이 어렵게 사는 경우가 있는데 착하기 때문에 그런 것이 아니고 다른 이유가 분명히 있다.

갚지도 못할 무리한 빚보증 선 것이 착한 것인가?

주식해서 재산 날린 것이 착한 것인가?

돈 흥청망청 쓰는 것이 착한 것인가?

이것은 착한 것이 아니라 미련한 것이다. 빚보증이란 것이 내가 대신 갚겠다고 서약서 쓰는 일인데 착한 것과 무슨 상관이 있는가? 능력도 없으면서 친구의 부탁을 거절하지 못한 것은 착한 것이 아니고 바보인 것이다. 돈을 빌려 주거나 빚보증 서려거든 내 돈 준다는 생각으로 해야 한다. 그 돈 다 날려도 내 생활에 지장이 없어야 한다.

'눈 감으면 코 베어 가는 세상이다.' '노름판에서는 부자간에도 셈이 맞지 않는다.' 이 세상 정말 믿을 사람 없다. 세상을 냉정하게 보아야 한다.

계족산 등산을 하게 되면 '3,500만원이면 월 이자가 100만원, 1억이면 집이 3채.'라는 현수막을 본다. 여기에 빠지는 사람이 있다. 그렇게 벌이 좋은 것을 왜 현수막까지 걸고 모집하는가? 은행에서 대출받아서 자기가 하면 될 것을……. 사기당한 경우를 보면 착한 것이 아니고 돈에 눈이 멀었던지 어리숙한 것이다.

은행 이율이 3%를 밑도는 요즘 25%의 이자를 주는 곳이 있다. 1,000만원 주면 250만원을 매월 이자로 주니 이것 밖에 할 것이 없다. 이자 받은 것 모으고, 매월 받는 봉급 모으고, 다시 1억을 빌려 주었다. 월 이자가 2,500만원이다. 이것 밖에 할 것 없다. 집도 팔고 전세 살면서 또 돈을 모아 10억을 빌려 주었다. 그것도 은행에서 마이너스 통장, 신용 대출까지 받으면서…….

어느 날 소식이 끊어졌다. 사람이 없어져 버렸다. 사람이 없으니 돈 받을 곳도 없다. 그 동안 이자 받은 것, 결국 내 돈 주고받은 것이다. 집도, 돈도, 건강도 모두 잃었다. 사람이 돈에 눈이 멀다보면 아무것도 보이지 않는다. 이런 것은 착한 것이 아니다. 쉽게 버는 돈 쉽게 나가게 되어 있다.

세계 챔피언까지 지냈던 권투 선수가 방송에 나왔다. 그 많았던 재산 믿었던 사람들에게 빌려주고 다 날렸다. 자살까지 심각하게 고민하다가 새로운 삶을 산다고 했다. 그것은 착한 일을 한 것이 아니다. 너무나 세상 물정을 모르고 당한 것이다.

부부관계도 우렁이각시를 넘어서 하녀처럼 남자 수발하는 여자가 착해서인가? 종노릇 머슴노릇하면서 여자에게 있는 것 없는 것 다 해 주는 것이 착한 것인가? 그것은 미련한 것이지 착한 것이 아니다.

물질적으로 맺어진 사랑은 돈 떨어지면 떨어지게 되어 있다. 돈이 없더라도 착한 마음보고 맺어진 사랑은 절대 변하지 않는다.

인과응보다. 악한 짓을 하는 사람은 반드시 벌을 받게 되어 있다. 반드시 지옥불구덩이에 떨어진다. 착하게 살지는 못할망정 악하게는 살지 말아야 한다.

내가 하기 싫은 일, 다른 사람도 하기 싫다. 그럼에도 다른 사람을 시키려 한다. 하기 쉬운 것은 내가 하고 하기 어려운 것은 다른 사람에게 미루는 사람이 되지 말고 하기 싫은 일을 하는 사람이 착한 사람이다.

돈이 행복하게 하지 않는다. 남의 허물 세지 말고 할 일 없으면 잠이나 자라.

착하게 사는 사람에게 작은 봉변은 있을지라도 인생을 송두리째 앗아가는 일은 생기지 않는다.

용서받을 일이 있고 받지 못할 일이 있다. 용서받지 못할 일도 그 뜻이 착하면 용서받을 수 있지만 그 뜻이 악하면 용서받지 못한다. 용서받을 일은 동정을 살 수 있지만 용서받지 못할 일은 저주만 있다.

추석

추석 전에는 흰 쌀밥을 구경하기가 힘들었다. 황금으로 물든 들녘이지만 햅쌀을 먹기에는 좀 이른 명절이기도 하다. 하지만 조상들에게 감사의 인사를 드리기 위해 햅쌀과 햇곡식으로 음식을 만들어 올렸다.

추석을 중추절(中秋節), 가배(嘉俳), 가위, 한가위라고도 한다. 한해 농사를 끝내고 오곡백과를 수확하는 시기이므로 가장 풍성한 명절이다. 설날이 한 해를 새로 맞이하는 의미가 있다면 추석은 하늘과 조상에 감사하는 의미가 있다.

고대사회의 풍농제가 기원이 되고 있으며 일종의 추수감사절에 해당한다.

삼국사기에 따르면, 신라 유리왕(儒理王) 때 6부(六部)의 여자들을 두 편으로 나누어 두 왕녀가 여자들을 거느리고 7월 기망부터 매일 뜰에 모여 밤늦도록 베를 짜게 했다. 8월 보름이 되면 그동안의 성적을 가려 진편에서 술과 음식을 장만하여 이긴 편에게 대접했다. 이때 회소곡(會蘇曲)이라는 노래와 춤을 추며 놀았는데 이를 '가'라고 불렀다.

고려시대에도 추석명절을 쇠었으며 조선시대에 들어와서는 국가적으로 선대왕에게 추석제(秋夕祭)를 지낸 기록이 있다. 1518년(중종 13)에는 설·단오와 함께 3대 명절로 정해지기도 했다.

추석날 아침에는 차례를 지내고 성묘를 한다. 조상 상에 바치는 제물은 햇곡식으로 준비하여 먼저 선보이며 1년 농사의 고마움을 전한다. 추석에는 정월 대보름보다는 작지만 풍성한 민속놀이도 행해졌다. 여러 가지 민속놀이가 있지만 특히 보름달을 보며 소원을 빌었던 것이 기억에 남는다.

동국세시기에 의하면, 제주도 풍속에는 조리희(照里戲)라 부르는 줄다리기, 그네, 닭 잡는 놀이인 포계지희(捕鷄之戱) 같은 놀이가 있다. 수확철이라 다양한 음식을 선보이며 추절시식(秋節時食)이라 하여 햅쌀로 술과 송편을 빚고 무나 호박을 넣은 시루떡도 만든다. 찹쌀가루로 만든 떡, 콩가루나 깨를 묻힌 인병(引餠), 찹쌀가루를 쪄서 꿀을 섞어 달걀과 같은 율단자(栗團子)도 만들어 먹었다.

또한 시집간 여자가 친정에 가기 어려워, 친정부모가 추석 전후로 사람을 보내 만날 장소와 시간을 약속하여 시집과 친정 중간쯤에서 만나는 '반보기'와 같은 풍습도 있었다. 지금은 이 풍습이 없어졌지만 추석 뒤에 음식을 장만하여 친정에 가서 놀다 오게 하였다.

추석은 지금까지도 우리 민족의 고유한 명절로 자리 잡고 있다. 많은 사람이 고향을 찾기도 하지만 해외여행을 가려고 공항이 사람으로 넘치는 것을 보면 변하기도 많이 변했다.

햅쌀로 만든 쌀가루를 뜨거운 물로 반죽하여 소를 넣어 송편을 빚었다. 예쁘게 빚으면 예쁜 자식 둔다고 하여 정성을 다했는데 조상을 위하는 마음도 있었을 것이다. 빚을 때는 예쁘거나 그렇지 않은 것 차이가 많이 나지만 솔잎을 켜켜이 놓고 쪄내고 나면 그것이 그것 같다는 생각도 들었다. '솔잎 떡'이라는 뜻으로 송병(松餠)이라고도 한다. 추석에 뜨는 보름달 형상과는 대조적인 반달 모양의 송편, 그 유래는 삼국시대로 거슬러 올라간다.

'삼국사기'에 따르면 백제 의자왕 때 궁궐 땅속에서 파낸 거북이 등에 '백제는 만월(滿月)이고 신라는 반달이다.'라고 쓰여 있다. 백제는 만월로 다음날부터 쇠퇴하고 신라는 앞으로 크게 발전할 징표라 해석했다. 결국 백제는 신라에 의해 멸망되었다. 이때부터 반달은 더 나은 미래를 기원하는 뜻으로 쓰이며 그러한 마음을 담아 송편도 반달 모양으로 빚었다.

추석과 같은 명절이 주는 의미는 무엇일까? 자연에 대한 감사함을 잊지 말아야 한다. 풍성한 오곡백과를 먹을 수 있다는 것은 자연의 덕이다. 자연을 소중히 하는 마음을 가져야 한다.

조상에 대한 감사함을 가져야 한다. 차례를 지내고 성묘를 하는 것이 형식적이고 낭비적인 면이 있다 하더라도 조상의 은덕에 감사함을 잊지 말아야 한다. 부모에 대한 효도는 대물림되는 것이다.

무엇보다 중요한 것은 가족 간의 믿음과 신뢰다. 서로 힘이 되어주는 사람이 되어야 한다. 가족 모두가 행복한 생활이 될 수 있도록 마음을 모으는 명절이 진정한 의미가 있지 않나 생각한다.

한번

매일 만나는 사람이지만 그 만남은 단 한 번밖에 없다. 내일 똑같은 사람을 다시 만나도 그 만남은 어제와는 다르다. 똑같은 옷을 입고 만났더라도 똑같은 음식을 먹을지라도, 똑같은 대화를 나눌지라도 분명 어제와는 다르다. 시간과 주위 환경이 다르다. 그럼에도 같은 것으로 착각하기도 한다.

우리는 '한번만 더 기회가 왔으면'하고 과거를 반성하기도 한다. 어디 그 뿐인가? 지금의 내 생활에 만족하지 못하고, '내가 다시 고등학생이라면……. 더 열심히 공부할 걸.' '다른 직장 택할 걸…….' 등과 같은 후회를 한다. 어디 그 뿐인가? 일확천금에 눈이 멀어 로또에, 경마장에, 도박에 모든 재산을 잃고 나서야 뒤늦게 후회한다.

그러나 후회에만 매달려서는 안 된다. 후회를 하였으면 거기에서 무엇인가를 얻어 후회하지 않는 인생을 만들어야 한다. 과거에만 집착하는 생활은 발전이 없으나 과거를 유추해서 무엇인가를 얻었으면 그와 같은 후회를 반복하지 않도록 해야 한다. 그럼에도 어느 정도 시간이 지나면 똑 같은 후회를 반복한다. 바로 이것이 문제다.

오늘 이 시간은 절대 다시 돌아오지 않고 내일에 영향을 준다. 내 인생에 단 한번밖에 없는 시간이다. 단 한번밖에 없는 기회를 그냥 흘려버릴 것인가? 그냥 흘러버리게 되면 반드시 후회한다. 조용히 냉정하게 생각하는 시간을 가질 필요가 있다. 후회를 최대한 줄일 수 있는 것이 무엇인지 생각하여야 한다. 이 작은 생각 하나가 큰 후회를 막을 수 있다.

그럼 후회는 어떻게 줄일까? 내가 하는 일의 결과를 최악으로 생각하고 대처하는 것도 좋은 방법이다.

이성적으로 좋아하는 것은 어떻게 보면 당연하다. 그러나 이성적인 만남이라도 좋은 만남이 있고 만나서는 안 될 만남이 있다. 총각

처녀가 만나 사랑을 나누는 것이야 문제가 안 되지만 유부남 유부녀의 만남은 문제가 된다. 유부남 유부녀의 만남에 있어서 넘지 말아야할 선이 있는데 그 선을 넘기 때문에 문제가 된다.

사람의 심리는 묘한 것이라서 사랑에 빠지면 물불을 가리지 않는다. 좋지 않은 결과는 생각하지 않고 항상 좋은 쪽으로만 생각하고 자주 만나다 보니 선을 넘게 된다. 꼬리가 잡히게 마련이고 일이 터진 다음에 후회한다.

후회를 최소화하기 위해서 최악의 상황을 생각해 보는 것도 좋다. 가정에서 버림받고, 사회에서 버림받고, 직장 잃고 나서야 땅을 치고 후회한다. 저지른 일이 한심하고 저주스럽다. 화가 날수록, 어느 한 곳에 너무 빠질수록 냉정해야 한다. 평상심을 유지해야 한다. 그래야 후회를 줄인다.

사회에서 일어나는 끔찍한 사건들을 보면 화를 이기지 못하여 일어나는 것이 많다. 평상심을 찾은 후에 내가 미친 사람이었다는 것을 안다. 화를 이기지 못하면 미친 사람과 같다.

'지금'은 다시 되돌아오지 않는다. 단 한번이다. 단 한번밖에 없는 시간, 단 한번밖에 없는 만남이다. 단 한번밖에 없는 이 기회를 그냥 흘려버릴 수는 없다. 항상 감사하게 받고, 항상 소중하게 여기고, 항상 아름답게 가꾸는 노력을 하자. 단 한번밖에 없는 기회이다.

행복과 불행

행복의 반대는 무엇일까?

흔히 불행이라고 말한다. 그럼 행복과 불행을 나눌 수 있는 기준은 무엇인가? 과연 정해진 기준은 있는가? 가난과 부자, 정해진 기준은 있는가?

행복과 불행, 가난과 부자는 멀리 떨어져 있는 반대의 개념이라기보다는 같이 붙어있다고 할 수 있다. 사람에 따라 그 기준이 다를 뿐이다. 어떤 사람은 전세를 살면서도 부자라 할 것이고, 어떤 사람은 몇 백 평 되는 아파트에 살아도 가난하다고 생각할 수 있다. 생각하기 나름이다.

'99섬 가진 사람이 한 섬 가진 사람 걸 빼앗아 100섬 채우려 한다.'는 말은 있다. '있는 사람이 더 무섭다.'는 말을 잘 보여주는 속담이다.

세계 최대 갑부 빌 게이츠나 워렌 버핏은 가지면 가질수록 더 갖고 싶은 원초적 욕망의 부질없음을 꿰뚫은 사람으로 어마어마한 기부를 통해 1%에겐 압박을 99%에겐 용기와 희망을 준다. 세계 3대 부자 안에 드는 워렌 버핏과 빌 게이츠는 전 세계 부자들을 만나 기부문화 확산에 앞장서고 있다.

지금 교육계뿐만 아니라 사회 전반적으로 기부문화가 확산되고 있다. 우리는 모든 삶에서 어떤 형태로든 많은 사람들과 관계를 맺으며 산다. 그 안에서 우리는 누군가에게 어떤 식으로든 긍정적인 영향을 주는 사람이 될 수 있다. 많이 가진 사람만 할 수 있는 일이 아니다. 유명한 사람만 할 수 있는 것도 아니다.

저축하는 것도 쓰고 남은 돈을 저축한다는 것은 잘못이다. 기부역시 마찬가지다. 여유가 있을 때 기부한다는 생각은 진정한 기부가아니다. 우선 마음의 주머니부터 열자. 마음을 먼저 열어야 기부도 할 수 있다.

이제 작은 오해, 혹은 깜빡 잊고 잠시 편협해지는 어떤 생각에서 나를 완전히 벗어나게 하는 일이 필요하다. 나눔은 '내가 가진 것으로 남을 돕는 일'만은 아니다. 나눔의 가치는 '남을 도움으로서 내가 더 많이 갖고 내가 더 많이 배우게 되는 일'이기도 하다. 그렇기 때문에 나눔은 나누는 사람의 일방적 시혜가 아니라 우리 모두의 삶의 질을 높이고 행복해지는 소통이다. 학교 현장에서도 공부 잘 하는 학생이 공부 못하는 학생을 돕는 것은 손해가 아니다. 돕는 과정에서 자기 공부도 된다.

대전역 인근을 지나칠 때면 다리 없는 사람이 자동차 튜브로 하체를 감고 동전 그릇이 실린 작은 리어카를 밀면서 도움을 청하는 것을 보았다. 단 한번 그냥 지나친 적이 없다. 우리 아이들과 같이 갈 때도 동전이든 지폐든 꼭 넣어주고 지나치게 하였다. 말로만의 기부는 아무나 할 수 있다. 작더라도 실천이 중요하다. 그 작은 나눔 하나가 나를 행복하게 하고 사회를 행복하게 한다. 나보다 못한 사람일지라도 부정적으로 보지 말고 긍정적으로 생각하는 것은 행복을 만드는데 매우 중요하다.

나막신과 짚신을 파는 두 아들을 둔 어머니가 있었다. 하루도 마음 편안한 날이 없다. 비가 오는 날이면 짚신을 팔지 못하는 아들 걱정에, 맑은 날에는 우산을 팔지 못하는 아들 걱정에 마음 편한 날이 없는 것이다.

하지만 비 오는 날에는 우산이 잘 팔려서 좋고, 맑은 날에는 짚신이 잘 팔려서 좋다는 생각으로 마음을 바꾸면 매일 즐거운 날이 될 수 있다. 그래서 긍정적인 생각이 좋다. 이처럼 행복이란 기준은 자기 마음먹기에 달려 있다.

불행한 사람들의 공통점은 욕심이 많다는 것이다. 부질없는 욕심의 끈을 내려놓지 못하고 불행하다고 한다. 내려놓으면 놓을수록 행복한데 그러지를 못한다.

진정한 행복은 무엇일까? 나만 행복한 것은 진정한 행복이라 할 수 없다. 다 함께 할 수 있는, 다 함께 누릴 수 있는 행복이 진정한 행복이다. 내가 편하다고 행복하다고 생각하는 것은 잘못이다.

나의 할 일이 무엇인지 알고 그 일에 열정을 바쳐야 한다. 의사의 진정한 행복은 돈을 많이 버는 것이 아니라 내가 치료한 환자가 병을 떨치고 재미있게 생활하는 모습을 보는 것이다.

교사의 진정한 행복은 내가 가르친 아이들이 나라와 민족, 세계를 위하여 좋은 일을 많이 하는 인재가 되는 것이다. 내가 존재하는 이유를 바르게 알고 그 존재에 부끄러움이 없도록 생활하는 것이 진정한 행복이다.

학교의 주인은 학생이다. 학생들이 자기 꿈을 이룰 수 있도록 도움을 주는 학교가 되어야 한다. 그러한 학교가 행복한 학교다. 학생들이 행복하려면 선생님이 행복해야 한다. 선생님의 진정한 행복은 꿈을 만들어 가는 아이들의 모습에서 찾아야 한다.

부모의 진정한 행복 역시 구김살 없이 잘 자라는 자식의 모습에서 찾아야 한다.

후회

이 세상에 후회하지 않은 사람은 단 한 사람도 없다. 어쩌면 후회하면서 살아가는 것이 인생인지도 모른다. 그런 면에서 후회가 꼭 나쁜 것만은 아니다. 어느 경우에는 필요하다. 잘못을 후회하고 같은 잘못을 저지르지 않는다면 그 후회는 좋을 수도 있다.

하지만 후회를 밥 먹듯이 반복해서는 안 된다. 아름다운 인생을 사는 사람은 후회를 덜 하기 위하여 노력하지만 그렇지 않은 사람은 후회를 밥 먹듯 한다.

인생을 잘 사는 방법의 하나는 후회 없는 인생을 사는 것이다. 후회하는 사람들을 보면 그만한 이유가 있다. 어떻게 보면 후회할 수밖에 없는 일만 골라서 저지른다. 보통 사람들이 이해할 수 없는 일도 잘 만들고 앞뒤 가리지 않고 일을 벌인다.

주식으로 많은 돈을 날린 사람이 있다. 처음 손을 댈 때만 하더라도 은행 이자보다는 낫다는 생각으로 출발했다. 어쩌다 운이 좋아 대박을 터뜨리다 보니 주식밖에 할 것이 없다는 생각을 하고, 있는 돈 없는 돈 끌어 모으고, 그것도 모자라 대출까지 받아 주식에 인생을 걸었다.

주식 오르고 내리는 것을 정확히 안다면 주식 밖에 할 것이 없다. 사들인 주식이 오르지는 않고 떨어지니 팔지도 못하고 붙잡고 있다가 결국 손해 보고 다른 주식으로 갈아탔다. 그러나 웬걸 팔았던 주식은 오르고 새로 산 주식은 떨어지니 미치고 미칠 노릇이다. 은행 이자 나가고 주식은 떨어지고 속이 바짝바짝 타들어 갈 수밖에……

주식에 손 끊는다고 다 팔아치우고 빚 갚고 나니 그동안 손해 본 것이 너무나 억울하고 본전 생각이 난다. 주식이 떨어져도 너무 떨어져 있으니 오를 일밖에 없다고 생각하고 다시 주식에 손을 댄다. 대박 낼 욕심으로 왕창 사니 떨어지고 또 떨어지고 또 후회한다. 그러기를 몇 번 하니 돈이 바닥이 났다. 아니 이자만 대추나무 연 걸리듯 하여 빚 갚기에 바쁘다. 땅을 치고 후회해도 나간 돈은 오지 않는다.

느긋하게 기다리지 못하고 성질대로 하는 사람이 큰 손해를 보고 한 곳에 몰아서 왕창 벌려다 왕창 깨진다. 모두 부질없는 욕심으로 인해 일어난 일이다. 집 날리고, 있는 돈 없는 돈 다 날린 다음에야 후회하고, 후회하고, 후회한다. 이제는 안 하는 것이 아니라 돈이 없어 못 한다. 반복된 후회가 있어서는 안 된다.

도박도 마찬가지이다. 계속 잃어도 한방만 터지면 복구할 수 있다는 생각에 손을 끊지 못한다. 무릎이 썩어 골병이 들어도 자리를 떠날 줄 모른다. 추운 겨울 새벽이 되어서야 돈 다 잃고 어슬렁어슬렁 집으로 기어온다. 본전 생각에 다시 손을 댄다. 돈 떨어지면 고리로 돈을 얻어 날을 또 새운다. 돈 좀 따면 여기저기서 개평 달라니 안 줄 수 없고, 음식 시켜 먹는다고 떼어 놓고 하다 보니 돈 딴 사람 하나 없다.

돈 빌려주는 사람만 돈 딴다. 도박한 사람은 빚만 지고 일어나게 되어 있다. 이러면서도 끊지 못하는 것이 도박이다. 도박은 마약과 같이 중독성이 있다. 그래서 끊기가 어렵다. 돈 다 잃고서 손 끊겠다고 후회하는데 안하는 것이 아니라 돈이 없어 못하는 것이다.

내 친구 하나는 도박으로 조상으로부터 물려받은 여섯 마지기 문전옥답을 하루에 다 날리고 빚만 남아 있다. 이렇게 허황된 꿈이 무섭다. 남의 돈을 뺏는다는 것은 결국 내 돈도 뺏긴다는 것을 알아야 한다. 뺏는 것만 생각했지 뺏기는 것은 생각하지 않았기 때문이다. 도박판이 어떤 곳인가? 돈을 딴 사람 그냥 놔두지 않는다. 어떤 수를 쓰던 가진 돈 내놔야 상황이 끝난다.

어느 도박판이든 프로와 아마가 있다. 아마가 프로를 이긴다는 것은 달걀로 바위 깨기다. '타짜'라는 영화를 보았다. 그 사람은 패를 다 읽고 있을 뿐만 아니라 패도 자기 마음대로 조작할 수 있는 능력이 있었다. 그런 사람을 이긴다고 생각하는 자체가 어리석은 것이다. 도박판에서의 수법 하나가 처음에는 따게 만들어 주고 판을 키워서 다 긁어가는 것이다. 도박으로 돈 벌어 잘 산다는 사람 보지 못했다.

이처럼 돈 벌고 싶다고 벌리는 것도 아니다. 어떤 사람은 하는 일마다 돈이 되고 어떤 사람은 별짓을 다해도 돈이 되지 않는다. 돈이 되지 않으면 나와 인연을 다하여 떠났다 생각하고 마음을 비울 줄알아야 한다. 떠난 돈을 찾으려 무리하다가 있는 돈까지 다 날리는 것 많이 본다.

마음을 비우면 그 때는 마음이 좀 상하지만 먼 훗날 돌이켜 보면 잘했다는 생각을 갖는다.

로또와 같은 한탕주의자가 되지 마라. 한탕주의자는 자신의 미래를 위하여 노력하지도 않고 오로지 한탕만을 노린다. 로또 1등에 당첨된 사람 중에서 당첨되기 전보다 행복하지 않은 사람이 더 많다는 통계가 있듯 한탕이 꼭 행복한 것은 아니다.

한탕으로 번 돈 쉽게 나간다. 오래 가지 못한다. 열심히 노력해서 번 돈이 쉽게 나가지 않고 오래 간다. 어렵게 번 돈은 오래가지만 쉽게 번 돈은 쉽게 없어진다는 말을 흘려들어서는 안 된다.

재물에서 행복을 찾지 말고 정신에서 행복을 찾는 사람이 인생을 바르게 사는 것이다. 재물복도 타고난 만큼의 재물을 가져야 행복하지 도를 넘으면 행복하지 않다. 재물이 분수에 넘치면 아기자기하게 살아가는 진실한 인생의 참맛을 느끼지 못하고, 건강도 쉽게 잃는다. 복도 한쪽으로만 치우치면 부작용이 따른다. 넘치지도 부족하지도 않은 적당함이 좋다.

재산이 없으면 욕을 먹지 않을 일도, 재산이 많아 욕먹는 사람이 있다. 나눌 줄 모르기 때문이다. 적당히 쓸 줄 알아야 한다. 없어도 나눌 줄 아는 사람이 인생 바로 사는 것이다.

강태공(태공망)은 중국 주(周)나라의 신하다. 본명은 여상(呂尙)으로 은(殷)나라를 격파하고 제(齊)나라의 후(侯)로 봉해졌을 정도로 아주 유명한 정치 사상가다. 그럼에도 불구하고 주나라 문왕(文王)이 웨이수이 강(渭水)에서 낚시질 하던 여상을 만났다는 것으로 인해 낚시나 하는 한가한 사람으로 알고 있다.

한가한 사람을 가리켜 강태공에 비유하기도 하는데 이는 일부만을 가지고 잘못 이해하고 것이다. 사실 태공망은 주나라와 대대로 혼인 관계를 맺어온 강씨(姜氏) 부족의 대표로서 주나라의 군대를 지휘한 인물로 추측되고 있다.

중국에서는 병법을 세운 시조로 여겨져 '태공육도(太公六韜)' 등의 병법관계 서적이 그의 이름으로 나와 있다. 낚시꾼을 강태공이라고 부르는 것도 태공망에서 유래한다.

강태공이 싫어서 이혼한 전 부인이 있었다. 강태공을 우습게보고 이혼했지만 높은 벼슬자리에 오른 강태공을 보고서야 이혼한 것을 후회하고 자기를 받아 줄 것을 간청하였다. 강태공이 물을 땅바닥에 쏟고 그 물을 도로 주워 담는다면 받아준다 하였다. 전 부인은 모든 것을 포기할 수밖에 없었다.

'엎질러진 물을 다시 담을 수 없다.'는 유명한 일화가 바로 강태공으로부터 나온 말이다. 이처럼 훌륭한 강태공이거늘 낚시한 것 하나로 한가한 사람이 되고 말았다.

후회하는 일을 하지 않는 것은 잘 산다는 의미다. 다른 사람으로부터 좋은 소리는 듣지 못할지언정 좋지 않은 소리는 듣지 않아야 한다. 다른 사람에게 피해가 되는 일이 아닌지 다시 생각해 보고 신중하게 행동하는 것도 후회를 줄이는 일이다.

가장 많이 후회하는 것을 보면 부질없는 욕심이다. 욕심도 적당히 가져야 한다. 욕심이 도를 넘으면 넘을수록 후회가 크다.

주자십회(朱子十悔)

一. 부모에게 효도하지 않으면, 돌아가신 후에 후회한다.
(不孝父母, 死後悔 불효부모 사후회)
一. 가족에게 친절히 하지 않으면, 멀어진 뒤에 후회한다.
(不親家族, 疎後悔 불친가족 소후회)
一. 젊을 때 부지런히 배우지 않으면, 늙어서 후회한다.
(少不勤學, 老後悔 소불근학 노후회)
一. 편안할 때 어려움을 생각하지 않으면, 실패한 뒤에 후회한다.
(安不思難, 敗後悔 안불사난 패후회)
一. 부유할 때 아껴쓰지 않으면, 가난하게 된 후 후회한다.
(富不儉用, 貧後悔 부불검용 빈후회)
一. 봄에 밭갈고 씨뿌리지 않으면, 가을이 된 후에 후회한다.
(春不耕種, 秋後悔 춘불경종 추후회)
一. 담장을 미리 고치지 않으면, 도둑맞은 후에 후회한다.
(不治垣墻, 盜後悔 불치원장 도후회)
一. 이성을 삼가지 않으면, 병든 후에 후회한다.
(色不謹愼, 病後悔 색불근신 병후회)
一. 술 취해서 망언한 것은, 술 깨고 난 후에 후회한다.
(醉中妄言, 醒後悔 취중망언 성후회)
一. 손님을 잘 대접하지 않으면, 손님이 떠난 후에 후회한다.
(不接賓客, 去後悔 부접빈객 거후회)

깨달음

가난

"왜 공부하는가?"

대부분의 사람들은 꿈을 이루기 위해서, 잘 먹고 잘 살기 위해서라고 말한다. 당연한 말이다. 현재의 삶보다 더 나은 삶을 살기 위하여, 부자가 되기 위하여 찜통더위를 잊고 살인적인 추위를 이겨내며 비지땀을 흘리는 지도 모른다. 이처럼 부자가 되는 것을 싫어하는 사람은 없다.

그러나 부자는 공짜로 이루어지 않는다. 노력한 결과이다. 지금은 고인이 되셨지만 현대그룹 정주영 회장이 생각난다. 막대한 재산이 있으면서도 남루한 옷차림에 낡은 구두를 신은 것이 아직도 기억에 남는다. 그러한 근검·절약하는 생활이 오늘의 현대를 있게 한 것이다. 그러기에 부자는 그냥 만들어지는 것이 아니다.

가난한 사람들의 공통점을 보면 첫째, 가난을 조상 탓으로 돌린다. 가난을 조상으로부터 대물림한 것으로 돌린다. 또 대물림되는 것으로 생각한다. 이러한 생각을 가졌는데 노력할 리가 없다. 가난을 극복하려는 의지가 약하기 때문에 일에 대한 의욕도 없다. 자신감도 없다. 그러니 무슨 일을 할 수 있겠는가? 가난할 수밖에 없다.

조상으로부터 물려받은 기업보다 새로 만든 기업이 오래 가고 튼튼하다. 재일동포 소프트뱅크 회장 손정의도 맨 주먹으로 시작해서 오늘의 기업을 만들었다. 고생하여 만든 기업일수록 생명력이 강하다. 또 위기 대처 능력이 뛰어나다. 물려받은 기업일수록 생명력이 약하고 위기대처능력이 뒤진다. 기억은 잘 나지 않지만 10년 주기로 우리나라 10대 재벌 순위를 보여주는 자료가 있었는데 남아 있는 재벌보다 새로 만들어진 재벌이 더 많다. 이것만 보더라도 물려받은 것은 그리 오래가지 못한다.

가난은 조상 탓이 아니다. 오히려 가난을 물려준 것을 고맙게 생각해야 한다. 부자로 태어나지 않았기에 게으르지 않고 부지런할 수 있는 근성을 물려받았고, 쓸 돈이 없기에 사치보다는 절약하는 생활을 하였다. 그것을 재산으로 알아야 한다. 오히려 가난하게 태어난 것에 감사하고 가난을 이겨낼 수 있는 강인한 의지를 키우는 것이 중요하다.

요즘에 '개천에서 용이 나오지 않는다.'는 말을 한다. 교육 환경 격차로 혜택을 잘 받지 못하는 것에 대한 비아냥대는 말이다. 잘못된 말이다. '개천에서 용 나온다.' 절대 잘못된 말이 아니다. 주위를 살펴보면 개천에서 용이 나온 예는 셀 수 없이 많다.

둘째, 외화내빈이다. 겉은 화려한데 속은 썩을 대로 썩어 가난하다. 빚이 여기저기 대추나무 연 걸리듯 걸렸다. 돈 빌려주지 않은 가족 없다. 가족에게 빌린 돈은 갚지 않아도 될 돈으로 생각하고 갚을 생각도 없다. 물론 받을 생각하는 사람도 없다. 전세살이 하면서도 자동차는 최고급이다. 전세 사는 것이 부끄러워 아파트를 샀는데 자기 돈도 없이 대출로 샀다. 이름만 자기 아파트지 실제는 은행 아파트다. 은행만 좋은 일 시켜준다. 경매 멀지 않았다.

어디 그 뿐인가? 성형수술이나 경락 마사지를 하고 골프도 치러 다닌다. 안 다닌 맛 집 없고 안 다닌 관광지 없다. 빚쟁이한테 쫓겨 다니면서도 할 것은 다 한다. 사고 싶은 것이 있으면 참지 못하고 사는 '지름신'이 붙어 다닌다. 이러니 언제 돈 모을 날이 있겠는가? 가족들과 소식 끊긴지도 오래다. 오히려 나타나지 않는 것이 도와주는 것이다. 자기가 필요할 때만 나타난다. 얻어간 빚 갚지도 않고 또 돈 빌려 달라고 한다. 형제간에도 이제는 돈거래하지 않는다.

셋째, 일을 자주 저지른다. 동에 번쩍 서에 번쩍인다. 현대판 홍길동이다. 지금까지 했던 직업 손가락으로 셀 수 없을 정도로 많다. 돈은 없어도 입 하나는 청산유수다.

고등학교 밖에 졸업하지 않았는데 ○○은행 대출과장이 되었다며 연봉이 1억이 넘는단다. 가족들 초대해서 회식 자리도 마련했다. 먹긴 먹어도 믿는 사람 하나 없다. 사실인지는 몰라도 그 잘 나가던 자리 마음에 들지 않는다고 그만두었다. 무역 회사 차려 사장이 되었는데 중국에서 버섯을 수입해서 국내에 팔아 떼돈 번단다. 이것도 믿는 사람 하나 없다. 사장이 되어 돈 잘 벌어서 가족들을 해돋이에 초대했다. 나는 가지 않았지만 아침에 일어나보니 숙박비가 계산되지 않고 그대로 남아 있어 다른 사람이 냈다.

'한두 번 속아 보나?' 그러다 얼마간 소식이 잠잠하더니 이번에는 대전에 식당을 차렸다. 그래도 가족인지라 개업 축의금 걷어 주었다. 저녁을 먹었는데 돈 다 받는다. 그것은 아닌데 말이다. 식당 오래가지 못할 거라고 생각했는데 아니나 다를까 몇 달 되지도 않아 식당도 그만두었다. 이러니 무슨 돈을 모으겠나. 어떻게 가난에서 벗어날 수 있겠나.

'가만히 있는 것이 돈 벌어 준다.'는 말이 있다. 가만히 있지 않으려면 공사 현장에 가서 막노동이라도 하라. 우물을 파도 한 우물을 파라고, 일 하나를 하더라도 제대로 해야 한다.

넷째, 작은 것을 소중하게 생각하지 않는다. 로또 복권 당첨과 같은 허황된 꿈을 가지고 있다. 빚을 많이 지다 보니 적은 돈은 돈으로도 보이지 않는다. 내 돈이 아니더라도 눈에 보이면 다 내 돈으로 안다. 빚내어 빚 갚는다. '윗돌 빼서 아랫돌 고인다.'는 말이 딱 어울린다. 이 정도면 갈 데까지 간 것이다. 버티는 것도 한계에 와 있다. 가족들 모두가 걱정이다.

도와주는 것도 도와줄만한 사람을 도와주는 것이다. 이런 생활을 한 사람에게 쓰고 싶은 것 참고 애지중지 모은 돈을 준다는 것은 쉽지 않다. 아니 너무나 억울하고 바보같이 산 인생 같아서 주지 못한다.

사글세방에서 자동차도 없이 근검·절약하며 열심히 살다 빚을 졌을 때는 누구나 동정하고 도와주려 한다. 그것이 사람이고 가족이다. 하지만 쥐뿔도 없는 것이 있는 사람보다 더 호의호식하다 빚 졌는데 누가 도와주겠는가? 아무리 가족이라도 그동안 한 짓이 너무나 얄미워서라도 도와주지 않는다.

몇 백 만원은 돈도 아니다. 최소 1억 정도는 되어야 돈으로 보이는 모양이다. 그러니 로또 복권 아닌 다음에야 무슨 재주로 돈을 모으겠는가? 빚진 사람일수록 겁도 없이 돈을 쓴다. 조상으로부터 물려받은 문전옥답 다 팔 때까지 빚 얻는다. 끝에 다다라야 후회한다.

빚이 많으면 많을수록 다른 사람의 돈이 모두 내 돈으로 보인다. 은행에 있는 돈도 모두 내 돈으로 보인다. 그러니 등산복 하나를 보더라도 최고급으로 입고 다닌다. 나 같으면 돈이 아까워서, 정말 겁이 나서 사지 못한다. 냉장고 문을 열어 보아도 우리 집에서 먹는 것과는 차원이 다르다. 거기에 비교하면 내가 먹는 것은 동물 먹이에 불과하다.

쓸 것 쓰지 않고 저축하며 사는 것과 빚지더라도 하고 싶은 것 다 하고 죽는 것 중 어느 것이 잘 사는 인생인지 의문이 가기도 한다.그러나 참는 것은 좋은 것이라는 점만큼은 믿고 싶다. 하고 싶은 것 다 하는 사람에게는 미래가 없다. 하고 싶은 것 참고, 사고 싶은 것 참으면서 내일을 준비하는 사람에게 미래가 있다. 그러기에 미련한 사람이라 불리더라도 참는다.

건강 10훈(健康 10訓)

시대에 따라 건강에 대한 생각도 많이 달라지고 있다. 요즘도 굶주림에 허덕이는 사람들이 없는 것은 아니다. 하지만 과거에 비하여 다들 잘 먹고 잘 산다.

가수 이용복의 노래 '어린 시절' 노래 가사처럼 진달래 먹고, 물장구 치고, 다람쥐 쫓던 시절이 있었다. 먹을거리가 늘 부러웠던 시절이었다. 맛이야 좀 떨어지더라도 양만 많으면 좋았다.

고향에 일제 강점기에 면장 했던 사람이 있었다. 해방이 되었어도 토지도 많았고, 집도 동네에서 제일가는 규모가 꽤 큰 기와집이다. 대부분의 집이 초가였던 것을 감안하면 당시의 권세가 어떠했는지 짐작이 간다. 동네 사람 대부분이 그 집의 머슴이다시피 했다. 나의 아버지도 예외는 아니었다. 면장 했던 그 사람을 보면 위엄도 있었고 체격도 좋았다. 거기에 배가 많이 나와 있어 동네 사람들의 부러움을 샀다. 먹기 어려운 시절이다 보니 동네 사람 대부분은 바싹 마른 체구였다. 그러니 부러울 수밖에 없었을 것이다.

잘 먹지 못하였던 시절, 얼굴에 기미가 끼지 않으면 다행이었고 밥 세 끼 잘 챙겨 먹는 것도 큰 행복이었다. 흰 쌀밥은 추석날이나 되어야 구경할 수 있었다. 양푼에 술을 거르고 남은 찌꺼기인 지게미에 감미정을 넣어 길거리에서 먹다가 잠들기도 하였다. 지금 생각해 보니 지게미에 남아 있는 술기운에 취하여 잤던 것 같다.

요즘에는 못 먹어 마른 아이보다는 잘 먹어 비만인 아이들이 너무 많아 걱정이다. 체격은 좋아졌지만 체력은 많이 떨어졌다. 과거에 부러워 보였던 비만인 사람이 지금은 걱정스럽게 보일 정도로 세상이 변하였다.

우스갯소리로 남편이 열심히 벌어 잘 먹여 살찌워 놓았더니 아내들은 돈 들여 다이어트 한다. 말라서 문제가 되는 것보다 비만이 더 문제가 되고 있다.

만병의 원인이 되고 있는 비만을 가지고 있는 사람들을 보면 선천적인 것도 있지만 그럴 수밖에 없는 이유도 있다. 스트레스로 인한 비만도 있다고는 하지만 일반적으로 비만과 관련이 깊은 음식을 좋아한다. 채소나 과일보다는 고기를 좋아한다든가 살찌는 음식을 좋아하는 것을 볼 수 있다.

'건강을 잃으면 모든 것을 잃는다.'는 이야기가 있다. 건강 잃은 다음에 돈과 명예는 다 필요 없다. 그럼에도 건강을 잃으면서까지 돈을 벌고 명예를 얻으려한다. 다 부질없는 짓이라는 것은 건강을 잃은 다음에야 깨닫고 후회한다. 건강은 다른 사람이 지켜 주지 않는다. 내가 지켜야 한다.

건강식품도 많이 개발되었다. 하지만 건강식품보다 좋은 것이 전통 음식이 아닐까 생각한다. '신토불이' 역시 우리 몸에는 우리 것이 최고다.

아이들의 비만 원인중 하나로 음식의 서구화도 한 몫 하고 있다. 각종 인스턴트식품에 많은 아이들이 길들여지고 있다. 김치가 외면당하고 있다. 고추장, 된장, 간장과 같은 것은 세계에 내놓아도 손색없는 조상들의 지혜가 담겨 있는 건강에 좋은 발효 식품임에도 요즘 아이들은 먹으려 하지 않는다. 부침개 대신 피자가, 식혜 대신 콜라가 아이들의 식탁에 오른다. 아토피로 고생하는 아이들을 보면 각종 인스턴트식품, 햄, 소시지와 같은 서양 음식의 영향도 크다.

건강을 유지하기 위한 '건강 10훈'을 보고 노력했으면 한다.

1. 小肉多菜(소식다채): 고기는 적게 채소는 많이 먹는다.
2. 小鹽多酢(소염다산): 소금은 적게 식초는 많이 먹는다.
3. 小糖多果(소당다과): 설탕은 적게 과일은 많이 먹는다.
4. 小食多嚼(소식다작): 식사는 적게 씹기는 많이 한다.
5. 小煩多眠(소번다면): 번민은 적게 잠은 충분히 잔다.
6. 小怒多笑(소노다소): 화는 적게 내고 웃음은 많을수록 좋다.
7. 小衣多浴(소의다욕): 옷은 얇게 입고 목욕은 자주 한다.
8. 小言多行(소언다행): 말은 적게 행동은 많이 한다.
9. 小慾多施(소욕다시): 욕심을 적게 하고 좋은 일은 많이 한다.
10. 小車多步(소차다보): 차는 적게 타고 걸음은 많이 걷는다.

공부의 신

'달인'이라는 말만 들으면 떠오르는 사람이 있다. 바로 김병만이다. 달인은 그냥 되는 것이 아니다. 로또 복권처럼 하루아침에 이루어지는 것도 아니다. 그래서 달인을 무시하지 못한다.

나도 교육부에 '교육달인'으로 추천된 적이 있지만 사실 달인이라고 말하기에는 부끄러운 점이 많다. 하여튼 달인이 되기 위해서는 그 분야에 있어서 최고의 노력을 해야 한다.

달인의 비결은 무엇일까? 기본은 노력이다. 노력 없이 이루어지는 일은 없다. 달인 김병만이 많은 사람의 주목을 받는 이유는 무엇일까? 상상을 초월하는 좋은 아이디어도 있지만 그 기본은 피나는 노력이다. 그 노력에 많은 사람들이 감동한다. 만약 노력이 수반되지 않은 달인, 즉 자기 몸을 사리고 잔꾀를 부려서 했다면 그렇게 오랫동안 사랑을 받는 코너가 되지 못했을 것이다. 그 노력에 많은 사람들이 감동하는 것이다.

가진 것이라고는 꿈밖에 없는 달인, 포기하지 않고 될 때까지 하는 달인, '최강 달인'에서 보더라도 노력이 최고라는 것을 알 수 있다. 달인이라는 상징성은 말 그대로 뛰어난 사람을 뜻한다.

김병만이라는 사람이 누가 보더라도 선천적으로 운동 신경이 뛰어난 사람이 아님을 안다. 객관적으로 뛰어난 것이 별로 없는 사람이기에 노력이 많았다는 것을 인정하고 감동한다.

신(神)! 우주 만물과 인류를 창조하고 구원하는 존재가 신이다. '신이 아닌 이상 실수할 수 있다.'라는 말을 한다. 그래서 신이 되기가 어렵다.

어떻게 해야 공부를 잘 할까? 공부를 즐기는 것이다. 공부가 쉬운 것은 아니다. 그렇지만 즐길 줄 알아야 한다. 에베레스트를 오르는 이유와 같다. 죽음을 무릅쓰고 오르는 이유가 무엇일까? 정상에 오른 사람만이 안다. 그러기에 오르고 또 오르는 것이다. 공부도 마찬가지이다. 왜 공부를 해야 하는지를 알아야 한다. 그래야 공부를 즐기게 된다. 왜 공부를 해야 하는지도 모르고 공부하니 공부가 재미도 없고 하기 싫다.

산에 오르는 것이나 공부하는 것이나 자신감이 있어야 한다. 자신감이 있고 없고의 차이는 매우 크다. 자신감을 갖게 하기 위해서는 성공할 수 있다는 강한 신념을 가져야 한다. 성공할 수 있다는 강한 신념이 있을 때 자신감을 가질 수 있다.

격투기 선수들을 보면 시작 전 눈싸움이 치열하다. 카메라 앵글 역시 눈싸움하는 두 선수의 얼굴에 맞춰진다. 모두 그런 것은 아니지만 눈싸움에서 지는 선수가 거의 진다. 이처럼 눈싸움은 상대와의 기 싸움이다. 즉 눈싸움에서 확실하게 상대를 제압하면 경기의 절반은 이겼다 해도 지나친 말이 아니다. 길거리에 다니는 개를 만났을 때, '걸음아 나 살려라.'하고 도망가는 사람은 개에 물리게 되어 있다. 눈싸움을 해서 개를 제압하면 꼬리를 내리고 도망간다.

옛날에 과거 시험을 보려면 몇 날을 고생해서 한양에 가야 했다. 산에서 호랑이를 만났는데, 두루마기를 펼쳐서 몸집을 크게 보이니까 호랑이가 슬금슬금 뒷걸음치면서 도망가더란다. '호랑이에게 물려가도 정신만 차리면 산다.'는 말이 헛된 말이 아니다.

어떤 일에 자신감을 갖는다는 것은 매우 중요하다. 자신감을 갖게 되면 그 일에 미칠 수가 있다.

"저 놈, 바둑에 미쳤어."와 같이 어떤 일에 미쳐야 일이 된다. 바둑에 빠지다 보면 바둑 두었을 때 잘못된 부분이 눈앞에 아른거리면서 떠나지 않는다. 누워서 잠을 청하더라도 천정이 온통 바둑판이 되어 다시 재현되고 복기를 하게 된다. 이러한 과정을 거치면서 발전하게 되는 것이다. 어디 그 뿐인가? 도박을 즐기는 사람이 무릎이 썩도록 며칠을 새는 것도 도박에 미쳤기 때문이다.

참으로 도박이라는 것은 알고도 모를 일이다. 후회하면서도 다시

하게 되는 것이 도박이다. 언제 터질지 모른다는 묘한 기대감이 있기 때문에 손을 떼지 못한다. 로또 또한 마찬가지이다. 그 많은 돈을 내버렸더라도 한 탕만 잡으면 된다는 희망이 있기에 손을 끊지 못한다.

초등학교 때 외발썰매를 처음 탔다. 썰매의 좌우 양쪽에 날이 있는 것이 아니고 중앙에 하나밖에 없는 날을 가진 썰매인데 직접 타보기 전에는 넘어질까 겁이 났다. 하지만 친구들이 재미있게 타는 것을 보고 탈 수 있다는 자신감을 갖게 되었고 시간가는 줄 모르게 노력한 결과 외발 썰매에 자신감이 붙었다. 그래서 자신감이 중요한 것이다.

중학교 때 정훈상 수학 선생님의 "은학이 너, 수학 박사구나."라는 선생님의 말 한마디가 수학에 자신감을 갖게 해 주었고 재미를 붙이게 되었다. 이처럼 자신감은 재미를 붙이게 하기도 하지만 인내와 끈기를 키워주기도 한다.

말더듬이 잭 웰치에게 "말을 더듬는 것은 너무 똑똑한 네 머리를 말이 따라가 주지 않기 때문이란다."라는 어머니의 말 한마디가 자신감을 갖게 하였고 말 더듬는 것을 부끄럽게 생각하는 것이 아니라 오히려 자랑스럽게 여기는 계기가 되었다. 이처럼 자신감을 갖는다는 것은 매우 중요하다. 그 하나가 성공과 실패를 가르는 가장 중요한 요인이기 때문이다.

김연아, 장미란, 양학선 선수의 경우 노력도 노력이지만 할 수 있다는 자신감이 있었기에 그와 같은 좋은 결과를 얻을 수 있었다. 피겨스케이팅에서 난이도가 높은 것을 시도할 때라든가 역도에서 바벨을 올릴 때, 체조에서 고난도의 연기를 펼칠 때 자신감을 갖지 못하였다면 그와 같은 좋은 성적을 낼 수 없었을 것이다.

땅 위에 폭 20㎝되는 선을 그어 놓고 그 안을 걷도록 할 때는 대부분의 사람이 성공할 수 있지만 100여 미터 되는 높이에 폭 20㎝의 다리를 만들어 놓고 걷게 한다면 쉽게 건널 사람은 그리 많지 않다.

자신감의 차이다.

자신감이 없는 사람은 일을 싫어하기 때문에 능률도 오르지 않고 설사 그 일을 다 하였다 해도 좋은 성과를 얻지 못한다. 자신감을 가지고 공부를 하면 이루지 못할 일이 없다. 중간에 포기하는 사람은 자신감에 대한 믿음이 약한 사람이다. 교직 생활을 통해 보더라도 공부를 잘 하지 못하는 학생들의 공통점은 모든 것에 대하여 자신감이 없다는 것이다.

공부를 잘 하는 사람은 구체적인 목표를 가지고 있다. 목표란 매우 중요하다. 배가 항해하는 데 있어서의 방향과도 같다.

'돌아가도 서울만 가면 된다.'라는 말이 있다. 대구에서 서울 가는데 '대구-대전-천안-수원-서울'가는 사람과 '대구-부산-대구-대전-청주-수원-서울'을 가는 사람, 어떤 사람이 올바른가? 똑같이 서울에 도착하였더라도 그 과정이 아주 다르다.

항해하는 배가 방향을 잃는다면 그 배는 어디로 갈지 모른다. 목표는 어떤 일을 하는데 있어서, 방향과 같기 때문에 매우 중요하다. 뚜렷한 목표를 세우고 그 목표가 실현될 수 있도록 구체적인 계획을 세워서 실행에 옮겨야 한다. 말로만 하는 계획은 아무리 좋아도 소용없다. 반드시 실행으로 옮길 수 있는 계획이어야 한다. 그 계획이 계획으로 끝나지 않게 실천 중심의 계획이 되어야 한다. 너무나 거창한 계획은 하지 않는다는 것과 같다. 거창하지 않더라도 꾸준하게 충분히 할 수 있는 계획을 세워야 한다.

계획을 세울 때 너무 장기적인 계획을 처음부터 무리하게 세우지 말고 할 수 있는 계획을 세우고 성취감을 맛볼 수 있도록 하는 것이 좋다. 너무 장기적인 계획은 인내가 요구되기 때문에 중도에 포기할 수도 있다. 거창한 계획보다는 성취 가능한 작은 계획을 세워 목표에 도달될 수 있도록 하는 것이 필요하다.

아무리 좋은 계획도 실천이 따르지 않으면 아무 필요가 없다. 실천하지 못할 계획은 있으나 마나다. 계획은 반드시 있어야 한다. 계획이 있는 사람과 없는 사람의 차이는 하늘과 땅 차이다. 그래서 공부 계획이 있어야 한다.

외우기보다는 이해하는 공부를 하여야 한다. 수많은 정보를 모두 외우기는 어렵다. 소멸되는 정보보다 새롭게 만들어지는 정보가 더 많다. 어떻게 그 정보를 다 암기할 수 있겠는가? 정보를 얼마나 많이 알고 있느냐보다는 그 정보를 어떻게 활용하느냐가 중요하다.

초등학교 다닐 때 '조선시대 임금, 국민교육헌장, 구구단' 등을 암기하는 것은 기본이었다. 문제 또한 암기해야만 좋은 점수를 얻을 수 있도록 출제되었다. 즉 암기식, 주입식 교육이 통하였던 시대였다. 집에서나 학교에서나 얼마나 잘 암기하였는지 테스트하는 것도 당시의 학교 문화였다.

물론 구구단과 같은 경우는 암기가 필요하다. 곱셈이나 나눗셈을 빨리 할 수 있기 때문이다. 그렇지만 구구단을 무조건 외우는 것에 그치지 말고 왜 그렇게 되었는지 그 원리에 대해서 이해해야 한다. 구구단을 잊었어도 응용해서 알아낼 수 있기 때문이다.

외워야 할 것이 있고 그렇지 않은 것이 있다. 그것을 잘 가릴 수 있는 지혜를 가져야 한다. 외우지 않아도 될 것을 외울 필요는 없다. 많이 외우는 것을 자랑하지 말고, 많이 이해하는 것을 자랑으로 여겨야 한다. 어떻게 하는 것이 효과적으로 이해할 수 있는 것인지 나의 입맛에 맞는 방법을 찾아야 한다.

매년 대학 입시가 끝나고 나면 '공부의 신'에 대한 기사가 나온다. 학원 공부보다는 학교 공부에 충실했고, 자기에게 맞는 학습 방법을 개발하고 활용하였다고 한다. 자기 자신과의 싸움에서 이긴 사람이 '공부의 신'이다. 노력 없이 이루어진 성공은 없다. 공부의 정도는 무엇일까? 인내와 끈기다. 누가 더 많이 참았는가의 싸움이다.

고등학교 친구 중에는 영어 단어를 암기한다며 다 외운 페이지의 영어 사전을 뜯어 먹는 친구가 있었다. 모두 미친 짓이라 했지만 그 친구는 영어를 가장 잘 하는 친구가 되었다. 영어 사전을 먹어서 영어를 잘 한 것이 아니라 영어를 정복하기 위한 열정의 결과인 것이다.

　모든 일이든 미치면 안 되는 것이 없다. 공부의 신은 어떤 목표를 가지고 미치는 사람이다.

기초

과학 교과 전담 교사가 몸이 좋지 않아 학교에 나오지 못해 학교 장으로서 학생들에게 들려주고 싶은 이야기가 있어 보결 수업을 자 청해서 들어갔다.

"오늘 아침에 깨우지 않고 스스로 일어나 학교 온 사람은?"

손을 든 아이들이 많지 않았다. 요즘 아이들의 자화상이다. 거의 모두 부모가 깨워서 일어났다. 지금 아이들은 가만히 있기만 해도 사는 데 아무 문제가 되지 않는다. 모든 것을 부모가 알아서 다 해 주기 때문이다.

나의 고향은 공주시 정안면 화봉리라는 아주 작은 시골이다. 농번 기가 되면 농촌은 매우 바쁘다. 아이들을 돌보아 줄 여가가 없었다. 새벽밥을 먹고 일을 나가야 하기 때문에 아이들 깨울 틈도 없다.

지금이야 학교가 코앞에 있는데도 교문까지 차로 태워다 주지만 그 당시 시골에서 승용차를 가지고 있다는 것은 꿈에서나 가능한 일 이었다. 어디 그 뿐인가 내가 다니던 초등학교는 집에서의 거리가 4㎞가 넘었고, 산도 하나 넘어야 했다. 도로 또한 자동차가 지나가 면 뿌옇게 먼지가 일어나서 도로에서 멀리 피해 있기도 하였다. 비 가 오나 눈이 오나 6년 동안 다녔던 덕에 지금의 이 건강을 유지하 고 있는 것은 아닌지 생각도 해 본다.

아침에 일어나고, 밥을 먹고, 보자기에 책을 둘둘 말아서 어깨에 둘러메고 학교를 다녔다. 이 모든 것을 스스로 했다. 누가 도와주는 사람이 없었다.

초등학생이지만 학교가 집보다 좋았다. 집에 돌아와 봐야 가축을 돌보는 일이나 논이나 밭의 농사일을 거들어야 하기 때문에 학교에 있는 것이 더 좋았다.

나는 기초 중에서도 가장 중요한 것이 자기가 할 일을 자기 스스로 하는 것이라 생각한다. 사실 이것 하나만 잘 지켜도 반드시 성공할 수 있다. '사상누각'이라는 말이 있다. 모래 위에 아무리 튼튼한 집을 지어도 그 집은 오래가지 못한다. 그래서 기초가 중요하다. 늦었다 생각하지 말고 기초부터 다시 시작하라. 뒤떨어져 있는 것처럼 보일지 몰라도 기초 없이 앞서 있는 사람, 반드시 앞지를 수 있다.

기초가 바로 선 다음에 성공이 있다. 그 성공은 쉽게 흔들리지 않는 단단한 성공이 될 수 있다. 화려한 성공의 인생 뒤에는 보이지 않는 피나는 눈물과 땀의 열정이 숨어 있다. 기초가 튼튼해야 그 집도 오래간다.

농구를 하더라도 골대에 공을 잘 넣는 연습만 해서는 안 된다. 공을 다루는 법, 패스하는 법, 전술 소화 능력, 순발력, 민첩성 등과 같은 여러 기능을 키워야 한다. 슛 하나만 가지고는 훌륭한 농구 선수가 될 수 없다.

축구 선수라고 공만 잘 찬다고 되는 것이 아니다. 기본적으로 달리기를 잘 해야 한다. 공간에 공을 떨어뜨려 놓았을 때 달리기 잘 하는 사람이 그 공을 차지하게 된다. 그래서 달리기가 기본이다.

박태환 선수가 수영을 잘 하는데 있어 물속에서만 운동하지는 않는다. 웨이트 트레이닝을 통해서 필요한 근육을 만드는 운동을 한다.

운동, 공부, 직업, 생활에 있어서 그 핵심은 기초다. 기초를 우습게 보는 사람이 많다. 그러나 기초는 우스운 것이 아니라 우습게보았다간 큰 코 다치게 되어 있다. 기초가 부실한 사람은 그동안 쌓아놓았던 모든 것이 한 순간에 무너져 버린다. 그래서 기초가 중요하다.

기초가 작고 시시하고 귀찮아 보이지만 한 번에 이룰 수 없다. 피나는 훈련이 있어야 한다. 누가 만들어 주는 것도 아니다. 스스로 만들어야 한다.

기초를 튼튼히 하는 최선의 길은 끊임없는 반복이다. 쉬었다 하는 것도 아니고 생활로 이어져야 한다. 빨리 만들어지는 것도 아니고 꾸준히 노력해야 된다. 바닷가의 조약돌이 잔잔한 물결에 의해 매끄럽게 되듯 기초도 매일매일 조금씩 꾸준히 이루어져야 한다. 그러기에 한꺼번에 몰아서 하는 것도 아니요, 건너뛰어서도 안 된다.

아침에 일찍 일어나는 것, 매일매일 이루어져야 하지 건너뛰어서 되겠는가? 한 번에 이루어질 수 있는 일이 아니다. 그래서 기초가 쉬운 듯 보이면서도 어렵다.

기초를 튼튼히 하는 것은 남의 눈을 속일 수도 없다. 다른 사람의 눈에 들기 위해서 볼 때만 잘 하는 것은 의미가 없다. 오히려 하지 않는 것이 낫다. 남을 속여서는 안 된다. 기초를 튼튼히 하는 것은 남을 위하는 일이 아닌 바로 나를 위해서 하는 일이다.

생활화된 기초는 무슨 일을 할 때 많은 도움을 준다. 기초가 불편한 것이 아니라 편리한 것이란 것을 알 수 있다.

학습용품을 잘 정리하였다고 생각해 보자. 학교에 가지고 갈 학습 준비물을 찾을 때 시간을 낭비하지 않고 빨리 찾을 수 있다. 시간에 쫓겨 당황하지도 않는다. 이처럼 기초가 도움이 되면 되었지 손해될 것이 하나도 없다.

자기 일을 자기 스스로 하는 것과 바른 인성은 기초의 기본이다. 예절이 살아야 학력도 산다. 예절바른 생활을 하는 학생이 공부 못하는 것 보지 못했다. 예절 바른 학생은 반드시 공부도 잘 하게 되어 있다. 예절 바르지 못한 학생이 공부 잘 하는 것은 오래 가지 못한다. 어느 한계를 벗어나지 못한다. 그래서 공부보다도 먼저 하여야 할 것이 예절 바른 생활이다.

아무리 열심히 공부해도 성적이 오르지 않는 것은 예절이 무너져 있기 때문이다. 늦었다고 생각하지 말고 다시 예절 바른 생활이 되도록 해야 한다. 자기 물건 정리하는 것, 자기 할 일을 스스로 하는 것, 부모님, 선생님 말씀 잘 듣는 것 등 이 모든 것이 예절이다. 튼튼한 기초는 예절 바른 생활에서 시작된다는 것을 잊어서는 안 된다.

길

한 사람 두 사람이 다니다 보면 어느새 새로운 길이 만들어진다. 맨발로 걸을 수 있는 황톳길로 전국적으로 이름난 '계족산'이 있다. 계족산에는 수많은 길이 나 있다. 처음부터 생긴 길은 아닐 것이다. 계족산뿐만 아니라 등산객이 많이 찾는 산에는 수많은 길이 나있다.

서울에 있는 도봉산에 간 적이 있다. 거미줄처럼 엉켜 있는 길을 소개하며 정해진 길로만 등산 할 것을 안내하는 표지판을 보았다. 많은 사람이 다니다보니 거미줄 같은 길이 만들어진 것이다. 뜨거운 햇볕을 피하기 위해 산골짜기를 따라 만들어진 길, 정상을 향해 가파르게 나 있는 지름길, 완만한 경사에 구불구불 이어진 길 등······. 나름대로 의미가 있다.

인생의 길도 마찬가지다. 누구나 꿈이 있다. 그 꿈을 이루는 길 또한 여러 가지다.

수많은 사람들의 발자국이 길을 만들어 놓았듯이 꿈을 위한 길도 있다. 위인들을 본받는 것은 그 사람이 걸어온 길을 따라 닮아가기 위함이다. 만들어진 길을 가는 것도 좋지만 길을 만들 줄도 알아야 한다. 누가 만들어 놓은 길은 편하게 갈 수 있지만 만들어 놓지 않을 길을 가는 것은 쉽지 않다. 수많은 직업이 새로 생기기도 하지만 또 없어지는 것도 많다. 새로 만들어지는 직업에서 내 꿈을 이루기위해서는 다른 사람이 만들어 놓지 않은 길을 만들어야 한다.

쉽게 이루어지는 꿈은 진정한 꿈이 될 수 없다. 피나는 노력과 열정으로 만들어진 꿈이 진정한 꿈이다. 그럼에도 불구하고 많은 사람들은 노력하지 않고 손쉽게 꿈을 이루려고 한다. 참으로 어리석은 생각이다.

정상에 오르기까지 여러 갈래의 길이 있듯, 꿈을 이루는 길에도 여러 가지 방법이 있다. 어느 때는 경사가 심한 등산로를 올라야 하고, 힘에 부칠 때는 구불구불한 길을 선택할 수도 있다. 수많은 등산로 중에서 어느 것이 적합한지 선택하는 것은 자기 자신이 가장 잘 안다. 자신에게 알맞은 길을 선택하는 것은 본인의 의지에 달려 있다. 많은 사람들이 다니는 길이 나에게는 맞지 않을 수도 있고, 많은 사람들이 꺼려하는 길도 나에게는 맞을 수도 있다.

사람에 따라 좋아하는 음식이 다르듯 꿈 또한 모두 다르다. 나의 꿈을 이루기 위해 어느 길을 선택하여야 할까? 그에 대한 정답은 바로 본인이 결정하여야 한다. 나에게 맞는 길이 어떤 길인지는 본인이 가장 잘 알고 있다.

만들어져 있는 길을 가는 것은 쉽고 편하지만 좀 고통스럽더라도 새로운 길을 만드는 것은 다른 사람을 위해서 좋은 일하는 것이다. 길을 새로 내는 일은 힘든 일이다. 하지만 내가 만든 길을 많은 사람들이 이용한다면 얼마나 기분 좋을까?

반질반질하게 난 길이 있다. 많은 사람이 다녔다는 증거다. 꿈을 이루기 위하여 위인전을 읽는 것도 그 사람이 지내온 길을 보고 배우려는 것이다. 물론 그 사람이 했던 길을 그대로 따라간다고 다 성공한다는 보장은 없다. 때로는 뜻하지 않은 어려움도 만날 수 있기 때문이다. 길이 반질반질한 것처럼 꿈을 이루기 위해서는 쉬지 않고 끊임없이 노력해야 한다. 새로 길을 내는 것은 어렵지만 그 길을 통하여 꿈을 이루었을 때는 다른 사람이 만들어 놓은 길에서 얻은 성공보다 훨씬 값진 성공이 될 수 있다. 그러기에 많은 사람들이 새로운 것을 만들기 위하여 도전을 멈추지 않는다. 에디슨이 전구 하나를 발명하는 데 수많은 실패를 하였지만 포기하지 않고 도전하는 아름다운 열정이 있었기에 가능하였던 것이다. 그만큼 새로운 길을 만든다는 것이 힘들다. 그래서 새로운 길을 내는 사람을 위대하게 생각한다.

위대한 사람이 아니고는 새로운 길을 만들 수 없다. 그 새로운 길은 다르게 생각하는 창의와 식지 않는 도전에 대한 열정이다.

단순

나는 단순한 사람을 좋아한다. 싫던 좋던 단순한 사람은 색깔이 분명하다. 색깔이 분명하기 때문에 내가 가까이 할 사람인지 멀리 할 사람인지 판단이 간다.

복잡한 사람은 색깔이 분명하지 않다. 어떤 마음을 가지고 있는지 좀처럼 드러내 보이지 않는다. 말을 조심해야 되고 가까이 하기가 어렵다. 가까이 할 수 있는 단순한 사람에게는 무슨 말이든 부담스럽지 않게 말할 수 있지만 그렇지 않은 사람에게는 말을 조심해서 가려 해야 한다.

색깔이 분명하기 때문에 자기가 좋아하는 색이 있다. 빨간 색을 좋아하는 사람이 있는가 하면 노란 색을 좋아하는 사람도 있다. '빨주노초파남보'의 무지개가 아름다워 보이는 것은 그 색이 섞이지 않고 자기 색을 보여주기 때문이다. '빨주노초파남보'의 물감을 섞어보자. 아름다운 색깔이 나올까? 그렇지 않을 것이다. 아니 거기에 어떤 색깔의 물감이 섞였는지 알 수 없을 것이다.

단순함과 복잡함!

깨끗함과 아름다움!

깨끗함이 좋아 보이는 것은 단순하기 때문이다. 그러나 그 안에는 무한한 가능성이 있다.

도시가 먼지로 덮여 있을 때 비가 고맙게 느껴지는 이유는 무엇일까? 뿌옇게 쌓인 먼지를 깨끗이 씻어 주고, 가뭄에 목마른 식물의 갈증을 해소하고, 한여름의 찜통더위를 식혀주어서도 좋은 것이다. 길거리만 깨끗한 것이 아니다. 맑은 하늘에 떠 있는 구름조차도 너무나 깨끗하게 보이기에 답답했던 속이 시원하게 뚫리기도 한다.

많은 사람들은 깨끗함을 좋아하고 깨끗해지려고 한다. 집안 청소를 하고, 세차를 하고, 세수를 하고, 목욕을 하는 것은 깨끗함을 갖기 위해서다.

많은 사람들은 눈에 보이지 않는 것보다 보이는 것에 관심을 많이 갖는다. 그것이 나쁘다는 것은 아니지만 눈에 보이지 않는 것을 깨끗이 하는 것도 매우 중요하다. 더러운 마음을 가지고 있어도 눈에 보이지 않으니까 관심을 갖지 않는다. 깨끗이 하려 하지도 않는다. 그렇지만 행동을 통하여 그 사람의 속을 알 수 있기 때문에 보이지 않는 것으로 생각하는 것은 잘못이다. '속 보인다.'는 말을 한다. 정말 속이 보인다. 그래서 보이지 않는 것도 깨끗하게 해야 한다.

마음이 깨끗한 사람은 건강하다. 마음이 편하니 건강할 수밖에 없다. 그런 사람의 얼굴은 항상 편안하다. 현대 질병의 가장 큰 원인의 하나가 스트레스다. 좋지 않은 마음을 가지고 있는 사람은 많은 스트레스를 안게 되어 있기에 건강할 수 없다. 그러기에 스트레스 받는 일이 없도록 해야 한다.

많은 사람들은 마음보다는 얼굴을 아름답게 가꾸려 한다. 성형을 하고, 비싼 파마를 하고, 화려하고 비싼 장신구, 명품 가방, 명품 구두 등 온통 명품으로 치장하니 아름답지 않을 수 없다. 너무나 겉모습 치장에 매달리는 사람은 내면적인 것에 소홀할 수밖에 없다. 아름다움을 유지하는 것은 어떻게 보면 복잡하다. 무엇에 대해 많이 알아야 한다. 알지 못하면 하지도 못한다. 별의 별 것이 다 있다 보니 모르는 용어가 난무한다. 개그 콘서트를 볼 때 우리 나이에서는 이해가 되지 않는 용어들이 판을 친다. 그만큼 세상이 복잡하게 변한 것이다.

단순함과 깨끗함!

깨끗하게 하는 것은 아름답게 하는 것에 비하여 단순하다. 말 그대로 깨끗만 하면 된다. 무엇으로 복잡하게 치장하지 않아도 된다. 깨끗이 하는 것과 꾸미는 것은 분명히 차이가 있다. 꾸미는 것보다 깨끗이 하는 것이 더 단순하다. 그러나 깨끗함을 유지하기 위해서는 부지런해야 한다. 게으른 사람은 깨끗함을 유지하기가 힘들다.

머리가 아픈 것은 단순하게 살 것도 복잡하게 살기 때문이다. 단순한 사람이 되라. 이해타산에 얽혀 너무 재는 사람이 되어서는 안 된다. 그런 사람은 재물은 모을 수 있을지 몰라도 재물보다 더 귀중한 사람을 잃게 된다.

단순하게 생각하는 것은 믿음을 줄 수 있어 다른 사람과도 잘 어울릴 수 있다. 지나고 보면 짧고 허무한 것이 인생이거늘 너무 복잡하게, 머리 아프게 살 필요 없다. 복잡함을 이기는 것이 단순함이다.

단지, 항아리, 독

> 단지: 목이 짧고 배가 부른 자그마한 항아리
> 항아리: 아래 위가 좁고 배가 부른 질그릇의 하나
> 독: 운두가 높고 배가 부르며 전이 달린 큰 오지그릇이나 질그릇,
> 흙으로 빚어 구운 높이 50~100㎝의 갈무리 그릇

시골의 어느 집을 가 보아도 장독대 없는 집이 없다. 단지, 항아리, 독들이 옹기종기 모여 있다. 크기와 모양, 쓸모가 다르다.

매일 먹어야 하는 숙성된 고추장이나 간장은 단지에 담고, 좀 더 숙성시켜야 할 것은 항아리에 담고, 새로 담는 고추장이나 간장은 독에 담아 보관한다. 지금은 김치 냉장고가 그 자리를 대신하고 있지만 과거에는 김장을 담그면 항아리나 독에 담아 땅속에 묻어 숙성시켜 먹었다.

이처럼 무엇을 담느냐에 따라 그릇도 달라진다. 어디 그 뿐인가? 집에서 사용하고 있는 그릇도 쓰임새가 다 다르다. 쓰임새에 맞지 않게 하면 많은 불편을 느끼게 되고 그릇이 제구실을 다하지 못한다. 찌개를 접시에 담았다고 생각해 보자. 잘 담을 수도 없지만 먹기도 매우 불편할 것이다. 찌개는 찌그러진 냄비에 끓였을 때 제 맛이 나는 법이다. 어느 주점에서는 일부러 알루미늄 주전자와 냄비를 찌그려서 막걸리와 찌개를 내어 장사하는 것을 보았다. 옛날의 추억을 회상하게 하는 좋은 아이디어라는 생각이 든다.

그릇의 용도가 다르듯 사람마다 하여야 할 일이 다르다. 의사가 되고 싶다고 모두 의사가 될 수 없고 되어서도 안 된다. 선생님도 있어야 하고, 집을 짓는 목수도 있어야 하고, 자동차를 운전하는 사람도 있어야 좋은 세상이 된다.

장독대에 독만 있어서도 안 되는 것처럼 필요한 만큼 골고루 있어야 한다. 부족해도 안 되고 남아도 안 된다. 적당한 것이 좋다. 먹이

사슬이 피라미드를 이루어야 생태계가 파괴되지 않듯이 우리가 살고 있는 사회가 안정을 유지하기 위해서는 그 사회에 필요한 사람들이 알맞게 유지되어야 한다.

단지는 단지대로 항아리는 항아리대로 할 일이 있다. 독이 할 일을 단지나 항아리가 할 수는 있으나 그렇게 되면 가지고 있는 기능을 제대로 발휘할 수 없다.

초등학교 때 팽이나 썰매를 잘 만드는 친구가 있었다. 누구에게 배우지도 않았는데 스스로 터득해서 만드는 것이다. 동네 어른들도 그 솜씨에 반할 지경이었다. 집안 사정으로 초등학교만 졸업하고 진학을 포기하고 농사일을 하면서 틈틈이 목수일도 겸했다. 나중에 알고 보니까 아주 유명한 목수로 건설업체의 사장이 되었고 동네에서 알아주는 유지로 대우받고 있었다. 또한 1년에 한 번씩 동네 어른들 효도 관광까지 보내드리니 동네 어르신들 그 친구 말이라면 팥으로 메주를 쑨다 해도 믿고, 선거 때만 되면 이 사람 저 사람 찾아오지 않는 사람이 없을 정도로 영향력을 가지고 있었다. 이것이 제자리를 바로 찾은 그릇이다.

1990년쯤인가 스승의 날이면 명예 스승을 초빙해서 수업을 대신하도록 하는 행사가 있었다. 마침 학부모 중 한 사람이 충남대학교 생물학과 교수로 재직하시는 분이 계셨다. 평소 친분도 있었고 술한 잔 나눌 수 있는 관계가 되어 큰 부담 없이 생물과 관계있는 '슬기로운 생활' 교과에 대하여 1시간 수업을 부탁했다. 1학년이라 주의 집중이 잘 되지 않는 탓에 나도 교실에 남아서 수업을 도와주었다.

아니, 세상에! 1학기에 가르칠 내용을 1시간에 다 가르친 것이다. 대학 교재만 보다가 초등학교 1학년 교재를 보니 글자도 몇 자 되지 않고 가르칠 내용이 무엇인지 감을 잡지 못하다 보니 책장 넘기기에 바빴다. 땀으로 목욕을 할 정도로 힘들었다며 초등학교 선생님이 이렇게 힘든 줄 몰랐단다. 바로 이것이다. 그 사람은 대학 교수로서의 그릇은 될지 몰라도 초등학교 교사로서의 그릇은 아닌 것이다.

사람도 자기 그릇을 알아야 한다. 그 그릇을 알고 그릇에 맞게 생활하는 것이 최고의 행복이다. 현재 하고 있는 일이 행복해야 한다. 일에 행복을 느껴야 한다. 현재 하고 있는 일이 행복하지 않더라도 행복을 찾으려고 노력해야 한다.

많은 공을 들여 만든 작품이라도 조금이라도 흠집이 있거나 마음에 들지 않으면 과감하게 망치로 깨부수는 도자기 만드는 사람을 보았다. 고려청자나 이조백자가 그냥 나온 것이 아니다. 혼을 불어 넣었기에 지금까지 그 빛이 살아있는 것이다. 쉽게 만들어진 그릇은 많은 사람들이 함부로 다루나 혼이 담긴 그릇은 함부로 다루지 못한다.

흙으로 빚은 그릇은 굽지 않고 그대로 쓸 수 없다. 물을 담을 수도 없고 음식도 담을 수 없다. 유약을 바르고 몇 천 도의 불가마 속에서 구워졌을 때야 단단한 그릇이 될 수 있다. 지금 당신의 그릇이 불가마 속에서의 고통을 이겨냈다고 생각하는가? 아니라는 생각이 든다면 지금의 그릇에 만족하지 말고 더 좋은 그릇이 될 수 있도록 혼을 불어넣어야 한다. 혼이 실리지 않은 그릇은 가치가 없다. 혼이 없는 직업은 직업이 아니다.

내가 선생님이라면 이제부터라도 선생님이라는 그릇이 더 단단해지도록 혼을 불어넣어야 한다. 나의 모든 것을 불어넣을 수 있는 혼은 어려운 아이들, 고통 받는 아이들을 향한 사랑으로 남는다. 좋은 영재, 인재를 키워내는 것도 중요하지만 소외되지 않는 아이들을 만드는 것이 더 중요하다.

예쁜 그릇보다도 좋아하는 그릇이 되어야 한다. 좋아하는 그릇은 누구나 함부로 대하지 않는다. 항상 곁에 두고 싶은 그릇이 좋은 그릇이다. 직장에서도 마찬가지이다. 내가 지금 처해 있는 자리에서 그 그릇의 역할을 충실히 하고 있는지 반성해야 한다. 자리만 지키는 사람은 아닌지 생각해 보고 만약 그렇다면 그 자리에 맞는 좋은 그릇이 되도록 불가마 속으로 들어갈 수 있는 인내와 고통을 감수해야 한다. 그래야 그 자리에 맞는 단단한 그릇이 될 수 있다. 교사로서, 교감으로서, 교장으로서, 행정실 직원으로서 부끄럼 없는 그릇이 되어야 한다.

부족한 사람일수록 노력하지 않는다. 부족한 것을 알면서도 고치려 하지 않는다. 부족한 사람일수록 변화하지 않으려 하고 윗사람 눈에만 들려고 한다. 정말 일하는 데 등신이지만 먹고 노는 데는 귀신이다.

유럽의 어느 가정에 10년 넘게 우산꽂이로 사용하던 중국 항아리가 있었다. 그 집에 우연히 들렀던 학자가 보고 감정을 해 보니 백만 달러가 넘는 고대 중국의 국보급 문화재였다. 오래 전에 선물 받은 항아리로 처치하기 곤란하여 창고에 넣어 두었다가 다시 꺼내서 우산꽂이로 사용하고 있었던 것이다.

이처럼 어떤 물건도 사람에 따라 가치가 달라진다. 사람 또한 마찬가지다. 아무리 훌륭한 능력을 가지고 있어도 그 능력을 발휘할 수 있는 환경이 만들어지지 않으면 아무 쓸모가 없다. 아무리 뛰어난 재능과 잠재력이 있어도 그 가치를 인정받는 사람을 만나야 가치가 있는 것이지 그렇지 않은 사람을 만나면 오히려 짐이 될 수 있다. 혹시 주위에 우산꽂이처럼 주인을 잘못 만나 가치를 인정받지 못하고 있는 사람은 없는 지 눈여겨 볼 일이다.

아무리 값비싼 보석도 주인을 잘못 만나면 길거리에 있는 돌과 같다. 단지는 단지답게, 항아리는 항아리답게, 독은 독답게 제자리를 찾아야 한다.

독서

'사람이 책을 만들고, 책이 사람을 만든다.'라는 말이 있다. 사람이 만든 책의 수보다 더 많은 것이 책이 만든 사람의 수다. 그만큼 책이 중요하다. 요즘은 버스나 지하철에서 책을 보는 사람을 만나기가 힘들다. 어느 때부터인가 그 자리를 스마트폰이 대신하고 있다.

위인이 되려면 책을 많이 읽어야 한다. 수많은 위인들 중에 독서를 즐기지 않은 사람이 없는 것만 보아도 책이 위인을 만든다는 것을 증명한다.

영국의 총리를 지낸 윈스턴 처칠은 초등학교 때부터 고등학교 때까지 전국 꼴찌를 도맡았을 정도로 공부를 잘 하지 못했다. 그러한 이유로 한 때는 부모를 원망하며 인생을 포기하려고도 했다. 그러나 하루 5시간의 혹독한 독서교육을 10년이나 한 덕에 20대 후반에 국회의원에 당선되었고 영국 총리로서 2차 세계대전을 승리로 이끌기도 했으며 노벨문학상까지 받았다.

발명왕 에디슨은 초등학교 시절, 교육청에 저능아로 정식 보고되기도 할 정도로 인정받지 못하여 학교에서 공부할만한 능력이 없다는 사실을 인정하고 자퇴하였지만 부모의 책 읽어주기로 인해 세계적인 발명가가 되었다.

상대성 이론을 완성한 아인슈타인은 초등학교 때 지적장애인 판정을 받았지만 15살 때 철학 고전을 거의 섭렵하였고, 20대 중반에 후일 노벨상을 수상하게 될 논문을 완성하였다.

세계적인 동화 작가 안데르센은 구두수선공의 아버지와 문맹인 세탁부의 어머니 사이에서 태어났지만, 아버지는 매일 머리맡에 앉아 책을 읽어 주었고, 글을 모르는 어머니는 옛날이야기를 들려주었다. 이러한 영향으로 세계적인 동화 작가가 된 것이다.

이처럼 위인인 사람 중에 책을 가까이 하지 않은 사람은 없다. 그 뿐이 아니다. 세계적으로 이름을 떨치고 있는 빌 게이츠와 워렌 버핏도 보통 사람의 독서량보다도 5배가 넘는 책을 읽었다고 한다.

이처럼 지식 속에 부자가 되는 성공의 길이 있는 것이다. 독서를 통해 지식을 얻어 정보를 습득하게 되면서 인격도 변화되는 것이다.

에이브러햄 링컨은 "책을 두 권 읽은 사람이 한 권 읽은 사람을 지배한다."고 하였을 정도로 독서의 중요성을 강조했다.

독서에 관련된 고사성어를 소개해 본다.

남아수득오거서(男兒須讀五車書)

'남자라면 다섯 수레 정도의 책은 읽어야 한다.'는 뜻이다. 장자(莊子)의 천하편에 나오는 혜시다방기서오거(惠施多方其書五車)에서 유래한 말로 장자가 친구 혜시의 장서를 보고 박학다식한 혜시가 많은 책을 읽은 것에 기인하지만 실제로 유명해지기는 당나라 시인 두보(杜甫)의 시 제백학사모옥(題柏學士茅屋)에 인용되어 유명 한 구절이다.

독서백편의자현(讀書百遍義自見)

'책을 백 번 읽으면 그 뜻이 저절로 드러나게 된다.'는 말이다. 이해가 되지 않는 책이라도 많이 읽다보면 그 뜻을 알게 된다. 잠시도 손에서 책을 놓지 않은 사람으로 유명했던 중국 후한 말기 사람인 동우(董遇)라는 사람은 글을 배우겠노라며 찾아오는 사람이 있으면 "내게서 배우기보다는 집에서 자네 혼자 읽고 또 읽어 보게. 그리하면 저절로 뜻을 알게 될 테니까."라고 말하면서 가르치기를 거절하였다고 한다.

공부는 스스로가 스스로의 힘으로 깨우쳐가는 과정에서 완성된다. 책을 보고 또 보면서, 생각하고 생각하면서 하였을 때 효율이 크다. 여러 번 읽으면서 이해해 가는 과정에서 기쁨을 느낄 수 있다. 많은 책을 한 번 보는 것이 중요한 것이 아니라, 한 권의 책을 보더라도 여러 번 보고 이해하는 것이 중요하다. 책을 많이 읽있다고 자랑하기보다는 한 권의 책을 읽었더라도 완전히 내 것으로 만드는 것이 중요하다. '수박 겉핥기'가 되면 안 된다.

등화가친(燈火可親)

'가을이 되어 선선해지면 등불을 가까이 하여 글 읽기에 좋다.'는 뜻이다. 당나라 때의 뛰어난 문학가 이며 사상가인 한퇴지(한유)가 그의 아들을 공부시키려고 객지로 보낼 때 지어 준 시에서 유래하였다. 독서의 중요성을 강조하며 그의 아들에게 다음과 같은 시를 지어 보냈다.

"마을과 들판에 서늘한 바람, 이제 등불도 가까이할 수 있으니, 책 읽는 것도 나쁘지 않겠다."

위편삼절(韋編三絶)

'책을 열심히 읽음'을 이르는 말이다. 공자(孔子)가 주역(周易)을 즐겨 읽어 책의 가죽 끈이 세 번이나 끊어졌다는 뜻으로 책을 아주 열심히 읽음을 비유하여 이르는 말이다. 종이가 없었던 옛날에는 대나무 조각을 끈으로 엮어 책 대신 사용했는데 그 끈이 몇 번 끊어질 정도로 많이 읽었다는 뜻이다.

한우충동(汗牛充棟)

'책이 매우 많음'을 이르는 말로 짐으로 실으면 소가 땀을 흘리고, 쌓으면 대들보에까지 미친다는 뜻이다. 당나라 때의 문장가인 유종원(柳宗元)의 육문통 선생 묘표(陸文通先生墓表)에서 유래한다.

형설지공(螢雪之功)

'온갖 고생을 이기며 공부하여 쌓은 보람'을 이르는 말이다. 중국 진나라 때 동진의 손강은 집이 가난하여 기름 살 돈이 없기에 겨울이 되면 눈빛에 비추어 책을 읽었고, 차윤은 여름에 얇은 비단 주머니에 수십 마리의 반딧불을 잡아넣어 그 빛으로 책을 읽어 출세하였다는 고사에서 유래한다.

등산

등산이 좋다는 것을 알게 된지는 그리 오래되지 않는다. 처가에 8
남매가 있는데 특히 울산에 사는 손위 동서가 골프나 등산을 통하여
건강을 챙기는데 관심이 많다.

2남 6녀인 처가는 정말 다복한 집안이다. 4남 1녀의 우리 집안은
남자가 많다보니 딱딱하고 건조하다. 하지만 여자가 많은 처가는 항
상 웃음이 넘쳐났다. 별 웃을 일도 아닌데도 모두 배꼽을 쥐고 웃는
다. 이러한 활기 있는 집안에서 선도 안 보고 데려간다는 셋째 딸과
결혼한 것만으로도 행운으로 생각한다.

처가의 집안 행사 때에는 술과 가무를 좋아하는 나에게 부여되는
역할은 분위기를 좋게 만드는 것이었고 기대에 어긋나지 않았다. 장
모님이 같은 전주 이씨(李氏)라 장모님을 누님이라고 하며 우스갯소
리를 하여 웃기기도 하였다.

또한 애주가인 장인어른은 붙임성이 있는 나에게 많은 호감을 가
지시고 술자리만 마련되면 나만 찾으실 정도였다. 그러다보니 나도
모르게 깊은 정을 갖게 된 것 같기도 하다.

농사일로 바쁠 때면 처가에 가서 일손도 거들었는데 일이 끝나고
난 다음에는 장인어른이 즐겨 드시는 소 껍데기와 지라를 안주로 소
주 대병 1병도 모자라 동동주 한 주전자를 다 비운 적도 있다. 장모
님과 아내가 말려야 자리가 끝났다.

장인어른이 살아계실 때는 처가의 온 가족이 한 해에 한번 1박 2
일 일정으로 관광명소를 찾았지만 돌아가신 후에는 8남매 부부 중심
으로 등산을 하였다. 단풍 시기에 맞춰 1주일에 한번 1박 2일 일정으
로 북쪽에서 남쪽으로 등산을 하였다. 단풍 구경도 겸하지만 주목적
은 산을 종단하는 것이어서 인내가 요구된다.

강원도 설악산을 시작으로 한반도 최남단 산악형 국립공원인 월출

산을 종단하는 것으로 그 해의 일정이 모두 끝난다. 설악산 등산의 경우, 승용차 두 대는 오색분소에, 두 대는 백담사휴게소에 주차한 다음 설악산을 종주하는 것이다. 한 쪽은 오색분소-설악폭포-대청봉-중청봉-소청봉을 거치고 한 쪽은 백담휴게소-백담사-영시암-쌍룡폭포를 거쳐 봉정암에서 합류한다.

봉정암은 이러한 등산객을 위하여 1인당 만원씩 받고 숙식을 제공해 주기도 하는데 그나마 한 달 전에 예약하지 않으면 자리 구하기가 쉽지 않다. 맞은편에 있는 사람 쪽으로 발을 뻗고 새우잠을 자야 할 정도로 비좁지만 뜨끈뜨끈한 방바닥은 등산객들의 피로를 씻어주기에 부족함이 없다. 작은 규모의 절에서 1,000여 명이 잔다는 것을 생각해 보면 편하게 잔다는 것은 욕심이기도 하다.

식사 또한 그야말로 장관이다. 그 많은 사람들이 줄을 지어 밥이며, 국이며, 반찬이 모두 들어가 있는 그릇 하나 받으면 그것이 전부다. 미역국에 말은 밥 위에 오이무침을 얹으면 끝이다. 등산에 지쳐서인지는 몰라도 그 밥맛이 꿀맛이다. 점심으로 먹을 주먹밥도 주는데 생긴 것보다 고소하고 맛이 있다.

자동차 키를 바꾸고 속초시청 맞은편에 있는 '마구리 물 회' 집에서 식사하면 설악산의 일정이 모두 끝난다. 이어서 속리산-계룡산-지리산-월출산으로 해서 그 해의 등산을 마무리한다.

어려운 등산 일정임에도 빠지지 않고 잘 되었던 것은 울산에 있는 둘째 동서와 처형의 도움이 컸다. 숙박비, 음식비, 교통비와 같은 모든 비용을 부담하기 때문에 다른 사람들은 그야말로 몸만 따라가면 되었다. 돈을 써도 표시내지 않고 마음 편하게 해주니 많은 사람이 따랐다. 심지어 자동차마다 휘발유를 가득 채워주기도 할 정도니 모든 일 접어두고 모이는 것이었다. 꽃과 얼굴에서도 이야기했지만 좋은 일을 많이 하기 때문에 모두가 고마워하고 만나고 싶어 한다. 하여튼 울산만 나타났다 하면 다 모인다. 핑계 대는 사람 하나 없다.

이러한 등산 일정을 마치면 평소에 어렵게 느껴졌던 해발 423.6미터의 계족산을 산책로로 느껴질 정도로 힘들이지 않고 오를 수 있었다. 큰 산을 정복한 사람에게는 작은 산은 산처럼 보이지도 않는 모양이다.

인생에 있어서도 큰 장애를 이겨낸 사람에게는 작은 장애는 장애로 느껴지지 않을 것이라는 생각이 든다. 하지만 아주 작은 장애라 할지라도 가볍게 보아서는 안 된다. 작은 장애를 이겨내는 동안 자신도 모르게 큰 장애를 이길 수 있는 힘이 만들어지는 것이다. 등산도 마찬가지다. 작은 산이라고 우습게 볼 일이 아니다. 작은 산을 통해서 큰 산을 오를 수 있는 힘을 얻을 수 있는 것이다.

자기가 무엇을 할지 선택한 길을 가는 건 등산을 하는 것과 같다. 여러 갈래의 등산로가 있지만 선택은 자신이 하는 것이다. 힘을 들여 어렵게 올라간 등산일수록 정상에서 더 큰 기쁨을 맛볼 수 있고 자신에 대한 자존감도 키울 수 있다. 인생도 마찬가지다. 쉽게 얻은 성공보다는 거듭된 실패를 이겨내고 얻은 성공일수록 더 큰 기쁨을 맛볼 수 있다.

정상에 다가갈수록 험난한 고비가 많다. 높은 산일수록 쉽게 정상을 허락하지 않는다. 히말라야의 8,000미터가 넘는 눈 덮인 산을 정복하기 위하여 수많은 사람들이 고귀한 생명을 잃었다. 정상은 그렇게 쉽게 내주는 것이 아니다. 목숨까지도 바치고서도 밟지 못할 수 있는 것이 정상이고 성공이다.

인생도 마찬가지다. 더 높은 가치의 참다운 인생, 행복한 인생을 얻기 위해서는 목숨을 내 놓을 정도의 피나는 도전이 있어야 한다.

의사를 포기하고 아프리카 수단의 어려운 사람들을 위하여 일생을 바친 이태석 신부가 있다. 48살이라는 젊은 나이로 세상을 떠났지만 그의 업적은 영원히 남아 있다.

어려운 등산일수록 기억에 오래 남는 것처럼 힘든 고생을 통하여 얻은 성공일수록 역사에 오래 기억된다. 그러기에 성공을 위한 피와 땀은 무엇과도 바꿀 수 없는 소중한 인생 자산이고 그 자산이 많을

수록 성공한 인생이다.

꿈 너머 꿈을 만드는 것도 등산과 같다. 높은 산을 오르면 오를수록 더 많은 고비를 만나야 하듯이 높은 꿈을 얻기 위해서는 더 많은 고비를 이겨내야 한다. 등산을 통해 얻은 인내와 끈기는 꿈을 만드는 데 많은 도움이 된다.

자연을 가까이 한 사람이 성공한다. 자연을 버리고 무시하는 사람은 성공할 수 없다. 그래서 등산이 성공에 좋다. 좋은 꿈을 만들고자 하는 마음이 있다면 등산을 하라. 등산을 많이 한만큼 성공하고 행복한 인생을 살 수 있다.

다른 점이 있다면 등산은 정상을 정복한 다음에는 반드시 내려와야 하지만 꿈은 그 꿈을 이룬 후에도 더 나가야 할 꿈이 있다는 점이다. 그래서 꿈 너머에 또 하나의 꿈이 있다. 그 꿈은 나 하나만 행복한 꿈이 아니라 여러 사람을 행복하게 해 주는 꿈이다.

그래서 꿈은 끝나지 않고 계속해서 아름다운 예술이 되어야 한다. 가정의 화목을 위해서, 가족의 행복을 위해서도 등산은 매우 좋다. 좋은 공기를 마시니 머리가 맑고, 운동도 되니 밥맛도 좋다.

목표

1953년 미국 예일대학에서 한 프로젝트가 시작되었다. 졸업반 학생들을 대상으로 설문조사를 하였는데 단지 3%만 인생의 목표를 글로 적어 두었다.

30년 후, 다시 그 학생들을 조사했다. 목표를 적어 두었던 그 3%의 학생들이 나머지 97%의 학생들을 모두 합친 것보다도 더 많은 재산을 모은 것으로 나타났다.

인생의 비전, 목표, 계획을 구체적으로 글로 쓴 3%는 엄청난 재산가가 되었고, 글로 쓰지는 않았지만 구체적인 목표를 항상 생각하고 있는 10%는 중산층이었다. 또한 뚜렷하고 구체적이지 않은 막연한 목표를 생각하고 있는 60%는 서민층이었고, 목표가 없는 사람 27%는 빈곤층으로 나타났다. 이러한 연구 결과만 보더라도 목표의 있고 없음의 차이가 얼마나 큰지를 알 수 있다.

나 자신을 스스로 바보로 만들지 말라. '할 수 있다.'와 '할 수 없다.'와의 차이는 매우 크다. 자신의 능력을 해 보지도 않고 할 수 없는 것으로 생각하면 아무것도 이룰 수 없다. '할 수 없다.'고 생각하고 있기 때문에 할 수 없는 것이다.

새 학년이 되면 새로운 각오를 한다. 5학년 때까지 70점 한번 받아보지 못한 학생이 있다. 6학년이 되어서 평균 70점을 목표로 하였다. 신기한 것은 70점을 넘지 못한다는 사실이다. 70점은 노력을 하지 않아도 운만 좋으면 얻을 수 있는 점수다보니 열심히 노력을 하지 않고 운에 기대게 된다. 그러다보니 70점을 넘어도 간신히 넘거나 넘을 수 없다는 사실이다.

지금까지 100점을 받아보지도 못했고, 평균 80점을 넘어 본 적이 없지만 목표를 100점으로 했다. 신기하리만큼 점점 100점에 가까이 가는 자신을 발견하게 되고 공부에 재미를 붙이게 된다. '지금까지

80점을 넘어 본 적이 없는 데 100점은 무슨 100점이야. 나는 죽어도 100점을 얻을 수 없어.'와 같이 할 수 없다는 생각을 갖는다면 도저히 100점을 얻을 수 없다.

'말이 씨 된다.'는 말이 있듯, 그렇게 생각하면 그렇게 된다. 내가 할 수 있다면 이루어질 것이요. 할 수 없다면 할 수 없는 것이다. 생각대로 이루어지는 것을 보면 세상이 참으로 신기하다. 그러기에 좋은 쪽으로 생각하는 것이 중요하다.

나를 무능력한 사람으로 스스로 만드는 사람은 이 아름다운 세상을 잘못 살고 있는 사람이다. 무엇이든 생각한대로 할 수 있다는 생각을 가지고 있다보면 그 생각을 이룰 수 있다.

명문대학을 꼽으라면 일반적으로 특성화된 대학을 제외하고는 서울대를 1순위로, 연세대와 고려대를 2순위로, 수도권 대학을 3순위로, 지방대를 4순위로 생각하는 경향이 있다. 물론 4순위의 대학일지라도 학과에 따라서는 1순위의 학교보다도 입학하기 어려운 학과도 있다. 단지 비교를 쉽게 하기 위함이다.

1순위의 대학을 목표로 공부를 한다면 그 학생은 1순위의 대학에 입학하던지 아니면 최소한 2순위의 대학에 입학할 수 있다. 그러나 목표를 3순위의 대학에 맞췄다면 2, 3순위의 대학에 입학하기가 어렵고 오히려 4순위에 입학할 확률이 높다. 그것은 목표에 따라 노력 역시 맞춰 가기 때문이다.

목표는 가장 높이 가져야 한다. 그리고 강한 자신감으로 도전한다면 반드시 이룰 수 있다. 되지 않았다면 노력이 부족해서이지 운이 나빠서가 아니다. '나는 머리가 좋지 않아. 나는 할 수 없어.'라는 부정적인 생각을 버리고 할 수 있다는 자신감을 갖고 도전하자.

등산을 하다보면 정상에 다다르기 전에 수없이 많은 어려운 고비를 맞는다. 그처럼 목표는 쉽게 이루어지지 않는다. 실패한 많은 사람들을 보면 성공을 맛보기 전에 포기한다. 성공을 중간에 있는 것으로 착각한다. 그러나 성공은 정상에 있지 중간에 있는 것이 아니다. 그럼에도 많은 사람들은 성공을 중간에서 찾으려하고 없으면 포기한다.

'고진감래(苦盡甘來)'라는 말이 있다. 쓴 것이 다하면 단 것밖에 없다. 쓴 것이 다할 때까지 도전하는 열정이 있어야 단 것을 맛볼 수 있다. 쉽게 얻어지는 것은 꿈이 될 수 없다.

대전역에서 지게꾼이 되는 것이 꿈이라면 지게 하나만 가지고 큰 노력 없이도 꿈을 이룰 수 있다. 과연 지게꾼이 올바른 꿈이 될 수 있겠는가?

쉽게 얻을 수 있는 꿈은 진정한 꿈이 될 수 없다. 뼈를 깎는 고통을 이겨낸 꿈이 값진 꿈이다. 좋은 꿈일수록 목표가 분명하다. 모든 사람들이 원하는 목표가 좋은 목표다. 목표를 크게 가지고 있어야 그 꿈이 크고, 목표가 좋은 것이라야 행복하다.

병기(病氣)

병이라 하지 말고 병기(病氣)라 하자. 모든 병의 근본 원인은 마음으로부터 시작된다. 그러기에 마음을 단단하게 해야 한다.

'세상에 이런 일이' 프로그램 출연자 중 대학병원에서 말기암 환자로 6개월 넘기기 어렵다는 진단을 받은 사람이 나왔다. 눈이나 얼음 위를 맨발로 다니고, 계곡의 얼음물 속에 몸을 담그고, 자연과 벗하는 생활을 한 다음 진단을 받아보니 놀랍게도 암세포가 모두 사라졌다.

그 뿐이 아니다. 몸이 이상하여 친구가 원장으로 있는 병원에 갔다. 3개월을 넘기지 못할 말기 암 환자라는 진단을 받고 인생도 조용히 정리할 겸 기도원에 들어갔다. 마음먹기에 따라 어떤 병이든 이겨낼 수 있다는 글을 읽고 마음을 달리 먹었다. 이대로 앉아서 죽는 것보다는 가족을 생각하니 이대로 죽을 수 없다는 생각을 갖게 되었다. 살 수 있다는 자신감을 가지고 병과의 싸움을 시작하였다. 어느 날 화장실에서 일을 보는 데 덩어리 하나가 쏟아져 나오는 것을 느꼈다. 암세포 덩어리가 빠져 나온 것이다. 3개월이란 기간이 지났어도 아무렇지도 않았다. 병원에 가서 진찰을 받아보니 암세포가 모두 사라진 것이다.

이외에도 말기암으로 얼마 살지 못할 것이라는 의사의 진단을 받고도 기적처럼 이겨낸 사람들도 많다. 병원에서 포기한 것도 마음만 단단히 먹으면 얼마든지 이겨낼 수 있다.

마음이 약한 사람이 병에 잘 걸린다. 나도 집안일로 인하여 마음고생을 심하게 한 적이 있었다. 다른 때 같았으면 걸리지 않았을 감기에 걸렸다. 사실 감기에 걸리면 약도 먹지 않고 이겨냈던 터라 병원에 가지도 않았다. 그런데 병원 신세를 지지 않고서는 도저히 이겨낼 수 없을 정도로 몸이 약해져 있었다. 마음고생이 심하다보니 병이 잘 낫지 않는 것이었다.

이웃에 부부교사가 있는데 부인이 간암에 걸렸다. 간암에 좋다는 돌나물, 씀바귀, 고들빼기와 같은 식물을 구하여 먹이고 병을 극복한 사람들의 영상도 보여 주었다. 이러한 남편의 지극한 정성에 병세는 많이 호전되었다. 부인은 자신이 간암 환자라는 자체를 모르고 있었다. 그런데 어느 날 남동생이 술에 취해 찾아와 왜 그 몹쓸 간암에 걸렸느냐며 울부짖었다. 큰 충격을 받은 부인은 얼마 살지 못하고 세상을 등지고 말았다. 그만큼 마음 즉 정신이 중요한 것이다. 극복하지 못할 것이라는 마음을 가지면 그 병은 절대 극복하지 못한다. 극복한다는 신념을 가지고 있어도 극복할지 의문이 가는데 극복하지 못한다는 마음이 있으니 어떻게 극복할 수 있겠는가?

병기와는 관계가 없지만 과거에 알지 못하였던 아토피나 ADHD(주의력결핍 과잉행동장애)와 같은 환자들을 주위에서 본다. 어떤 경우는 환경오염으로 인하여 생기는 질병도 있다. 특히 아토피 환자의 경우 음식, 공기 등의 영향을 많이 받는다. 인스턴트식품을 즐겨 먹거나 공기가 좋지 않은 환경에 사는 아이들이 많이 걸린다.

시골 산속에 위치한 대전의 동명초등학교에 근무하고 있을 때다. 두 어린이가 아토피 때문에 전학을 왔다. 전학 오기 전 많은 병원을 다니고 약물치료를 받았으나 낫지 않아 이사를 온 것이다. 자연과 가까이 하면서 병도 깨끗이 나았다.

산림이 울창한 집에서 창문을 열어놓고 춥게 잠을 자더라도 감기에 걸리지 않는다. 좋은 공기로 인하여 감기에 걸리지 않은 것이다. 오히려 걸렸던 질병도 치유된다는 것이다. 편백나무로 유명한 어느 곳에 많은 사람들이 찾는 까닭을 알 수 있을 것 같다.

사람에게는 초능력이 있다. 인간의 한계를 극복할 수 있는 힘! 이것이 바로 초능력이다.

공주에 가면 재민천 둑이 있다. 삽으로 파도 잘 들어가지 않을 정도의 단단한 잔디로 덮여 있는데 6·25전쟁 때 총에 맞아 숨겨가는 사람이 손으로 파헤치며 마지막 힘을 쓰는데 삽으로 뜬 것보다도 많이 패였다고 한다. 이것이 바로 초능력이다.

이제 병이라 하지 말자. 병기라 생각하고 마음을 단단히 하자. 마음이 튼튼하면 어떠한 병도 이겨낼 수 있다. 나이 먹으면서 마음이 약해진다. 그래서 병에 걸리더라도 이겨내려고 하는 의지가 약하기 때문에 일어서기가 어렵다.

분수

'사람으로서 일정하게 이를 수 있는 한계'를 분수라 한다. 또한 자신의 한계도 제대로 모르고 지나친 행동을 하는 사람을 가리켜 '분수도 제대로 모르는 사람'이라고 비웃기도 한다.

'분수에 맞는 생활'은 말로는 쉬워 보이지만 행동으로 실천하는 것이 생각보다는 쉽지 않다.

1979년 초임 시절만 하더라도 자기 집, 자가용, 현금 1억원 있는 것만 하여도 모든 꿈이 이루어지는 것으로 생각하였다. 당시만 하여도 50여 명의 교직원 중에 자기 집을 가지고 있는 사람이 드물었고, 자가용을 가지고 있는 사람은 단 한 사람도 없었다. 현금 몇 백 만원을 가지고 있는 사람도 많지 않았을 때였다. 그 당시 1억원이면 아파트 몇 채를 살 수 있는 큰돈이었다.

양복이라고는 동복 한 벌, 하복 한 벌이 전부였고 그것도 일시불로 양복을 맞추는 것이 아니라 6개월 할부로 맞추어 다달이 갚아 나갔으며, 구두 또한 할부로 사 신는 시절이었다. 어떻게 보면 분수를 잘 지키며 살았던 때이기도 한 것 같다.

부모 세대의 일들을 젊은 세대들은 어떻게 받아들이고 있을까? 본보기로 삼고 자기 성찰의 기회로 삼아야 함에도 그렇지 않다. 잘 먹지도, 잘 입지도 못하며 가난을 이겨낸 부모다.

돈이 없어 어렵게 살아도 다른 사람한테 손 벌리지 않고 이겨내는 것도 분수에 맞는 생활이다. 그렇다고 간장 한 종지 놓고 여러 식구가 밥을 먹고, 천정에 굴비를 매달아 놓고 굴비 한 번 쳐다보고 밥 한 술 먹는 자린고비가 되라는 말은 아니다.

지독한 자린고비 일화로, 파리 다리에 묻은 된장을 빨아먹으려고 파리 쫓아가기, 생선 만진 손 씻은 물로 국끓이기, 부채가 닳지 않게 부채 펴고 고개 흔들기 등이 있다. 재미와 웃음이 나오는 이야기로 자린고비가 되라는 의미는 아니다. 다만 이러한 이야기를 통하여 절약하는 생활 습관을 가질 필요는 있다.

무조건 아끼며 살아가라는 것도 아니다. 쓸 때는 쓸 줄 알아야 한다. 아끼는 것도 정도가 있다. 지나치게 아껴서 '궁색한 사람'은 되지 말아야 한다.

인생 살면 얼마나 산다고 고생만 하다 가는가? 재미있게 살다 가는 것이 좋은 인생이다. 분수를 지키지 못하는 사람은 후회하게 되어 있다. 화려한 생활 뒤에는 초라한 생활이 기다리고 있다. 초라한 생활을 짧게 갖기 위하여 분수를 지키는 것이다.

돈도 있을 때 모을 수 있지 없으면 모으고 싶어도 모을 수 없다. 여유가 있을 때 모아두어야 어려움을 당했을 때 당황하지 않는다. 돈 좀 있다고 젊었을 때 흥청망청 썼던 사람들 늙어서 후회하고 고생한다.

'뱁새가 황새를 따라가면 가랑이가 찢어진다.'라는 말이 있다. 다리 긴 황새가 성큼성큼 잘 걸으니까 다리 짧은 뱁새가 흉내 내다 가랑이가 찢어진 것이다. 어떤 일을 하더라도 자기 처지를 생각해서 해야 한다.

남들이 하니까 무조건 따라 하는 것은 잘못이다. 남들이 유학 보내니 따라서 보낸다. 유학 다녀와서 얻은 것 하나도 없다. 오히려 가지 않은 것이 나은 경우도 많다. 남는 것은 빚뿐이다. 분수를 지키지 못하면 집도 날리고 직장도 잃어서 결국 야반도주한다. 사람에게 가장 중요한 신뢰를 잃는다. 사람으로 대접받지 못한다.

내가 가진 그릇만큼 남에게 보여라. 작으면 작은 대로 크면 큰대로 분수를 지킬 줄 알아야 한다. 분수를 지키지 못하면 푼수가 된다. '푼수'소리 들으면 막다른 골목에 들어선 인생이다.

부전자전(父傳子傳)

집안의 형제들을 보면 신기하게도 목소리, 걸음걸이 등이 큰 차이 없이 빼어 닮았다. 아이들을 보더라도 아버지나 어머니의 성격이나 행동을 아주 쏙 빼어 닮은 것 또한 흔히 볼 수 있다. '붕어빵', '국화빵'이라는 말이 맞는 것 같다.

부전자전(父傳子傳)란 그 아버지에 그 아들이란 뜻이다. 물론 긍정적으로 쓰이기도 하고 부정적으로도 쓰이기도 한다.

어느 마을에 바보 삼형제가 살고 있었는데 달력을 보게 되었다. 막내가 "월화수목김토일"이라고 자랑스럽게 읽자,

둘째가 막내의 뒤통수를 치며 "이 바보야! 그건 김이 아니라 금이야."하면서 "월화수목금사일"이라 읽는다.

이번에는 첫째가 둘째를 쥐어박으며 "이 바보 멍청아! 그건 사가 아니라 토야."하면서 "월화수목금토왈"이라고 아주 자랑스럽게 읽었다.

이 광경을 지켜보던 아버지가 혀를 차면서 "너희들 한자 실력이 정말 한심하구나!""돌쇠야, 책꽂이에 있는 왕편 가져 오너라."

정말 웃지 않을 수 없는 이야기이다.

'윗물이 맑아야 아랫물이 맑다.'는 속담이 있다. 상류의 물이 더러우면 하류 또한 더럽지 않을 수 없다. 자연의 이치다. 이러한 자연의 이치 속에서 인간들이 어떻게 살아가야 하는 지를 배우고 깨달아야 한다.

지구를 살리자는 운동이 활발하게 전개되고 있다. 몇 천 년 동안 이어져온 자연 환경을 인간의 입맛에 마음대로 훼손한다. 성형 수술이 지나쳐 부작용이 나면 하지 않은 것보다 못하다. 자연 환경을 너무 파괴하면 벌을 받게 되어 있다.

모진 풍파를 이겨내며 오랜 세월을 거친 자연의 신비로움에 많은

사람들이 감탄한다. 이렇게 위대하고 오묘한 대자연을 우리 인간들은 입맛대로 훼손한다. 자연을 훼손함으로 인해 지구촌 곳곳에 거대한 재앙이 닥쳐오고 있다. 인간이 자연을 훼손한 대가를 톡톡히 치루고 있음에도 아직도 깨닫지 못하고 있다.

재해에는 천재와 인재가 있다. 물론 인재는 사람이 충분히 막을 수 있는 일이다. 하지만 천재라 하더라도 어떤 경우는 사람으로 인하여 일어나는 천재, 엄밀하게 말하자면 인재로 볼 수 있는 재해다. 자연이 인간에 주는 벌로 알아야 한다.

몇 만 년, 몇 천 년 다듬어지고 만들어진 자연이다. 우연히 만들어진 것이 아니다. 갖은 풍상을 견디며 만들어진 것이다. 왜 사람들은 이러한 자연을 이해하지 못하는가? 자연은 자연스러울수록 자연답다.

자식도 자연스럽게 자랄 수 있도록 해 주어야 한다. 억지로 만들어진 분재가 아름답게 보이지만 그 아름다움은 오래 가지 못한다. 부모의 입맛에 맞춰서 자식을 키우지 말라. 본래의 얼굴에 맞게 가지고 있는 재능에 맞게 아이를 키워라. 성형 수술 잘못하여 후회하지 말라.

부모가 잘 하면 자녀도 잘 한다. 반대로 부모가 잘못하면 자식도 잘못한다. 부모가 하는 대로 자녀도 따라서 한다. 자녀를 보면 부모를 알 수 있다. 부모는 자녀의 거울인 것이다. 성실한 부모 아래 성실한 자녀 있고, 봉사하는 부모 아래 봉사하는 자녀 있다. 상선약수(上善若水)처럼 스스로 낮추어 모든 것을 이롭게 하며 사는 지혜를 주는 부모가 되어야 한다.

비전

재일동포로서 신화를 만들어낸 '소프트뱅크'의 손정의 회장은 1981년 소프트뱅크를 처음 시작하는 날, 아르바이트 직원 2명을 앞에 놓고 사과 궤짝 위에 올라가 조회를 했다. 24살의 그는 이 자리에서 "우리 회사는 5년 이내에 100억 엔, 10년 후에는 500억 엔, 그리고 앞으로 1조 엔의 매출을 내는 기업이 될 것입니다."라고 회사의 비전을 이야기했다.

1981년 자본금 1억 엔의 소프트웨어 유통업체 소프트뱅크를 창업한 손정의는 적자에 시달리는 기업을 인수하여 흑자로 전환시키는 뛰어난 능력을 발휘하였다. 대형 M&A를 통해 사세를 확장하였다.

30여년 만에 800여개 계열사를 거느린 매출 3조 엔(약 41조원)의 세계적인 기업으로 키웠으며, 일본 경제지 닛케이비즈니스가 발표한 '일본에서 가장 영향력 있는 100인' 가운데 손정의 회장은 혁신가 분야에서 가장 영향력 있는 사람으로 선정되기도 하였다.

이러한 성공의 뒤에는 남다른 비전이 있었다. 만약 비전이 없었더라면 이와 같은 놀라운 성과를 거두기 어려웠을 것이다.

젊은 나이에 직장 잃고 빈둥빈둥 노는 사람이 있는가 하면 나이가 들었어도 정년 대비를 잘 하여 삶의 보람을 다시 찾은 사람이 있다. 부모 잘 만나 부모 돈 덕으로 신협에 취직을 했다. 돈에 대한 어려움을 겪지 않고 성장하였다. 신협이 부도나고 직장을 잃었어도 든든한 부모가 있어 걱정이 없다. 수입은 없어도 하던 버릇은 버리지 못하는 모양이다. 골프를 치고 좋은 곳 여행을 다니고 할 것 다 한다. 그러나 그 생활이 얼마나 갈 것인가는 불을 보듯 뻔하다. 벌이가 없다 보니 부모가 자식에게 준 돈도 중간에 가로채서 쓴다. 이런 사람은 비전이 없는 사람이다. 그렇기 때문에 지금 현재만 만족하면 된다.

어떤 사람은 정년에 대비하여 모든 계획이 세밀하게 준비되어 있다. 하루의 일과가 거미줄처럼 자세하게 되어 있다. 아침에 수영을 하고, 점심에는 탁구를 치는 등 집에 붙어 있을 시간이 없다. 매주 수요일에는 '수요 산악회'에서 추진하는 등산을 빼놓지도 않는다. 틈틈이 시간 나는 대로 시골에 들어가 밭농사, 밤농사도 짓는다. 돈을 위한 것도 있지만 건강을 위해서 하기에 즐겁게 일할 수 있다. 그러니 건강하지 않을 수가 없다. 그야말로 돈도 벌고 건강도 챙기니 '꿩 먹고 알 먹고'이다.

정년하고 '삼식이'는 되지 말라는 말이 있다. 아침, 점심, 저녁 세 끼를 집에서 먹는 사람이 되지 말라는 말이다. 정년을 하였더라도 친구와 만나고 좋은 일을 할 수 있어야 한다. 고아원이나 양로원에 가서 봉사하는 것도 좋은 일이다. 물론 쉬운 것은 아니다. 하지만 집에서 빈들빈들 노는 것보다는 낮지 않은가?

윈체스터(Winchester) 사에서 높은 자리에 있던 페인(Paine)씨가 은퇴했는데도 다음날 아침이 되자 똑같이 출근 준비를 하는 것을 보고 주변 사람들이 놀라서 정신 병원에 데리고 갔다. 페인 씨는 화를 내면서 비서를 찾고 난리였다. 얼마나 우스운 일인가?

병원에서 나온 후 그에게 공원 청소부 자리 제의가 들어왔다. 선뜻 승낙하고 청소 일을 시작했다. 제의한 사람이 걱정이 되어 공원에 가보니 청소를 끝내고 땀에 젖어 있는 그의 얼굴이 매우 평온해 보였으며 뛰어 놀고 있는 아이들이 다칠까 봐 걱정이 되어 조심시키고 있었다. 은퇴 후에 부인과 함께 세계 여행을 하기로 했던 계획도 취소하고 청소 일을 열심히 했다.

일의 종류는 문제 될 것이 없다. 즐거운 마음으로 일하는 것이 무엇보다 중요한 것이다. 일거리가 없어서 시간을 보내다 보면 일거리 없는 것이 얼마나 어려운 것인지를 안다. 그래서 항상 일거리가 있어야 하는 것이다.

아파치(Apache) 족의 추장이 나이가 들어 후임자를 고르게 되었다. 많은 젊은이들이 나섰다. 인디언 추장이 되려면 체력, 지혜, 인품을 골고루 갖추고 있어야 하기 때문에 말타기, 활쏘기, 씨름, 길찾기 등 다양한 시험 과정을 거쳐야 했고, 결국은 세 사람의 후보로 압축되었다.

"저기 보이는 높은 산 정상에 가장 먼저 갔다 오는 사람에게 추장 자리를 물려주겠다."고 추장이 말하였다. 세 젊은이는 나무 가시에 찢기고 바위에 부딪히고 비탈길을 뒹굴면서 있는 힘을 다하였다.

첫 번째 용사가 도착하여 산꼭대기에서만 피는 붉은 꽃을 내밀었다. 두 번째 청년이 도착하여 산 정상에만 있는 특이한 돌을 내밀었다. 마지막으로 세 번째 젊은이가 나타났지만 그의 손에는 아무것도 없었다. 추장은 크게 노하여 심하게 질책했다.

"저는 분명 산꼭대기까지 다녀왔습니다. 산 정상에 오르니 저 너머에는 광활한 평야와 넓은 강, 수많은 버펄로(Buffalo) 떼가 있었습니다. 누가 추장이 되어도 상관없지만, 우리 아파치족은 언젠가는 저 산을 넘어야 합니다."

누가 추장에 뽑혔겠는가? 비전을 제시한 마지막으로 도착한 사람이 추장이 되었다.

서산대사와 사명대사가 길을 걷고 있었다. 논에 있는 소를 보고 서산대사가 사명대사에게 물었다.

"어느 소가 먼저 일어날 것 같은가?"

사명대사가 그 날의 일진을 보니 불 화(火붉) 점괘가 나와 누런 소가 먼저 일어난다고 하였다. 그러나 서산대사는 검은 소가 먼저 일어날 것이라 하였다. 잠시 후 누런 소가 아닌 검은 소가 먼저 일어났다.

그 날의 일진이 불(火)이라 하더라도 불은 검은 연기가 있은 후의 현상이다. 그래서 검은 소가 먼저 일어난 것이다. 사명대사는 지식을, 서산대사는 지혜를 안 것이다.

지식이 많은 사람보다는 지혜가 많은 사람이 되어야 한다. 가정에서도 학교에서도 지혜를 얻을 수 있는 교육이 이루어져야 한다. 어떤 경우에 지식은 쓸모없어질 때도 있지만 지혜는 끝없는 에너지를 방출하게 한다.

호피족은 가장 오래된 아메리칸 인디언이다. 이들의 신화에 따르면, 창조주 다이오와가 만든 제1세계는 인구 증가로 서로 싸우기 시작했고, 이에 다이오와가 진노해 올바른 인간들만 지구 속으로 데리고 들어가고 지상은 화산 폭발과 물로 휩쓸어버렸다. 그 뒤에도 두 번씩이나 얼음과 홍수로 인류의 잘못을 심판한 뒤 현재는 제4세계를 맞았다고 한다.

호피족의 예언은 석판과 바위그림, 신탁에 숨겨져 있다. 사방 10㎝ 석판에 별, 태양, V자, S선, 머리 없는 인간들의 표지와 그림들을 그려 넣었으며, 호피족의 근거지인 오라비아 바위에 새겨져 있다. 1,000년 동안 전해 내려온 호피족의 예언은 호피 장로들조차도 정확히 해독을 못했을 정도로 어려웠다.

그러나 이 가운데 2개의 원자폭탄이 일본에 투하된 것이 사실로 드러나면서 유명해졌다. 1948년 12개 마을의 대표들이 모여서 논의한 결과 더 큰 불행을 막기 위해 인류 종말에 대한 경고를 전 세계에 전달키로 결정했다.

호피족들의 예언 가운데에는
하늘에 길이 뚫린다.(항공로)
움직이는 쇠의 집이 달린다.(철도)
말이 끌지 않는 마차(자동차)
사람들이 여러 갈래로 깔린 실을 통해 대화(인터넷)
형제가 달에 사다리를 놓는다.
등으로 이미 현실이 된 것도 있고 예언으로 남아 있는 것이 있다.

남아 있는 예언들로 지축의 요동으로 인한 대지진, 화산 폭발, 대홍수 등 자연 재해와 테러리스트의 보복전, 성서의 아마게돈과 비슷한 인류 종말 등인데 지금 일어나고 있는 것과 무관치 않다는 것을 느끼게 된다. 더 두고 지켜 볼 일이다.

인류 종말의 최종 장면엔 붉은 별이 등장하는데 무섭게 성장하는 중국을 의미하는 것이 아니냐는 해석이 가능하다. 그나마 다행스러운 것은 다가오는 제 5세계에는 호피족의 구세주인 마사우가 지도자가 되면서 "최초이자 최후로 전 세계는 평화의 꽃을 피운다."고 한다.

호피족은 애리조나 동북부의 건조한 황무지에 사는 고대 종족으로서, 수천 년 전의 그들 조상들과 똑같은 방식으로 살고 있다. 그들의 예언과 가르침은 수천 년 동안 여러 세대를 거쳐 입으로 전해져 왔다. 그들은 두 개의 석판을 가지고 있는데, 그들의 가르침에 따르면 그 석판은 이 시대가 시작될 당시에 창조주가 그들에게 건네준 것이라고 한다. 마틴 거쉬위노마가 이 고대 석판을 보관하고 있다.

호피족은 인류가 진화해 온 다가오는 정화의 네 가지 시대를 언급했다. 어느 시대를 막론하고 사람들은 시작단계에서는 지구와 창조주, 그들과의 관계 속에서 완벽한 균형을 이루고 있었으나, 시대가 끝나갈 무렵에는 자연법칙과 영적 원칙으로부터 벗어나 있었다.

그래서 첫 번째 시대는 지진으로 망하였고, 두 번째 시대는 빙하로 그리고 세 번째는 홍수로 멸망했다. 지금 우리는 또 다른 시대의 마지막을 향해 치닫고 있다. 지구가 균형을 잃었고 사람들이 영적인 원칙을 무시하고 있다. 지나간 세 시대는 인류에게 교훈을 주는 일종의 시험대였던 것으로 보인다.

그러나 네 번째 시대인 현시대는 마지막 장이다. 호피족에 따르면 우리가 지닌 가장 크고 위대한 힘이 인간의 시대라 불리는 이 새로운 시대에 출현할 것이라 한다.

마지막 격동이 다가오고 있다. 지금 우리는 마지막 격동으로 다가가고 있다. 이 시기에 정화자가 동쪽에 나타날 것으로 생각하고 있다.

창세기에 그 석판이 전달되었을 때 두 명의 형제가 있었다. 형이

태양으로 가서 태양이 떠오르는 지점에 이르렀을 때 머리를 땅에 대고 위기의 시기가 올 때까지 기다리고 있다가 자신의 동생에 의해 요청될 것으로 알려지고 있다.

정화자는 동생으로서 서쪽에서 와서 제 3차 세계대전을 일으키는 사람들을 물리치고 하나가 되는 방법을 우리에게 이해시키는 조력자로 알려져 있다. 그들은 모든 걸 변화시키기 위해 오로지 이 한 존재만이 요청된다며 "오직 진실한 마음과 겸허한 태도로 행동하는 이 한 존재만이 필요합니다."라고 예언하고 있다.

미래를 내다볼 줄 아는 예언과 비전은 차이가 있다. 그러나 어떤 면에서는 공통적인 면이 더 많다고 볼 수 있다.

미래를 예언할 수 있는 사람은 좋은 비전을 만들어 낼 수 있지만 미래를 예측하지 못하는 사람은 좋은 비전을 만들어 낼 수 없다. 비전이 있고 없고의 차이는 크다.

좋은 비전을 가지고 있는 사람은 반드시 성공한다. 비전이 없는 사람은 반드시 후회하게 된다. 좋은 비전을 갖는 것은 지혜이다. 지혜로운 사람일수록 좋은 비전을 갖게 된다.

사상누각(砂上樓閣)

'모래 위에 세운 누각'이라는 뜻으로, 기초가 튼튼하지 못하여 오래가지 못할 일이나 사물을 비유적으로 이르는 말이다. 이 말이 무엇을 의미하는지 모르는 사람은 없다. 이 말에서 가장 중요한 것은 기초다. 기초가 부실하면 아무것도 이룰 수 없고 기초 없이 이루어진 일은 오래가지 못한다.

요즘 아이들을 보면서 매우 안타깝게 느끼지는 것이 있다. 가장 중요한 기초가 무너져 있다는 사실이다. 모든 것을 부모가 대신 해 주다 보니 자기가 할 일이 무엇인지 알지도 못하고 하려고도 하지 않는다. 아이가 할 수 있음에도 부모가 대신 해 주는 것은 아이의 행복을 뺏는 것과도 같다. 무엇을 해 주지 말고 할 수 있도록 분위기를 만들어 주는 것이 필요하다.

큰 나무일수록 뿌리가 깊다. 새로운 도로를 내고 길가에 심어 놓은 나무가 강하지도 않은 바람에 쓰러져 있는 것을 보았다. 옮겨 심은 지 얼마 되지 않다보니 뿌리가 제대로 뻗지 못하였기 때문이다.

지혜로운 부모는 눈에 보이는 것에 집중하는 것이 아니라 눈에 보이지 않는 것에 집중한다.

식물이 잘 자라기 위해서는 그 식물에 적합한 환경이 있다. 물속에서 잘 자라는 식물이 있고 사막에서 잘 자라는 식물이 있다. 사람도 마찬가지다. 사람마다 가지고 있는 타고난 재능을 키워줄 수 있는 환경을 만들어 주는 것이 중요하다. 그럼에도 사회에서 선호하는 명예와 권력에 눈이 멀어 자녀의 타고난 재능보다는 부모의 욕심에 의하여 아이들의 진로를 결정하려고 한다.

어떻게 사는 것이 진정으로 행복하게 사는 삶일까? 부자로 사는 것, 권력을 취하는 것이 과연 행복한 삶일까?

자녀의 진로를 결정하는 부모가 되지 말고 하고 싶은 것을 잘 할 수 있도록 환경을 만들어 주는 것이 중요하다. 자녀가 하고 있는 것을 잘 할 수 있도록 가만히 지켜보는 것 하나로도 아이는 행복한 생활을 하게 될 것이다. 부모가 아이의 인생을 대신 살아주는 것이 아니다.

기초의 근본은 사람이 사람답게 사는 것이다. 동물의 세계에서는 약육강식이 존재하지만 사람은 동물과 달라 약한 사람을 보면 도울 줄 아는 생활을 한다. 약한 사람을 우습게 여기고 괴롭히는 것은 동물과 다를 바 없다. 배려와 나눔을 실천하는 생활, 자기 할 일을 스스로 하는 생활이 기초가 아닐까?

딸을 셋 둔 엄마가 있었다. 딸을 키우면서 김장 담가주는 것을 혼자서 하다 보니 딸 셋이 결혼하여서도 김치 담글 줄 몰라 결혼 후에도 세 딸의 김장으로 걱정을 한다. 딸은 당연히 해 줄 것으로 알고 있고 해 주지 않으면 사 먹으면 그만인 것으로 생각한다. 돈 몇 푼 쥐어주면 그것이 김장해 주는 엄마에 대한 할 도리를 다 했다고 생각한다.

만약 결혼하기 전에 딸에게 김치 담는 방법을 알려주었더라면 김치 담그는 수고를 하지 않아도 될 뿐만 아니라 딸들이 해 주는 김장을 마음 편하게 얻어먹을 수 있을 텐데 말이다. 모든 것에는 때가 있다. 후회해도 소용없다. 힘이 다할 때까지 죽을 때까지 김치 담그는 일에서 벗어나지 못한다.

기초를 튼튼히 하는 것에 관심을 기울이는 부모는 지혜로운 부모이나, 눈에 보이는 것에만 관심을 보이는 부모는 우매한 부모이다. 젊을 때의 고생은 사서도 한다고 하지 않았는가? 자녀가 스스로 할 수 있는 것은 스스로 할 수 있도록 해 주자. 그것이 현재 자녀에게 고통이 될지 모르지만 먼 훗날 자녀를 위한 큰 재산이 된다는 점을 잊지 말고 도와주고 싶은 마음이 있어도 가만히 지켜보며 참아두자.

선견지명(先見之明)

'인간만사 새옹지마(人間萬事塞翁之馬)'라는 말이 있다. 옛날 중국 북쪽 변방에 사는 노인이 기르던 말이 북쪽의 오랑캐 땅으로 도망갔다. 국경을 넘을 수 없어 낙심하고 있는데, 얼마 뒤에 그 말이 한 필의 준마를 데리고 왔다. 노인은 너무나 좋았다.

그런데 얼마 뒤 노인의 아들이 그 말을 타다가 떨어져 다리가 부러졌다. 다리를 쓰지 못하게 되어 마음 걱정을 하게 되었지만 다리를 쓰지 못하는 이유로 아들은 전쟁터에 끌려가지 않게 되었다. 전쟁터에 나간 많은 사람들이 목숨을 잃었지만 그 아들은 목숨을 유지할 수 있었다는 고사에서 유래한다.

무엇이 잘 될지 장담하지 못하는 것이 미래다. 이처럼 한치 앞도 알 수 없는 것이 미래인지라 미래를 정확히 맞출 수는 없다. 주식에서도 마찬가지다. 만약 사고파는 시점을 정확히 맞출 수 있는 능력을 가지고 있다면 주식으로 돈 벌지 못할 사람 하나도 없을 것이다.

미래를 정확히 맞추지는 못하지만 그래도 예측하여 대비할 수는 있다. 선견지명이란 '다가올 일을 미리 짐작하는 밝은 지혜'를 뜻한다. 역사적으로 훌륭한 위인들을 보면 다른 사람보다 뛰어난 선견지명을 가지고 있었다. 미래에 대비할 수 있는 능력을 남들보다 먼저 갖추었기에 훌륭한 업적을 남기게 되었던 것이다.

세종대왕의 한글 창제, 이순신 장군의 거북선 등은 미래를 볼 줄 아는 지혜가 있었기에 가능하다.

이처럼 앞날을 얼마나 더 정확하게 내다보고 준비하느냐 하는 것은 매우 중요하다. 일을 당하기 전에 대비하는 것과 당하고 나서 대처하는 것은 부담하는 차이가 매우 크다. 미래를 예측하고 대비하는 것은 마치 미래를 위한 저축과도 같다. 돈 있을 때 아끼지 않고 흥청망청 쓰다가 돈 떨어져 봐야 저축하지 않은 것 후회한다.

김대중 대통령이나 박근혜 대통령이 '준비된 대통령'이라는 슬로건을 걸고 당선된 것도 '준비'라는 용어가 믿음과 신뢰를 주어 득표력을 높이지 않았나 생각된다.

　준비되어 있다는 것 하나로 상대에게 믿음을 준다. 어떠한 곤경에 빠지더라도 피해를 최소화할 수 있다. 잘 살고 못 사는 것이 팔자라며 잘 되면 운이 좋고 그렇지 않으면 운이 나쁘다고 말한다. 하지만 선견지명이 있는 사람은 쉽게 불운을 겪지 않는다.

　그렇다면 앞날을 내다보는 힘, 즉 선견지명은 어떻게 가져야 할까? 선견지명은 그냥 얻어지지 않는다. 내가 하여야 할 일에 모든 열정을 바치고 최선을 다할 때 선견지명을 얻을 수 있는 것이지 가만히 앉아서 얻어지는 것이 아니다. 지금까지 걸어온 길, 실패와 성공을 반복하면서 느낀 그 경험 속에서 찾아지는 것이다.

　로또와 같이 일확천금을 손쉽게 얻으려는 일시적인 삶을 추구하는 사람은 선견지명을 얻을 수 없다. 삶을 긍정적으로 소중하게 여기며 잘 가꾸어 온 사람에게 선견지명이 찾아드는 것이다. 오늘의 일에 최선을 다하며 바르게 살아온 사람, 열심히 준비해 온 사람에게 주어지는 선물인 것임을 잊어서는 안 된다.

　내 꿈이 야구 선수라면 야구를, 축구 선수라면 축구를 열심히 하다보면 잘 하는 방법도 알게 될 것이고 무엇을 준비하여야 하는 지도 알게 된다. 이것이 바로 선견지명인 것이다.

　나의 발전과 성장을 위하여 준비하는 것은 당연하다. 그 준비의 열정에 따라 미래도 달라진다. 성공과 실패도 준비를 얼마나 잘 하느냐에 달려 있다.

순서

'찬 물도 위아래가 있다.'는 말이 있다. 아무리 찬물과 같이 하찮은 것일지라도 어른부터 대접하라고 할 정도로 조상들은 순서를 중히 여겼다.

가정이나 학교, 사회에서 가장 중요하게 여기는 것이 질서다. 질서 유지를 위해서도 순서가 중요한 것은 잘 알고 있지만 일에 있어서도 순서는 매우 중요하다.

자동차 만드는 과정을 생각해 보자. 아주 하찮은 것일지라도 중간에 하나를 빠뜨렸다고 생각해 보자. 작은 것이지만 그 하나로 인해 지금까지 한 일이 모두 헛일이 되고 만다. 이처럼 순서에 따라 일을 한다는 것은 매우 중요한 것이다.

집을 지을 때도 그렇다. 아무리 빨리 짓는다하더라도 지붕을 먼저 올릴 수는 없는 법이다. 다 순서를 지켜야 하는 것이다. 기초를 단단히 하고 벽돌을 쌓은 다음에야 지붕을 올릴 수 있는 것이다.

생활에서도 마찬가지다. 버스 정류장이나 은행에 많은 사람들이 줄을 지어 기다리는 것도 자기 순서가 있기 때문이다. 순서를 기다리지 않는다면 많은 혼란이 오는 것은 물론, 짜증이 나고, 심지어는 싸움까지 일어나게 된다.

학교에 들어서서 아이들이 질서를 잘 지키고 있다면 기초가 잘 되어 있다는 증거고 그 아이들은 예절이 바를 뿐만 아니라 공부도 잘 한다는 것을 의심하지 않아도 된다.

일머리도 순서와 관계가 깊다. 일머리를 알고 하는 사람과 그렇지 않은 사람의 차이는 매우 크다.

일머리를 모르는 사람은 일의 순서를 모르기 때문에 무엇을 하고 있는지, 어느 단계에 와 있는지 구분이 가지 않는다. 일은 산더미처럼 많이 하는데 도대체 무엇을 하고 있는지 알 수가 없다. 초과 근무를 달고 날을 새서 일하지만 정작 한 것이 없다. 본인만 답답한 것이 아니라 보는 사람도 답답하다. 나온 작품을 보면 한심하기 짝이 없다. 양은 많지만 어디에 써야할지 쓸 곳이 없다. 그야말로 옷만 버린 셈이다.

그러나 일머리를 아는 사람은 그렇지 않다. 일의 순서를 알기에 무엇을 할 것인지 정확히 알고 한다. 다른 사람이 볼 때는 일도 별로 하지 않고 노는 것 같은데 나중에 내 놓는 것을 보면 놀라지 않을 수 없다. 초과 근무하지도 않았지만 내놓은 작품을 보면 모두가 욕심을 낸다. 정말 소리 없이 일을 야무지게 잘 한다.

화장품을 바르는 데에도 순서가 있고, 자전거를 배우는 데에도 순서가 있듯, 인생에도 '생로병사'라는 순서가 있다. 순서를 어기게 되면 이해하지 못할 일이 벌어지고 고통이 따른다.

'9988234'라는 '99세까지 88하게 살다가 2~3일 아프다 죽는다.' 는 말이 있다. 오래 사는 것이 중요한 것이 아니라 얼마나 건강하게 살다가 죽느냐가 중요하다. 긴 병에 효자 없다고 그냥 죽기는 좀 그러니까 그래도 이삼일 앓는 시늉이라도 하고 죽는 것이 바람인가 보다.

우리가 마음 놓고 살고 있는 것도 순서의 덕분이다. 순서가 없다면 생각지도 않는 수많은 불행을 만나게 되어 있으므로 순서에 순응하는 사람이 되어야 한다.

승진하는데 있어 모두가 인정하는 순서가 있다면 그 순서를 존중할 줄 알아야 한다. 내가 먼저 승진하자고 모두가 인정하는 순서를 어기면 승진은 빨리 할지 몰라도 그에 따른 고통을 겪는다. 그 고통을 겪고서야 순서 지키지 않은 것을 후회하고 다 부질 없는 일이었음을 깨닫게 된다.

습관

습관은 매우 중요하다.

만취된 사람이 운전을 했는데 어떻게 집에 왔는지 기억조차 하나 없지만 분명한 것은 내가 운전했다는 것과 아무 사고 없이 무사히 집까지 왔다는 사실이다. 거기에다 주차까지 정확히 되어 있었다.

만취된 상태에서 어떻게 운전하였을까? 습관이 만들어낸 결과이다. 의식이 없는 상태에서 집까지 운전한 것이다. 집까지 오는 동안 몇 차례의 신호등을 안전하게 지나고, 골목길을 지나 집까지 무사히 온 것이다. 스스로 생각해도 놀랄 일이다. 단속에 걸리지 않은 것이 그저 천만다행일 뿐이다.

나도 술을 즐겨 먹지만 술에 취하다 보면 평소 하지 않던 행동도 나온다. 맨 정신으로는 도저히 하지 못할 행동이 일어나기도 한다. 술에 취하면 간이 붓는다고 하지 않던가? 길거리를 갈 지(之)자로 걷고 소리를 지르는 일을 맨 정신으로 할 수 있는가? 못할 것이다. 그런데 술에 취하면 다른 사람을 의식하지 않게 되니 자연스럽게 나온다. 이처럼 습관은 의식적으로 일어나지 않는다. 어쩌면 무의식적으로도 일어난다고 볼 수 있다.

3년 6개월간 근무하였던 대전법동초등학교를 떠나 이웃에 위치한 대전중원초등학교로 발령받았다. 교육청 출장을 다녀오는 데 차가 들어 선 곳이 전임지인 대전법동초등학교인 것을 보고 웃음이 나왔다. 현임지를 지나쳐 전임지로 간 것이다.

이것이 바로 습관이다. 그냥 아무 생각 없이 운전하다 보니 전임지로 가게 된 것이다. 이처럼 습관은 조금만 정신 차리지 않으면 무의식적으로 이루어진다는 것을 알았다.

지금은 담배를 끊었지만 식사 후에 '담배 피워야지.'라고 생각하지 않아도 담배를 빼서 입에 물게 된다. 의식하지 않아도 자연적으로 이루어진다는 사실이다. 사실 술을 먹을 때도 마찬가지다. 잔을 비우고 상대에게 권한다고 생각하고 권하는가? 그렇지 않을 것이다. 나도 모르게 잔이 비워지면 상대에게 권하는 것이다.

아침 6시가 되면 눈이 떠지는 것도 습관이다. 습관이 되면 의식적으로 하려하지 않아도 저절로 된다. 무의식적으로 일어난다. 밥을 먹을 때 '밥 먹고 이 반찬 먹어야지' 생각하고 먹는가? 아니다. 의식 없이 숟가락, 젓가락 가는 대로 먹는다는 사실이다. 이처럼 습관이 되면 의식하지 않아도 행동으로 나타난다.

습관에는 좋은 습관과 나쁜 습관이 있다. 나쁜 습관은 하려고 하지 않아도 쉽게 습관이 되지만 좋은 습관은 힘들이지 않고는 쉽게 되지 않는다. 어려움도 많이 따른다.

새벽 등산 하나를 생각해 보자. 새벽에 일어나는 것도 어렵지만 하지 않았던 등산을 한다는 것이 그렇게 생각했던 것처럼 쉽지 않다. 그러나 하루 이틀 하다보면 어려움을 덜 느끼게 되고 습관이 들다 보면 하려는 생각을 갖지 않더라도 자연스럽게 이루어진다.

그러나 나쁜 습관은 그렇지 않다. 마약, 도박, 도둑, 늦잠 자는 일 등과 같은 것을 누가 하라고 해서 하지는 않는다. 하지 말라고 해도 한다. 나쁜 것이기 때문이다. 그래서 나쁜 행동이 습관으로 이어지지 않도록 해야 한다.

생각을 바꾸면 행동이 바뀌고
행동을 바꾸면 습관이 바뀌고
습관을 바꾸면 성격이 바뀌고
성격을 바꾸면 어떠한 어려운 일도 해결할 수 있다.

가장 위대한 발견은 마음가짐을 바꾸면 내 인생을 바꿀 수 있다는 사실이다. 마음가짐을 바르게 하는 사람은 바른 인생을 살 수 있다. 가치 있는 인생을 살 수 있다.

미국의 철학자며 심리학자인 윌리엄 제임스는 "인생이 살 가치가 있는 것이라고 믿어라. 그러면 그 신념이 정말로 그런 인생을 만드는데 도움을 줄 것이다.(Believe that life is worth living and your belief will help create the fact.)"라고 하였다.

실패

실패해 본 사람은 실패를 실패로 보지 않는다. 실패를 또 하나의 성공으로 본다. 실패를 통하여 새로운 것을 얻을 수 있기 때문이다. 그러기에 실패가 나쁜 것이 아니다. 실패를 많이 해 본 사람일수록 어떠한 위기 상황도 의연하게 대처할 수 있다.

어느 그룹의 회장이 새 회사를 차리고 사장에 앉힐 사람을 물색하였다. 많은 사람의 추천이 있었지만 회사에 막대한 피해를 입혔던 사람을 사장으로 앉혔다. 다시는 그러한 실수를 하지 않을 것이란 믿음이 있었기 때문이다.

그러나 우리 사회는 실패한 사람에게 관대하지 못하다. 또 그러한 실패를 할 것이라 믿고 있다. 그러니 실패한 사람이 일어나기가 어렵다. 같이 가기를 꺼려하고 자금을 대기도 주저하다 보니 일어나기가 어렵다.

싸움도 산전수전 다 겪은 싸움꾼이 잘 한다. 태권도, 유도에서 금메달을 땄더라도 싸움꾼을 못 이긴다. 매도 맞아본 사람이 잘 맞는다고 맷집이라는 것이 있다. 물론 아무리 맷집이 좋아도 매 앞에 무너지지 않을 장사는 없다. 하지만 어느 정도 맷집이 있어야 싸움도 잘 한다. 같은 힘의 주먹으로 맞았더라도 끄떡없이 버티는 사람이 있고 단방에 고꾸라지는 사람이 있다. 누구에게 믿음을 더 줄 수 있을까?

권투 경기에서 작은 주먹에 비틀거리는 선수를 보면 잘 하여도 언제 한방 맞고 쓰러질지 모르니 마음이 조마조마하지만 한방이 있는 맷집이 좋은 선수는 웬만한 주먹에는 끄떡도 하지 않고 한방이 있으니 믿음이 간다. 맷집도 경험에서 축적되는 것이다. 맞아 본 놈이 잘 맞는다. 맞아보지 않은 놈은 가벼운 매에도 나가떨어지게 되어 있다.

'실패는 성공의 어머니'란 말이 무색하지 않게 들리는 것은 아주 소중한 경험이기 때문이다.

작은 일에도 어찌할 줄 몰라 쩔쩔 매는 사람은 경험이 부족한 사람이다. 경험이 풍부한 사람은 위기 상황에도 의연하다. 갈팡질팡하지 않는다.

이제 우리 사회도 실패한 사람에게 관대할 필요가 있다. 또 그 사람이 다시 일어설 수 있도록 용기를 주어야 한다. 실패를 많이 한 사람이 실패를 하나도 하지 않은 사람보다 더 많은 것을 알고 있다. 누구나 실패한 경험을 가지고 있다. 만약 실패한 경험이 없는 사람이라면 그 사람은 자기의 꿈을 이루기 위해 열심히 노력하지 않은 사람이다. 어떤 일에 최선을 다하고 무엇인가 이루려는 사람에게는 아름다운 실패가 있지만 아무것도 하고자 하는 의욕이 없는 사람에게는 실패란 있을 수가 없다.

실패를 부끄럽게 생각하지 말라. 역사적으로 위대한 업적을 남긴 사람들은 아름다운 실패를 가지고 있다. 오히려 그 실패가 클수록 더 큰 업적을 남겼다.

가정에서나 학교에서나 우리는 실패에 대하여 너무나 인색했다. 실패를 긍정적으로 보기보다는 부정적으로 보고 실패한 사람을 무능한 사람으로 낙인찍고 있다. 그러니 재능을 가지고 있어도 도전하기가 두려운 것은 사실이다.

실패에 대한 부담이 없어야 더 큰 일을 할 수 있다. 에디슨이 전구 하나를 발명하는데 10,000여 번의 실패가 있었다. 그 실패를 통하여 잘못된 원인을 알았기에 전구를 발명하게 된 것이다. 엄밀하게 보면 실패는 성공을 위한 필연적인 하나의 과정이다.

아이들을 키우다 보면 다칠세라, 깨질세라 너무나 심하게 보호한다. 넘어져 보아야 안 넘어지는 것도 배운다. 아이가 넘어지면 일으켜주는 것도 하지 말아야 한다. 스스로 일어나게 하여야 한다. 일으켜 주니까 일어나지 않는 것이다. 내가 죽고 나서도 보호하지 못한다. 평생 일으켜 줄 수 없다. 실패도 해 보아야 실패를 반복하지 않는다. 실패는 성공으로 가는 하나의 과정이지 다른 길이 아니다.

창의력을 키우기 위해서는 많이 실패하여야 한다. 실패 없이는 창의력이 나올 수 없다. 성공만이 우대받아야 하는 것은 잘못이다. 이제는 성공보다 더 가치 있는 것이 실패라는 것도 알아야 한다.

실패!

성공으로 가는 잠시의 고통일 뿐이다. 그 고통이 크면 클수록 큰 성공을 한다. 실패는 성공하기 위한 반드시 거쳐야 하는 한 과정일 뿐이다. 그래서 실패도 아름답다. 부끄러운 것이 아니다.

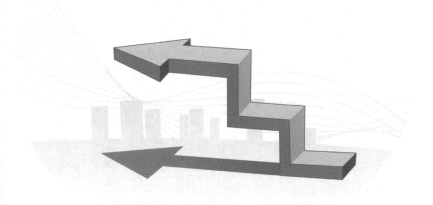

씨앗

먼저 뿌리고 나중에 거둔다.

무엇이든 손쉽게 얻는다는 의미를 지닌 '손 안 대고 코 푼다.'는 말이 있다. 물론 손대지 않고도 코를 풀 수는 있다. 그러나 그렇게 하다 보면 코가 엉뚱한 곳으로 튀어 좋지 않은 일이 있을 수 있다. 씨앗을 뿌렸으면 기다릴 줄 알아야 한다. 싹도 때가 되어야 나는 것이지 욕심대로 나지 않는다. 무엇을 얻으려면 반드시 투자가 있어야 한다. 원하는 것이 있다면 먼저 주는 것도 알아야 한다. 주지도 않고 얻으려고만 한다면 좋은 사람이 될 수 없다.

뿌리기 전에 밭을 갈아야 한다. 준비가 있어야 된다. 준비가 제대로 되어 있는 것과 없는 것의 차이는 매우 크다. 준비가 되어 있어야 좋은 결실을 맺을 수 있다. 과일 농사를 짓더라도 해당 시기에 할 일이 있다. 그 시기를 놓치면 그 해의 농사는 망친다. 거름을 주고, 농약을 치는 것을 아무 때나 하는 것이 아니다. 밤농사를 지을 때 나뭇가지를 잘라주는 일을 하는 것은 새순이 나오기 전에 해야 한다. 만약 그 일을 밤송이가 열려 있을 때 한다고 하면 어떻게 되겠는가? 그래서 시기를 맞추어야 하는 것이다. 그래서 계획이 필요하다.

인생을 어떻게 살 것인가 준비가 되어야 한다. 준비는 그물의 코와 같아서 코가 크면 클수록 많은 고기가 빠져 나간다. 코가 작으면 작을수록 많은 물고기를 잡을 수 있다. 어떠한 계획과 준비를 하였느냐에 따라 얻어지는 것의 차이는 크다.

시간이 지나야 거둘 수 있다. 씨앗을 심고 금방 수확할 수 없다. 수확할 시기가 있다. 우리가 인생을 살면서도 기다림을 알아야 한다. 우리 민족의 성격을 매우 급하게 보는 사람이 많다. 어떻게 보면 이러한 일도 역사가 만들어 주었다는 생각이 든다. 1,000여 차례나 되는 수많은 침략을 당하다 보니 가만히 기다리다가는 살기 어려웠을 것이다. 어떻게든 버텨내야 하는 상황이다 보니 성격도 급하게 되지 않았나 하는 생각도 가져본다. 한편으로는 이러한 성격 탓에 그 좁은 땅덩어리임에도 경제 대국으로 도약할 수 있지 않았나 생각도 해 본다.

어떤 일을 하려고 최선을 다하고 결과를 기다리는 인내가 필요하다. 지금 100점 맞는 것보다 미래를 볼 줄 아는 태도를 가져야 한다. 지금 0점을 맞는다 하여도 원하는 꿈을 이룰 수 있는 데 도움이 되는 공부가 되어야 한다. 지금 당장 눈앞의 점수에 만족하는 것은 매우 어리석은 일이다. 지금 '올 백'을 자랑하기보다는 나중에 원하는 꿈을 이루는 것이 올바른 공부다.

과목별로 가정교사 붙여서 성적 올리는 것도 통하는 때가 있다. 어느 정도 시기가 되면 스스로 하지 않고서는 절대 극복할 수 없다. 이러한 방법이 초등학교, 중학교 때에는 통할지 몰라도 고등학교에 들어가면 아니라는 것을 느낀다. 다른 사람이 가르쳐주는 것도 한계가 있다.

고등학교 때부터는 자기 스스로 하려는 힘이 부족하면 절대 공부를 잘 할 수 없다. 명문대에 들어간 학생들의 경험담을 보더라도 강사에만 의존한 학생은 단 한명도 없다. 모두의 공통점은 자기 스스로 하려는 의지가 있다는 것이다. 스스로 깨우침이 있는 공부가 되어야 학습 효과가 있다. 공부하는 목적, 방법도 모르는 데 성적이 오를 수 있겠는가?

언젠가는 꽃을 피우는 날이 온다. 지금 성적이 뒤진다고 걱정하지 말고 때를 기다릴 줄 알아야 한다. 한 여름에 꽃을 피우는 나무도 있고 한 겨울에 꽃을 피우는 나무도 있다. 나무에 따라 시기가 다르듯 아이들도 시기가 다를 뿐이다. 너무 성적에 연연하여 아이를 바라보지 말고 먼 앞날을 볼 수 있는 기다림을 익혀야 한다. 비닐을 씌우고, 온풍기로 따뜻한 바람을 넣어서 얻은 열매보다는 제 철에 익은 열매가 영양도 좋고 건강에도 좋다. 제 철에 나는 과일을 먹어야 하

는 이유는 영양과 맛을 고루 갖추기 때문이다. 그래서 제 철 음식이
최고다.

뿌린 씨, 전부 열매가 될 수 없다. 10개를 뿌렸다고 10개 모두에서
수확할 수 없다. 썩은 씨앗에서 싹이 틀 까닭이 없지 않은가? 그런
데도 모든 씨앗에서 수확을 할 수 있다고 생각한다. 그 바람이 현실
이 될 수 있지만 그렇지 않을 수도 있다.

배운 것 모두 기억할 수 없다. 그러나 자신에게 맞는 방법을 찾아
많은 것을 잊지 않도록 하여야 한다. 예를 들어 한라산의 높이에 대
하여 공부할 때 '1950미터'라고 기억하는 것보다는 '한번 구경 오십
시오.'처럼 의미를 부여하여 기억한다면 오래도록 잊지 않고 기억 속
에 있을 것이다.

배운 것 다 기억할 수 없고, 모두 성공할 수 없다. 뿌린 것보다는
더 많이 거둔다. 모든 씨앗에서 수확을 못해도 결국 뿌린 것보다는
많이 거둔다. 농부들이 씨앗을 뿌리고 농사를 짓는 보람도 뿌린 것
보다는 더 많은 것을 얻기 때문이다.

수확이 잘 될 수도 있고 안 될 수도 있다. 마음먹었던 것보다 덜
되었다고 서운해 하지 마라. 그래도 뿌린 것보다는 많지 않은가? 너
무 많은 것을 얻으려 하다보면 더 큰 것을 놓치는 경우도 있다. 수확
한 것에 대하여 만족하는 것도 중요하다.

아내와 같이 유성장에 가서 1,000원 주고 오이 모종 2포기를 사
다 심었다. 14개의 오이를 따 먹었다. 한 개에 1,000원씩 잡아도
14,000원이다. 그것도 믿을 수 있는 유기농, 무공해 식품이니…….
'이 맛에 농사를 짓는구나.'하는 생각을 하였다.

원하는 대학에 가지 못했다고 서운해 하기보다는 내가 가게 된 대
학에 가서 더 열심히 하면 된다. 가서 공부 농사 열심히 지으면 된
다.

"콩 심은 데 콩 나고, 팥 심은 데 팥 난다."

다른 사람에게 손해를 끼치면 손해를, 이익을 주면 이익을 얻는

다. 심는 대로 거두는 것이다. 어떤 사람은 '복 많이 받으세요.'가 아닌 '복 많이 지으세요.'하라고 한다. 복을 많이 짓다 보면 그 복이 결국 돌고 돌아 나에게 오기 때문이다.

'하늘은 스스로 돕는 자를 돕는다.'하였다. 좋은 일을 한 사람에게는 복을 주고, 나쁜 일을 한 사람에게는 화를 준다고 하였다. 좋은 일을 하자. 잠들 때 보람 있는 하루였다는 것을 느끼게 될 것이다.

종자는 남겨두어야 한다. 수확한 씨앗 중 일부는 다시 뿌릴 수 있게 종자로 남겨두어야 한다. 받았으면 갚을 줄 알아야 한다. 받기만 하지 마라. 종자가 없으면 내년 농사를 지을 수 없다.

사업도 마찬가지다. 사업자금이 없으면 아무리 좋은 아이템도 필요 없다. 어떠한 어려움이 있더라도 투자금이 있어야 좋은 농사를 지을 수 있다. 씨를 심었다고 금방 열매를 얻는 것은 아니다. 빨리 열매를 맺는 것도 있고, 늦게 열매를 맺는 것도 있다. 아예 열매를 맺지 않는 것도 있다.

씨앗을 뿌렸다고 반드시 얻어야 한다는 목표에 연연하지 말라. 목표보다 더 좋을 때도 있고 더 나쁠 때도 있다. 크게 보면 하늘이 도와야 되는 것이다. 그러기에 주는 것에 감사할 줄 알아야 한다. 넓게 보면 사람의 힘으로 안 되는 것 또한 농사이다.

내일이면 수확할 수박도 오늘 비에 쓸려가기도 한다. 그렇다고 마음까지 쓸리면 안 된다. 하늘은 무심하지 않다. 잠시 고통을 줄 뿐이다. 반드시 고통을 이겨낸 만큼 얻도록 하늘은 돕는다. 햇볕과 물 없이 농사지을 수 있는가? 물과 햇볕을 사람이 만들 수 없다. 하늘의 뜻에 달려있다. 올해 농사가 안 되었다면 내년에는 잘 될 거라고 마음을 크게 가질 필요도 있다.

농자천하지대본(農者天下之大本)!

역경

　사람은 저마다 나름대로의 꿈이 있다. 김연아와 같은 피겨스케이팅 선수는 빠른 회전으로 인하여 내장이 한쪽으로 쏠리는 고통이 있다고 한다. 모든 일에는 그 일에 따르는 고통이 있다. 그 고통을 참아내는 것이 중요하다.

　피겨스케이팅의 경우 어려운 기술을 잘 소화해야 좋은 점수를 얻을 수 있다. 그 중에서도 액셀 점프(Axel Jump), 액셀 폴슨 점프(Axel Paulsen Jump), 공중에서 3회전 하는 트리플 점프(Triple Jump)와 같은 난이도 높은 기술은 셀 수 없는 반복 훈련을 하여도 실수를 한다. 발목이 끊어져 나가는 아픔을 이겨내야 하고, 엉덩방아 찧는 것은 밥 먹듯 했을 것이다. 올림픽이나 각종 경기에서의 금메달은 개인의 영광을 넘어 국민 모두에게 자긍심을 심어주는 일이다. 포기하고 싶은 마음도 한 두 번이 아니었을 정도로 역경을 만났을 것이다. 원하는 꿈을 이루기 위해서는 생각보다 어려운 수많은 역경을 이겨내야 한다.

　똑같은 씨앗이라도 환경에 따라 성장과 결실이 달라지듯 사람도 환경의 영향을 많이 받는다. 환경의 좋고 나쁨에 따라 그 결과는 확실히 다르게 나타난다. 아인슈타인이 한국에 태어났다면 시장에서 생선 가게나 하고 있을 것이라는 우스운 이야기도 환경과 관련이 있다.

　물을 좋아하는 식물이 있는가 하면 물을 싫어하는 식물이 있다. 사람도 마찬가지로 알맞은 환경이 있다.

　그럼 알맞은 환경이란 무엇일까? 좋아하는 환경이다. 무엇이든 좋아야 즐길 수 있다. 싫은 것을 억지로 해봐야 성과가 없다. 공부를 잘 하도록 하려면 공부를 잘 할 수 있는 환경을 만들어 주어야 한다. 그 좋은 환경이란 무엇을 주는 것이 아니라 스스로 열심히 노력하여 무엇인가를 얻도록 해 주어야 한다. 수많은 실패를 반복하더라도 무엇을 이루려는 의지가 꺾이지 않도록 환경을 만들어 주는 것이 중요하다.

역사적으로 훌륭한 업적을 남긴 사람치고 역경과 고난을 겪지 않은 사람은 단 한사람도 없다. 성공하기 위해서는 반드시 어려움이 따른다. 쉽게 얻어진 성공은 없다. 그럼에도 불구하고 많은 사람들은 성공을 쉽게 얻으려 한다. 쉽게 얻으려 하니까 쉽게 포기도 한다. 어렵게 얻은 성공이라야 가치가 있다.

지게로 짐을 나르는 직업을 꿈으로 가진 사람이 있다. 그 꿈은 지게 하나만 있으면 이룰 수 있다. 이렇게 쉽게 얻어진 꿈은 쉽게 얻은 만큼 고통이 따르는 일을 해야 한다. 땀 흘려 일한 만큼의 수입도 좋지 않고, 사회적으로 대우받지도 못한다. 즉 쉽게 얻은 만큼의 어려움을 감수해야 한다. 그 꿈은 하고 싶은 다른 꿈이 있어도 할 수 있는 능력이 되지 않으니까 먹고 살기 위해서 할 뿐이다.

수많은 실패를 반복하면서도 피와 땀으로 역경을 극복하고 이룬 꿈은 많은 어려움이 있었지만 이룬 후에는 그 이상의 보상을 받는다. 많은 사람들이 피땀 흘려 꿈을 이루려 하는 이유도 여기에 있다.

쉽게 꿈을 이루려하지 말고 개성에 맞는 꿈을 이루는 것이 중요하다. 그것이 오래 가고 질리지 않는다. 쉽게 얻는 직업은 오래 가지도 못하고 쉽게 그만두게 되어 있다. 재주 많은 사람이 잘 살지 못한다는 말이 있는데 이는 맞지 않는 말이다. 재주가 많긴 많으나 별 쓸모없는 수준의 재주이기 때문이다.

너무 계획 없이 이것저것 하지 마라. 버는 것 없이 몸만 고달프다. 르네마리아는 스웨덴 출신의 가수인데 태어날 때부터 양팔이 없고, 한쪽다리가 짧은 중증장애인이다. 그러한 장애에도 수영도 하고 자동차도 운전하며, 주옥같은 목소리로 많은 사람들에게 감동을 주고 있다. 노래할 때 그녀의 표정을 보면 아주 평화스럽고 행복한 얼굴을 하고 있다. 그것은 자기가 하고 싶은 일을 하기 때문이다.

"저는 제 삶이 주는 모든 것에 감사하는 마음으로 노래를 부릅니다. 세상의 모든 사람들은 고귀합니다. 하나님은 개개인의 우리들을 특별한 목적과 남다른 이유에 따라 창조하셨습니다. 우리들 모두는 서로 다릅니다. 우리는 인생에 있어서 부족한 것이 있으며 때로는 아무것도 없이 지내기도 합니다. 저는 두 팔이 없습니다. 그러나 노래를 잘하는 목소리를 지녔습니다. 당신이 돈이 없다는 것, 배운 게 없다는 것, 또한 온전한 신체를 지니지 않았다는 것은 중요하지 않습니다. 당신은 주변 사람들에게 중요한 무엇인가를 가졌습니다. 우리 모두는 동등한 가치, 의미를 가지고 있으며 소중한 존재인 것입니다."라고 말하고 있다.

프리데릭이 있다. 어머니 뱃속에서부터 뼈가 부러지고, 신체 성장마저 멈춰버린 시련을 긍정적인 삶의 자세로 극복해가는 독일의 희귀병 환자다. '골 형성 부전증'이란 희귀병을 안고 태어난 그는 길에서 가볍게 넘어지기만 해도 뼈가 부러졌다. 나이가 들어도 더 이상 키가 자라지 않았고, 청각마저 둔화되기 시작했다. 이러한 장애에도 불구하고 많은 사람들에게 희망을 전하고 있다.

TV를 통해서 본 그의 표정은 매우 밝아보였고 자신의 일에 대하여 큰 보람을 느끼고 있었다. 이상하게 보는 사람들에게는 미소 보내는 것도 잊지 않았다. 고통 속에서 살아가야 하는 많은 사람들에게 희망을 주기 위해 끊임없이 도전하였다. 혼자 살 수 있다는 걸 보여주기 위해 독립을 결정하고, 베를린의 한 아파트에서 생활도 하였다.

스티븐 호킹이 있다. 손가락 하나도 제대로 움직이지 못하고 말도 제대로 하지 못한다. 말을 할 수 있도록 특별 제작한 기계를 이용해야 했지만 장애를 이겨내고 세계에서 가장 훌륭한 과학자가 되었다.

소아마비로 태어나 미국 대통령이 된 루즈벨트가 있다. 미국 대통령이 어디 그냥 대통령인가? 세계를 움직이는 대통령이다. 그 또한 엄청난 통증과 싸우며, 장애를 극복하였다. 뉴욕지사를 거쳐 1932년에는 민주당 대통령 후보로 대통령에 당선되었다. 1945년 뇌출혈로 사망할 때까지 12년간 대통령직을 수행하면서 많은 업적을 남겼다.

세르비아 출신 기독교 집안의 장남으로 오스트레일리아 브리즈번에서 팔다리가 없이 태어난 닉 부이치치가 있다. 팔다리가 없다는 것을 상상해 보라. 무엇을 할 수 있겠는가? 하지만 그는 수영, 농구, 골프 등 못하는 것이 없다. 이러한 일을 하기까지 얼마나 많은 고생을 하였는지 그 고통은 우리의 상상 그 이상일 것이다. 강의할 때 넘어졌다 일어나는 것을 보여주는 데 매우 힘들어 하였다. 정상인이야 넘어지고 일어나는 것은 식은 죽 먹기로 아무 일도 아닌데 그 사람에게는 그것조차 너무나 힘든 일이었다.

높은 경쟁을 물리치고 아나운서가 된 시각 장애인을 보았다. 말하듯이 점자를 손끝으로 읽었다. 나도 눈을 감고 점자판을 만져 보았지만 아무런 감각조차 느끼지 못할 정도였다. 그런 점자판을 그렇게 빨리 읽는다는 자체에 큰 감동을 받았다.

이러한 결과는 저절로 얻어지는 것이 아니다. 눈에 보이는 것보다 보이지 않는 노력이 더 많았을 것이다.

가끔 '세상에 이런 일이'라는 프로그램에 신체적 어려움을 이겨내고 성공한 사람들의 가슴 찡한 이야기가 나온다. 그 사람들의 공통점은 없는 것보다는 가진 것에 집착하고 있다는 사실이다. 우리는 비교할 때 있는 것보다는 없는 것을 대상으로 비교하기를 좋아한다. 그러기에 의욕도 부족하고 처지를 어렵게 만든다. 긍정적인 사고를 가지고 있는 것을 통하여 꿈을 이루도록 해야 한다.

긍정적인 사고는 역경을 극복하는데 좋은 자극을 주지만 부정적인 사고는 역경을 만나면 포기하게 하는 요인이 되기도 한다. 그러기에 긍정적인 사고로 역경을 헤쳐가야 한다.

삶에 대한 교훈을 주는 책은 수없이 많다. 그 중에서도 장애를 가지고 역경을 극복한 사례만큼 더 생생한 교훈은 없다. 장애를 가진 사람들의 1% 노력만 있어도 반드시 꿈을 이룰 수 있다. 긍정적인 생각과 할 수 있다는 신념으로 시련과 역경을 이겨내야 한다. 누구나 참을 수 있는 것은 참는 것이 아니다. 많은 사람들이 참지 못하고 포기하는 것을 이겨내는 것이 참는 것이다.

팔다리가 없는 사람, 보지 못하는 사람, 듣지 못하는 사람 등 신체적으로 어려움을 안고 있음에도 성공할 수 있었던 것은 어떠한 역경과 시련에 굴하지 않는 강인한 도전정신으로 극복하였기 때문이다.

내가 제일 불행하고 어려운 것 같을 때도 있다. 그러나 주위를 한 번만 더 자세히 살펴봐라. 나보다 더 어려운 사람들을 많이 볼 수 있다. 나보다 훨씬 어려운 사람도 잘 살아가는데 그렇지 못한 것은 의지가 부족하기 때문이다.

자살을 할 수 있는 용기가 있는 사람은 마음만 먹으면 무슨 일이든 할 수 있는 사람이다. 그 용기를 다른 사람들에게 행복을 주는 일에 사용하면 어떨까하는 생각이 든다.

이 세상에 장애가 없는 사람은 단 한 사람도 없다. 모든 사람에게는 나름대로의 장애가 있다. 장애인으로 구분하는 것은 장애의 정도에 따라 등급을 주었을 뿐이다.

팔 다리가 없는 것, 볼 수 없는 것, 듣지 못하는 것 등의 신체적인 장애는 진짜 장애가 아니다. 진짜 장애란 이런 신체적인 장애가 아니라 눈에 보이지 않는 정신적인 장애다. 즉 할 수 있음에도 하지 않고 미리 포기하는 것이 진짜 장애다.

신체적인 장애를 극복하고 성공한 사람들이 많다. 그 사람에게는 포기라는 말이 없다. 정신이 혼미해질 정도의 굳은 의지와 실천이 있었기에 성공할 수 있었던 것이다.

장애가 없는 사람들은 내가 행복하다고 느끼지 못한다. 볼 수 없어봐야 눈의 고마움을 알고, 듣지 못해 봐야 귀의 고마움을 안다.

성공과 실패의 차이는 장애를 어떻게 극복하였느냐의 차이이다. 요즘 아이들을 보면 큰 장애를 안고 있다. 신체적인 장애가 아니다.

아주 작은 어려운 것을 만나도 극복하기보다는 남에게 의지하거나 쉽게 포기한다는 것이다.

성공한 사람치고 어려움을 겪지 않은 사람 없다. 그냥 쉽게 성공한 사람은 없다. 노력 없이 쉽게 성공한 사람이 있다면 그것은 수단과 방법에 좋지 않은 무엇인가가 있다. 그리고 그것은 결코 오래 가지 못한다. 반드시 후회하게 되어 있다.

어떠한 장애라도 극복하고자 하는 의지가 있으면 얼마든지 극복할 수 있다. 극복하지 못하는 것은 의지가 없기 때문이다. 진정한 장애란 '내가 할 수 있는 일을 하지 않고 포기하는 것이다.'

이 세상에는 새로운 것을 창조하는 사람, 창조하는 것을 구경하는 사람, 무엇이 창조되고 있는지도 알지 못하는 사람 등 3부류의 사람들이 있다. 당신은 어떤 사람에 속한다고 생각하는가?

지금부터라도 내가 할 수 있는 일을 찾자. 그리고 내가 할 수 있는 일이라면 절대 포기하지 말고 끝까지 해 내는 도전정신과 의지를 갖자. 새로운 것을 창조하는 사람이 되자. 그것이 내가 장애자가 되지 않는 길이다.

내 꿈이 식지 않도록 관리하고 그 꿈이 실현될 수 있도록 도전과 용기를 멈추지 말자. 성공한 사람은 반드시 그 해결 방법을 찾고 실패한 사람은 변명을 댄다. 변명 대신에 방법을 찾자. 방법을 찾다보면 문제가 해결되고 새로운 것을 창조할 수 있다.

돌아갈 때도 있다. 너무 쉽고 빠른 길만 찾지 말라. 쉽고 빠른 길에서 얻어지는 것은 별로 없다. 다른 사람이 가지 않은 길을 가다보면 좋은 것을 많이 얻을 수 있다.

편하자고 목표를 수정해서 낮게 잡으려 하지 마라. 목표가 낮으면 항상 그 목표보다 못한 성과를 얻는다. 최고의 목표를 세워야 최고의 성과를 얻는다. 큰 목표를 가질수록 큰 사람이 될 수 있다.

역경을 만났을 때 '포기'라는 악마의 달콤한 말을 듣지 마라. 목표에 흔들림 없이 갈 수 있는 인내와 끈기를 가져야 한다. 그것이 악마의 손길에서 멀어지는 최선의 방법이다.

　포기하고 후회하지 마라. 어떠한 어려움도 참고 이겨내서 성공의 맛을 보도록 하라. 성공의 맛에 길들여지면 더 큰 성공의 맛을 볼 수 있다. 물론 더 큰 성공에는 더 큰 역경이 기다리고 있다. 그러기에 더 큰 각오를 가지고 역경을 이겨내야 한다.

　고통을 즐길 줄 아는 사람이 행복한 사람이고 성공하는 사람이다.

용서

용서하라고 한다. 말은 쉽지만 당한 사람 입장에선 쉽지 않다. 용서란 큰마음을 가진 사람만이 할 수 있다. 그러기에 큰사람이 용서할 줄 안다.

텔레비전에서 부모를, 자식을 용서하는 프로그램이 있다. 시청자들이 볼 때 쉽게 용서가 될 것 같지만 그렇지 않은 것을 보면 용서가 쉽지 않다는 것을 알 수 있다. 용서하지 않으면 야속하게 보인다는 것을 알면서도 용서하지 못하는 것을 보면 맺힌 응어리가 쉽게 풀리지는 않는 모양이다. 응어리가 단단할수록 용서하기 어렵다. 응어리가 풀릴 수 있도록 하여야 한다.

용서는 나를 위해서라도 하여야 한다. 응어리를 가슴에 넣고 있어야 건강에 좋을 것 하나 없다. 그 응어리를 풀기 위해서도 용서를 해야 한다.

용서를 해 보았는가? 정말 가슴이 시원하다. 안고 있던 응어리가 녹아내린다. 그래서 용서는 나를 위해서 하는 것이다. 용서하는 순간 분노와 원한과 슬픔의 굴레에서 벗어날 수 있다. 용서하는 사람은 신체적으로 건강하고, 정신적으로 행복해질 수 있다.

인생 살다보면 용서할 수 없는 일을 많이 당한다. 다시는 보고 싶지도 않다. 하지만 조금만 더 생각해보면 용서가 얼마나 아름다운지 알게 된다. 내가 행복하고 건강하게 살기 위해서 용서를 해야 한다.

용서(容恕)!

그것은 다른 사람이 아닌 나를 위해 하는 것이다. 용서 받는 사람에 대한 배려로 생각하지 말아야 한다. 용서를 힘에 밀려서 하는 것으로 아는 사람이 많다. 그러나 그것은 잘못된 생각이다. 용서는 힘이 있는 큰사람이 하는 것이다. 힘에 밀려서 하는 것은 용서가 아니라 굴복이다.

용서하지 않으면 안 되는 이유가 있다.

첫째, 용서하지 않으면 건강을 해친다. 좋지 않은 감정을 오래 가지고 있어서 좋을 것이 없다. 응어리를 풀어야 한다. 어떤 서운한 일을 당했을 때 복수하면 속이 시원하다. 그런 면에서 용서는 최고의 복수도 될 수 있다. 물론 복수라는 것이 좋다는 것은 아니다. 다만 억울함을 당했을 때의 복수는 마음 한편으로 위안이 되는 것은 틀림없다.

보은 속리산 법주사가 최근 도입해 운영하고 있는 청소년 '울화통 캠프'가 있다. '울화통 캠프'는 숲속 걷기 명상 등을 통해 자기본연의 모습을 회복하고, 생명에 대한 존중과 긍정적인 관계를 형성하도록 돕고 있다.

여기에 몸 숨 알아차리기(요가 명상, 천연 염색, 전통차 명상, 특히 마음 챙김에 근거한 스트레스 완화)와 전문가와 함께 하는 템플스테이는 자기개발을 위한 탁월한 효과를 거두고 있다. 또 1박2일 캠프 동안 사찰 음식으로 우주의 이치를 배우는 '함께'와 '비움'을 테마로 한 채식 웰빙(wellbeing) 음식도 큰 도움이 되고 있다.

템플스테이의 새로운 모습인 '울·화·통 캠프'는 기존의 템플스테이와는 달리 산사체험과 전문가의 체계적 교육 프로그램이 적절히 섞여 있다. 도시의 일상생활 속에 지쳐버린 현대인의 마음을 치유하고, 자연 속에서 자기의 참 가치를 찾을 수 있는 프로그램이다. 우울과 화를 날리고, 건강한 마음의 성장을 지원하는 프로그램이다.

'울화통'은 몹시 답답하거나 분한 마음이 쌓이고 쌓인 것이다. '화병'인 것이다. 좋지 않은 일을 당하면 '열불'이 난다고 한다. 속이 뜨거워지면 사람이 오래 살지 못한다. 그 화를 풀어야 하는 것이다. 사람들이 '화병'으로 많이 죽는다. 용서하지 않으면 그 '화병'이 생기게 된다.

마음에 독을 가지고 있으면 안 된다. 그 독이 무엇이 이롭겠는가? 그 독이 온몸에 퍼지게 해서 되겠는가? 그래서 용서를 해야 한다.

텔레비전 드라마에서 열 받는 일이 생기면 뇌출혈이나 심장 마비로 쓰러지는 것을 자주 본다. 드라마로만 볼 일이 아니다. 그것이 바로 현실이다.

둘째, 용서는 구속에서 해방되는 길이다. 용서라는 그리스어 단어를 문자 그대로 풀어보면 '자신을 풀어주다. 멀리 놓아주다. 자유케 하다.'라는 뜻이다.

상처가 아물지 못하도록 과거에 매달려 수없이 되뇌며 딱지가 앉기 무섭게 뜯어내는 것이 '원한'이다. 용서를 통해서 '치유'받는 사람은 용서를 받는 사람이 아니라 용서하는 사람이다. 용서를 하고 나면 나를 잡았던 것이 용서하지 못한 것임을 알게 된다.

셋째, 용서는 상생의 관계를 만드는 일이다. 용서만이 복수와 원한의 사슬을 끊고 모두가 함께 살 수 있다. 용서가 있기 때문에 그래도 사람 사는 세상이 되는 것이다. 사소한 일로 용서하지 못한다면 이 세상이 어떻게 되겠는가?

나부터 용서하면 다른 사람도 용서할 줄 안다. 용서하기 전에는 두 개의 무거운 짐이 존재한다. 한 사람은 '죄의 무거운 짐'을, 한 사람은 '원망의 무거운 짐'을 지고 있다. 용서를 통하여 이 무거운 짐을 벗을 수 있는 것이다. 용서는 모든 사람들을 자유롭게 하는 길이다.

타인에 대한 원망과 분노를 풀지 않고 오래 가지고 있어야 좋을 것이 없다. 오히려 나 자신의 마음만 아플 뿐이다. 상대방로부터 용서받았던 것을 기억해 보라. 그 때 그 기분이 어떠했는가? 내가 받았던 것을 생각하면 용서가 얼마나 소중한지를 알 수 있다.

용서는 아름다운 마음이 있는 사람이 하는 것이다. 아름다운 사람은 용서하는 사람이다. 상대를 축복하면 더 쉽게 용서할 수 있다.

위기의식

위기는 모든 사람에게 있다. 위기가 없다면 노력을 잘 하지 않는다. 위기가 있기 때문에 성장한다.

위기 대처 능력이 실패와 성공을 좌우한다. 삼성 그룹의 오늘날이 있기까지는 아무리 많은 흑자를 내더라도 위기의식을 가지고 대비해왔기 때문에 가능한 것이다.

전쟁에서도 총소리가 나고 포탄이 터지는 싸움보다도 고요한 적막이 흐를 때가 더 긴장된다고 한다. 고요함이 그냥 고요함이 아니다. 그 고요함 뒤에는 죽음을 던지는 일전이 기다리고 있기 때문이다. 싸움이 없는 고요함이 오히려 더 부담이 된다.

기업에서도 마찬가지이다. 많은 이윤을 내고 호황을 누리고 있다고 안주하는 기업이 되어서는 안 된다. 그럴수록 위기의식을 가지고 대처해야 한다. 도산하는 기업을 보면 위기가 닥쳐야 위기의식을 느끼고 대처한다. 닥쳤을 때 대처하는 것은 이미 늦은 것이다.

개울에 둑을 쌓더라도 비가 오지 않을 때 조금씩 쌓아 놓아야지 홍수가 나서 둑을 쌓는 것은 어렵기도 하거니와 할 수도 없다. 그래서 위기관리능력이 중요한 것이다.

꼭 발등에 불이 떨어져야 하는 사람이 있다. 이런 사람은 항상 다른 사람보다 뒤처진다. 이런 사람일수록 오늘에 할 일을 내일로 미루는 습관이 있다. 오늘에 할 일은 오늘에 하여야 한다. 내일에는 내일에 할 일이 기다리고 있다.

사람은 살면서 언제나 위기를 만난다. 어떤 때는 절망할 정도의 위기를 만나기도 한다. '내가 무슨 죄가 있어서 이런 벌을 받아야 하는가?'하는 생각이 들 때도 있지만 이러한 일은 나에게만 있는 것이 아니다. 표현을 하지 않았을 뿐이지 모든 사람에게 있다.

어떠한 절망적인 상황이 오더라도 꿈과 희망을 포기해서는 안 된다. 아무리 어려운 절망의 늪에 빠져 있다하여도 그보다 더한 최악의 상황을 생각하면 이겨낼 수 있는 용기를 가질 수 있다. 절망의 바다에 빠지면 빠질수록 빠져 나오기가 힘들다. 나의 생각을 절망의 바다에 던지려고 하지 말라. 희망의 바다에 던져 보라. 생각의 차이이다.

지혜롭고 현명한 생각이 건강을 주고 유연한 사고와 부드러운 행동이 행복을 준다. 하루가 24시간이지만 25시간이 될 수도 있고 23시간도 될 수 있다. 바로 그것이 생각의 차이다. 하루를 25시로 생각하고 열심히 일하는 사람과 하루를 23시로 생각하고 일하는 사람의 차이는 크다. 누가 더 많은 이윤을 남기겠는가?

25시간 일할 수 있는 일거리를 만들어야 하는 것이다. '25시 편의점'도 모르면 몰라도 이러한 생각에서 나온 것은 아닐지⋯⋯.

위기의식을 갖지 않으면 호미로 막을 것을 가래로 막는다. 임진왜란 때 이순신 장군의 위기의식이 없었다면 어떠했을까? 상상하기 힘든 엄청난 고통과 피해를 입었을 것은 뻔하다.

하루를 준비하면 일주일을, 일주일을 준비하면 한 달을
한 달을 준비하면 일 년을, 일 년을 준비하면 십 년을
십 년을 준비하면 평생을 먹고 살 수 있다.

이것이 바로 위기관리 능력이다. 위기에 미리 대처하는 사람은 성공하지만 위기가 닥쳤을 때 대처하는 사람은 실패한다. 위기는 닥쳤을 때 대처하는 것이 아니다.

훌륭한 직장을 구하는데 영어가 걸림돌이라는 것을 아는 사람은 미리 영어 공부를 하지만 그렇지 않은 사람은 닥쳐야 한다. 그러기에 그 때는 이미 늦다. 하지만 늦었다고 포기해서는 안 된다. 늦었어도 그래도 시작하는 사람이 낫다. 공부를 하는 것도 어떤 위기에 대처하기 위해 하는 것이다.

개구리가 뒷자리를 접고 뛰는 것과 접지 않고 뛰는 것은 큰 차이가 있다. 멀리 뛰려면 다리를 접어야 한다. 그래야만 멀리 뛸 수 있

는 힘이 생긴다. 농구 선수가 골을 넣을 때도 일단 한 번 무릎을 구부려야 더 높이 오를 수 있다. 무릎을 굽히지 않으면 높이 오르지 못한다. 구부릴 때 낮아지지만 더 높은 것을 필요로 할 때 그 때를 맞추는 것이다.

승진을 빠르게 하는 사람은 그 사람 나름대로 위기의식이 있기 때문이다. 승진을 하지 못하더라도 승진에 도움이 되는 일을 준비해 놓으면 기회를 잡을 수 있지만 준비되어 있지 못한 사람에게는 기회가 와도 잡지 못한다. 반드시 승진을 위해 준비하라는 것은 아니지만 준비하는 과정을 통해서 얻는 것도 도움이 되면 되었지 손해가 아니다.

수많은 자격증을 가지고 있는 사람이 바쁜 하루를 살아가는 것을 보았다. 그 사람은 굶어 죽을 일이 없다. 아마 이 많은 자격증도 예측할 수 없는 미래에 대비하기 위한 하나의 위기관리 능력이다.

어느 날 텔레비전에 자격증이 20개 넘는 사람이 나왔다. 교수, 학원 강사, 레프팅 강사, 상담사 등등 하루 잠자는 시간이 4~5시간 정도 밖에 되지 않을 정도로 열심히 일하는 것을 보았다. 물론 이것이 좋은 것인지는 생각해 볼일이다. 아무리 열심히 사는 것도 좋지만 건강에 지장이 있을 것 같기도 하고, 너무 무리한다는 생각이 들어서다. 그러나 그 많은 자격증을 취득했다는 그 용기가 너무 훌륭했다.

자격증 많아 나쁠 일 없다. 다니던 회사 망해도, 직장 상사 마음에 들지 않아도, 보수 마음에 들지 않아도 더 좋은 직장 얼마든지 구할 수 있다. 비굴하게 아첨하지 않아도 된다. 오도 가도 못하는 사람일수록, 위기에 대처하지 못한 사람일수록 다니는 직장에 목을 매야 한다. 욕이 목구멍까지 나와도 참아야 한다. 상사 눈치 보기에 바쁘다. 보수가 적어도 속은 쓰릴 지라도 웃으며 받아야 한다. 그래야만 살아남을 수 있다. 바로 위기에 대처하지 못한 데 대한 값을 치루고 있는 것이다.

의사소통

시간 가는 줄 모르게 더 듣고 싶은 말이 있는가 하면 무슨 말인지 이해가 가지 않아 듣기 싫은 말도 있다.

의사소통의 기술은 매우 중요하다. 말 한마디에 따라 천당과 지옥을 오가기도 한다. 그러기에 함부로 말을 해서는 안 된다. 뱉은 말 도로 주워 담지 못한다. 무심코 뱉은 말 한마디가 상대를 행복하게 해 주기도 하고 비수가 되어 심장에 꽂히기도 한다. 기왕 하는 말, 상대방 듣기 좋게 하자. 상대방 즐겁게 해 주어서 나한테 해로울 것 하나 없다. 오는 것이 있다면 즐거움이다.

자녀를 교육하는 정도에 따라 부모를 A급, B급, C급으로 분류해 놓았다. 좋은 부모일수록 자녀와의 대화가 통했고 용기와 자신감을 주는 언어를 사용하였다. 좋지 않은 부모일수록 감정을 상하게 하는 말과 힘이 되어 주지 못하는 말을 사용하였다.

말 한마디에 자녀의 성공이 달라진다. 그래서 말 한마디를 하더라도 상처를 주는 말은 하지 말아야 한다.

집에 손님이 오면 평소에 잘 하던 아이도 이상하게 말을 듣지 않는다. 손님이 있으니까 혼내지 않는다는 것을 알기 때문이다. "너, 손님 가고 나서 두고 보자."라고 엄포를 준다. 손님이 가고 나면 어느덧 상했던 감정이 수그러들어 잊어버리고 자녀에게 한 말도 생각나지 않는다.

'나중에 보자는 사람 무섭지 않다.'는 말이 그래서 나오는 모양이다. 약속을 지키지 않았기에 아이가 약속을 지키지 않는 것이다. 두고 보자는 말 아무 소용없다는 것을 알기에 다음에도 이와 같은 일이 반복되는 것이다. 이야기를 했으면 반드시 행동으로 옮겨야 한다. 그래야 교육이 된다. 1등급 부모가 되기 위한 효과적인 의사소통 방법이 무엇일까?

첫째 공감적 이해(empathic understanding)다.

상대의 이야기에 공감을 표시한다는 것은 상대에 대한 믿음을 준다는 의미다. 60점 맞은 시험지를 내보이며 "엄마, 성적이 좋지 않아요." 했을 때 "꼴좋다. 네가 언제 공부 제대로 한 적이나 있니?"보다는 성적이 마음에 들지 않더라도 "글쎄 열심히 공부하는 것 같은데 점수가 좋지 않아 마음이 아프겠구나? 다음에 더 잘 하면 되지 뭐. 엄마보다도 네가 더 서운하겠구나."와 같이 공감하고 이해해 주는 것이 중요하다.

둘째, 존중(respect)이다.

상대를 존중해 준다는 의미는 매우 중요하다. 상대를 존중하는 사람은 자기 자신도 존중할 줄 안다. 존경심은 숭고한 마음이 있어야 나온다. 사람이 사람답지 못하다는 말을 듣는 것은 다른 사람을 배려하지 않고 나만을 위한 생활을 하기 때문이다. 존경심은 사람의 도에서 벗어나지 않게 하며 올바른 길을 갈 수 있도록 한다. 자신만이 아니라 모든 사람이 매우 소중한 존재라는 것을 인식하도록 해 주어야 한다.

"학기말 성적이 많이 떨어져서 큰일이에요." 했을 때 "그럼 그렇지 너처럼 해 가지고 성적 올라가면 성적 못 올라갈 사람 없지."보다는 "성적이 인생의 전부는 아니잖니? 인생 공부는 성적만 있는 것은 아냐."하고 존중해 준다면 미안한 마음을 가지고 더 열심히 할 것이다.

셋째, 순수성(genuineness)이다.

진솔해야 하는 것이다. 화가 났으면 화가 난 것으로 표현되어야 한다. 화가 나야 할 상황인데도 화내는 것을 숨기는 것은 순수성이 떨어진다.

"엄마, 연락도 없이 늦어서 죄송해요. 서운하셨죠?" 했을 때 "뭐 별로 걱정 안 했어. 네가 언제 연락하고 다닌 적 있니?'보다는 "걱정되지. 요즘 밤늦게 별일 다 있잖아. 늦지 않도록 해."처럼 말이다.

넷째, 구체성(concreteness)이다.

구체적인 것을 가지고 이야기가 되어야 상대가 이해하기 쉽다. 주관적이고 추상적인 것을 가지고 이야기할 때는 무엇을 이야기 하는지 각자의 생각에 따라 다를 수 있다.

"요즘 드라마를 보면 맨날 불륜 이야기에요." 했을 때 "남녀 불륜 빼면 뭐 재미있는 것이 있냐?"보다는 "드라마를 보고 어떤 생각을 하길래 그래?"가 좋은 대화다.

다섯째, 직면(confrontation)이다.

빙빙 돌려 이야기 하는 것은 상대를 짜증나게 하거니와 무슨 이야기인지 답답하게 한다. 피하지 말고 정면으로 돌파하여야 한다.

"전 머리가 나쁜 것 같아요. 초등학교 때보다 공부가 잘 안 돼요." 했을 때 "성적이 잘 안 오른다는 말이지?"보다는 "초등학교 때는 공부 잘 했잖아. 네 머리는 좋으니까 좀 더 노력하면 돼."처럼 직설적으로 이야기 하는 것이 효과적이다.

여섯째, 자아개방(self-disclosure)이다.

행동에 관한 극히 사적인 내용까지도 공개한다. 제공되는 내용은 대단히 구체적이고 명료하고 상세하여야 한다. 이러한 관계를 통하여 신뢰 관계가 형성된다.

"엄마, 학생 때 연애 해 보셨어요?" 했을 때 "앤 별 것을 다 물어 보고 그래."보다는 "마음속으로 좋아하는 친구는 있었지만 말은 하지 못했어."처럼 숨기지 말고 솔직하게 개방하여야 한다.

일곱째, 즉시성(mediacy)이다.

"엄마는 제발 저에게 이래라 저래라 간섭 좀 그만 하세요."했을 때 "학교에서 기분 나쁜 일 있었니?"보다는 "네게 간섭을 많이 한다고 하는데 그 간섭이 무엇인지 이야기 해 줄래?"

"Hear and now."이다.

'긴 병에 효자 없다.'라는 말이 있다. 그 만큼 가족 중에 누가 오랜 병원 생활을 하다 보면 그동안 사이좋게 지냈던 가족 사이에도 금이

가게 된다.

어려울수록 힘이 되어 주는 것이 가족이다. 이 험난한 세상을 이겨낼 수 있는 것도 평소에는 아무 도움이 되지 않은 것으로 생각될지 모르지만 가족이 있기 때문이다. 그래서 가족이 소중한 것이다.

이 세상에서 가장 가까운 사람은 가족이다. 그럼에도 어떤 때에는 정말 이웃보다 못한 경우가 있다. 물론 가족이라 할지라도 뜻이 하나인 것은 아니다. 어떻게 보면 모두의 의견이 다르다고 하는 것이 정확하다. 서로 자기주장만 앞세우다 보면 가족의 소중함을 잃기 쉽다.

같은 말임에도 기분이 좋으면 좋게 들릴 것도 기분이 나쁘면 좋지 않게 들린다. 듣는 사람의 듣기 나름이다. 하지만 말을 하는 사람도 조심해야 한다. 똑같은 말이라도 기분이 나쁠 때는 자기도 모르게 감정이 묻어 나온다. 그러다보면 듣는 사람도 감정이 상하여 사이가 나빠진다. 기분이 좋지 않을수록 더 상냥하게 말하도록 노력해야 한다. 상대를 배려하는 말 한마디로 힘이 되어 주어야 한다.

가족이기에 믿고 서운하더라도 잔소리를 한다. 잔소리를 잔소리로만 받지 말고 잘못된 것을 고쳐야 한다. 가족 아니면 이런 말 하지도 않는다.

집안에 환자가 있어 보면 보이지 않던 속마음을 많이 보이게 된다. 환자가 없다는 것이 얼마나 행복한지는 환자가 있어봐야 안다.

아들이 유산 받았으니 아들이 모셔야 한다며 부모 모시는 것을 외면하는 사람이 있는가 하면 이 핑계 저 핑계로 모시지 못하겠다고 한다. 내가 어려우면 다른 사람도 어렵다. 나만 어려운 것 아니다. 다른 사람이 모실 때는 쉽게 모시는 것처럼 보일지 몰라도 한 번 모셔 보라. 모셔봐야 어려운 것 알고 나부터 모셔봐야 한다는 생각을 갖게 된다.

우리 집안에 돈도 잘 쓰면서 모시는 것 또한 앞장 서는 사람이 있다. 가족 모두가 진심으로 고맙게 생각하고 있다. 그렇다고 모두가 똑같이 모시자는 것은 아니다. 정말 모시기 어려운 사람 왜 모르겠는가? 그러면 말이라도 좀 예쁘게 하라. 그런데 말도 예쁘게 할 줄 모른다. 그러니까 따돌림 받는 것이다. 그래서 의사소통이 중요하다.돈 몇 푼 쓰고 그것으로 때우려 하는 마음을 가지면 안 된다. 돈 없어 쓰지 못하면 몸으로라도 때워야 할 줄 알아야 하는데 돈도 쓰지 않고 코빼기도 안 내밀다가 먹을 것 있으면 귀신 같이 알고 얼굴 내민다. 이런 사람보고 얼굴에 철판 깔았다고 한다.

　주위에 보면 나이 드신 부모 모시는 일로 걱정하는 사람이 많다. 간병은 하지 않고 알량한 밥이나 사 주고 돈 푼이나 내밀며 할 일 다 했다고 하는 사람, 재산 상속 받은 사람이 간병해야 한다며 신경 하나 쓰지 않는 사람, 성의 없이 형식적으로 간병하는 사람, 정말 눈에 보인다. 열심히 하는 사람이 보면 속 터지고 환장할 노릇이다.

　어떤 사람은 다른 사람 간병하는 것도 시기하여 돈을 주고 간병인 쓰자고 하는 사람도 있다. 부모가 돌아가셔야 안다. 이놈의 돈이 원수다. 그놈의 돈이 무엇인지 말이다. 사람이 돈 만들고 돈에 사람이 치인다. 무엇인가 잘못되어도 한참 잘못되었다.

　돈에 따라 사람의 인격이 달라져서는 안 된다. 인생은 공수래공수거다. 빈손으로 왔다가 빈손으로 가는 것이다. '정승 집 개가 죽으면 문전성시를 이루어도 정승이 죽으면 사람이 없다.'는 이야기가 있다. 새겨들을 이야기다. 생전에 어떻게 하여야 할지 생각해 보아야 할 말이다.

　지금 보기 싫은 사람도 없어보면 고마운 사람이었다는 것을 느낀다. 가족이 얼마나 소중한 지는 그 사람이 없어진 다음에야 안다. 따뜻한 말 한마디, 상대에게 용기와 힘을 주는 말 한마디의 중요함을 깨닫고 후회하지 않는 삶을 살자.

　어떤 말을 하느냐에 따라 약이 되기도 독이 되기도 한다. 당신은 어떤 말을 할 것인가? 감정이 좀 좋지 않더라도, 기분이 상하더라도 듣기에 좋은 말을 생각해서 하자.

"엄마 성적이 좋지 않아요. 나는 잘하는 게 아무것도 없어요."

"네가 언제 잘하는 것이 있었니?"보다는

"튼튼한 너만으로도 기분이 좋단다. 넌 하나밖에 없는 특별한 나의 딸이니까."라는 말을 해 준다면 그 딸은 앞으로 어떻게 자랄까? 요즘 아이들의 친구가 컴퓨터와 스마트폰이 되다보니 대화할 사람이 없다. 눈 뜨고 감을 때까지 스마트폰과 떨어지지 못하고 있는 것 같다. 심각한 중독 현상이다. 부모들도 그런데 어찌 아이들이 닮지 않겠는가? 부모부터 바꿔야 아이들이 바뀐다.

가정에서도 대화가 끊어진지 오래다. 큰 문제다. 사람과의 부딪힘 속에서 사람 사는 법을 배운다. 그런데 그 자리에 기계가 들어섰다. 아이들이 기계가 되어 가고 있다. 감정이 메말라가고 있다.

"흙을 먹어야 건강하다."며 흙과 함께 하는 생활을 강조하셨던 옛날 할아버지 말씀이 떠오른다. 도시의 아이들은 흙을 구경할 수 없다. 도시 전체가 온통 시멘트 아니면 아스팔트로 포장되어 있다. 그나마 남아 있던 운동장도 우레탄으로 바꾸고 있다.

또래 아이들과 구슬땀을 흘리며 놀아야 할 아이들이 학원으로 내몰리고 있다. 하고 싶은 운동하고, 놀고 싶은 놀이 하도록 아이들을 풀어 주었으면 한다. 때 묻지 않은 아이들에게 때 묻은 어른들의 옷을 입혀서야 되겠는가? 아이들은 아이답게 자라야 한다. 아이가 어른스러우면 아이가 가져야 할 깨끗함과 아름다움을 찾을 수 없다.

아이가 아이답게 자라도록 해 주는 것이 부모의 할 일이다. 흰 도화지만 내 주고 아이가 그리고 싶은 것 그리도록 해야 한다. 그림을 그려주는 것이 아니라 그림이 잘 그려지도록 따뜻한 말 한마디를 주는 것이 좋다. 가만히 지켜보는 것으로도 큰 힘이 된다.

재능

어느 해인가 17세 이하 여자 축구가 FIFA 주관 대회에서 우승하였다. 감독의 지도 철학은 축구를 즐기는 것이라고 하였다. 사람의 얼굴이 모두 다르듯 모두 남다른 재능을 타고 난다. 재능은 노력을 이기지 못하고, 노력은 즐기는 것을 이기지 못한다.

재미있는 만화책을 보거나 게임을 할 때 보면 시간이 너무나 빨리 간다. 왜 이렇게 빨리 가는지 야속하기까지 하다. 그러나 마음에 없는 일을 할 때면 시간이 징그럽게 가지 않고 너무나 지루하다. 같은 시간인데도 마음먹기에 따라 달라진다.

교장이 되고 나서 할 일을 제대로 찾지 못하고 결재나 하고 시계를 보며 퇴근 시각을 기다린 적이 있었다. 너무나 아니라는 생각이 들어 선생님이나 학생을 위하여 내가 하여야 할 일을 찾기 시작하였다. 정말 퇴근 시각이 너무 빨리 오는 것이 아쉬울 정도였다.

시간을 헛되게 쓰지 않기 위해서는 어떤 일이든 즐겨야 한다. 일을 즐긴다는 것은 건강에도 좋은 일이다.

아이들을 보면 너무나 안타깝다는 생각을 가질 때가 있다. 왜 공부를 해야 하는지도 모르고 공부를 한다. 부모가 하라니까 한다. 그러니까 공부가 재미없는 것이다. 재미가 없으니까 돈은 돈대로 들어가고 학습 효과는 오르지 않는다.

최소한 왜 공부해야 하는지는 알고 공부해야 한다. 목적 없이 하는 공부는 시간도 아깝거니와 학습 효과를 높일 수 없다. 공부는 나 자신의 미래를 위해서 하는 것이다. 그러다 보면 부모에게 효도도 할 수 있다는 것도 알게 되고 공부를 하지 않으면 안 된다는 것도 깨달을 수 있다.

공부가 재미있는 사람은 없다. 그래도 즐길 수 있는 계기를 만들어야 한다. 모르던 새로운 사실을 알게 되고, 그것이 나에게 도움이 된다는 것을 느끼게 되면 공부도 즐길 수 있다.

'정현'이라는 낯선 한 소년 덕분에 한국 테니스가 모처럼 웃었다. 더벅머리에 두꺼운 안경을 쓴 이 평범한 소년이 세계 최고 권위의 영국 윔블던 테니스 대회 주니어 남자 단식에서 한국 남자 선수로는 처음으로 준우승했다. 처음 출전하자마자 이룬 쾌거였다. 초등학교 때 시력이 좋지 않아 취미로 시작한 것이 이러한 결과를 만든 것이다. 테니스 집안에서 자란 그에게는 테니스 라켓은 장난감이었다. 타고난 재능에 좋은 지도를 받은 것도 중요하지만 가장 중요한 것은 테니스를 즐긴 것이다. 테니스가 하기 싫었다면 이와 같은 성적은 내지 못했을 것이다.

공부도 운동과 같이 즐겨야 한다. 시켜서 하는 것은 어떤 한계를 이겨내기 힘들다. 즐기는 가운데서 새로운 것을 만들어내고 최고가 될 수 있다. 초등학교 때부터 공부에 질리게 하지 말고 재미를 붙일 수 있도록 해 주어야 한다. 이러한 부모가 현명한 부모고 이런 부모 아래서 자란 아이가 반드시 크게 성공한다.

학부모 모임 시 학부모보다는 부모가 되라는 이야기를 해 준다. 학부모가 아닌 부모로 돌아갈 때 아이가 반듯하게 자랄 수 있다. 나무가 자라는 것을 보면 나무에 따라 다르다. 분재는 억지로 모양을 만든 것이다. 처음에는 보기 좋을지 몰라도 시간이 지나면 그 나무가 지녀야 할 멋을 볼 수 없다. 자연스럽게 자란 것이 더 아름답다. 절벽에 있는 커다란 바위틈에 있는 소나무를 보면 온갖 풍상을 이겨낸 흔적이 뚜렷하다. 그래서 그 모양이 최고로 아름다운 것이다.

하고 싶은 일에 미쳐야 한다. 미치면 안 되는 일이 없다. 자녀가 스스로 알아서 미치도록 해야지, 부모가 길을 만들어 놓고 미치도록 해서는 안 된다.

아무리 배가 고파도 먹기 싫은 것 억지로 먹지 못한다. 하지만 배가 불러도 먹고 싶은 것이 있다. 먹고 싶은 것을 먹도록 해줘야 한다. 먹기 싫은 것 억지로 먹이면 반드시 탈나게 되어 있다. 먹고 싶은 것을 미치도록 먹을 수 있도록 해 주는 부모가 현명한 부모다. 괜히 잘못 먹여서 건강을 잃고 난 다음에 후회하는 어리석은 사람이 되어서는 안 된다.

타고난 재능이 클 수 있도록 분위기를 만들어 주어야 한다. 옛날 국민교육헌장 전문에 '타고난 소질을 바탕으로……'라는 글이 있다. 소질은 타고 나는 것이지 만들어지는 것이 아니다. 그런데도 많은 소질을 새로 만들려고 하는 사람이 있다. 물론 만들 수 없는 것은 아니다. 그러나 타고난 소질을 키우는 것과 새로운 소질을 만들어 키우는 것은 엄청난 차이가 있다.

초등학교 시절 누구한테 배우지도 않았지만 유달리 다람쥐처럼 나무를 잘 오르내리고 썰매와 같은 물건을 아주 잘 만드는 친구가 있었다. 어느 누구도 따라가지 못했다. 정말 선천적으로 타고난 것이다. 지금은 그러한 재능을 살려 건축업 분야에서 전문가가 되어 아주 즐겁게 생활하고 있다.

야구 선수 박찬호!

개인적으로 고등학교 후배이기도 하며 부친은 작은 형의 동창이다. 모친 또한 같은 고향 사람으로 큰 형의 제자이기도 하다. 공주에 있는 박찬호 선수의 집이 큰형 집 바로 뒤에 있다. 메이저리그 투수로 처음 등판하던 날이다. 모 방송사의 차량이 그 비좁은 골목에 대기할 정도로 대단하였다.

그러한 박찬호 선수가 있기까지에는 대전에서 체육 교사로 근무하고 있는 고등학교 후배인 훌륭한 스승이 있었다. 모 일간지에 다시는 공주를 가지 않겠다고 할 정도로 공주에 대해서는 아픈 추억을 가지고 있는 후배이기도 하다.

사실 박찬호는 투수보다도 타자로서 재능이 좋은 선수였다. 그러나 투수의 재능을 보고 남의 눈을 피해가면서 개인지도를 해 준 스승이 있었기에 오늘날의 박찬호가 있게 된 것이다.

타고난 재능도 있지만 그 재능만 믿어서는 안 된다. 눈물로 얼룩진 노력이 있어야 한다. 축구 선수 박지성을 보라. 대학 때까지도 무명에 가까웠다. 체격 조건이 좋은 것도 아니다. 이러한 피나는 노력의 결과 축구의 고장 영국 프리미어 리그에서도 당당하게 그 이름을 각인시켜 놓았다. 누구보다도 볼의 흐름을 미리 읽고, 미리 기다릴 줄 아는 지혜를 가진 선수였기에 가능했던 일이다.

재능만 믿고 노력을 게을리 하는 것은 참으로 어리석은 생각이다. 재능과 노력이 어우러져야 더 큰 꿈을 이룰 수 있다. 역도 선수인 장미란이 피겨 스케이팅을 하고, 김연아가 역도를 한다면 지금처럼 훌륭한 선수가 되었을까? 생각해 볼 일이다.

누구에게서 특별히 배우지도 않았는데도 글씨를 잘 쓰고, 그림을 잘 그리고, 달리기를 잘 하고, 노래를 잘 부르는 사람이 있다. 그것이 바로 타고난 재능이다. 그 재능을 키워 '꾼(전문가)'이 되어 꿈을 이룰 때 행복한 생활을 할 수 있는 것이다.

옆집아이가 학원에 가니까 목적도 없이 학원에 보내는 것은 아닌가? 달리기를 하여야 할 아이인데 영어 공부를 하는 것은 아닌지 반성하여야 한다. 자녀가 가야할 길이 아닌 길로 자녀를 내몰고 있지는 않는가?

지금 가고 있는 길이 자녀의 길이 아니라면 언젠가는 다시 시작해야 한다. 타고난 재능을 키우기 위하여 노력하고 즐길 때 성공할 수 있다.

정신 학원?

지구상에 유일하게 3대 세습의 왕조 국가인 북한이 있다. 국민들이 행복한 생활을 하는 나라도 아닌데 어떻게 가능할까?

목적과 방법의 좋고 나쁨을 떠나 이런 체제가 유지될 수 있었던 것은 국민들의 정신을 개조하였기 때문이다. 사람을 신으로 만드는 우상화 정책이 해방 이후부터 유지되다 보니 사람이 신이 된 것이다.

태어날 때부터 매일 사진을 보며 "감사합니다. 고맙습니다."하며 문안드리며 자라왔으니 누가 나쁜 생각을 가질 수 있겠는가? 누가 시켰는지는 몰라도 차가운 겨울 바닷물을 아랑곳하지 않고 목까지 잠기는 깊이까지 따라오며 열광하는 군인들을 보면 정말 제정신으로 하는 짓거리인지 의문이 들었다. 물론 이러한 체제가 영원하지는 않다. 언젠가는 무너진다. 문제는 정신 무장이 얼마나 무서운지를 알아야 한다.

학습이나 예·체능과 같은 기능을 위한 학원은 많아도 정신 학원은 없다. 그러나 이와 유사한 형태의 기숙 학원이 있다.

군인처럼 새벽에 기상하고 정해진 생활 규칙에 따라 공부하는 학원이다. 모든 생활이 엄격하게 통제되고 있다. 또한 생활하는 모든 모습을 가정에서도 스마트폰으로 볼 수 있도록 하여 많은 학원생을 유치해 나가고 있다. 학부모들이 원하고 있는 것이 무엇인지 그것을 노리고 운영하기 때문에 많은 비용을 부담하면서까지 학원에 맡기고 있다. 과연 얼마나 효과가 있을까? 우리 집안에도 그 기숙 학원에 다녀온 조카가 있는데 별로 만족하지 못하는 것 같았다.

문제는 정신이다. 스스로 하려는 의지 없이는 아무리 시설이 좋은 학원도, 족집게 명강사도 도움이 되지 않는다. 올바른 정신 상태를 갖게 해야 한다. 그래서 정신 학원이 필요하다. 정신 학원 차려서 운영만 잘 해라. 뜰 수 있다. 큰 돈 들이지 않고도 성공할 수 있다.

아이들이 학원에 길들여지고 있다. 학원에 왜 가는지도 모르고 다니고 있다. 이웃집 친구가 학원에 다니니까 다닌다. 학원에 다니지 않으면 불안하다. 그래서 학원에만 보내면 부모로서 할 일 다했다 생각한다.

한 때 EBS에서 수능의 70%를 출제하여 사교육비를 경감시킨다고 한 적이 있었다. 긍정적인 것이 없는 것은 아니나 부담만 가중시킬 것이라는 견해도 많다. 문제는 나머지 30%인 것이다. 이 30%가 수능 점수를 좌우한다고 볼 수 있다. 70%가 아니고 100%로 하여도 학원에 다닐 판인데 70%가지고는 큰 영향을 주지 못한다. 나머지 30%를 가지고 더 치열한 경쟁을 해야 한다. 그러니 학원만 좋아질 수 있다.

진정 사교육을 없앤다는 확고한 신념이 있다면 100% 모두를 EBS에서 출제하라. EBS 교육의 질을 높이면 참여하는 것은 시간문제다. 교육의 본질에 접근하여야지 형태에 접근해서는 안 된다. 모든 학생들이 참여할 수 있는 장을 만들어 놓으면 오지 말래도 찾아온다. 교육의 양보다는 질이다. 그리고 자기 스스로 하려고 하는 정신적인 자세가 가장 중요하다. 그래서 정신 학원?이 중심에 있을 수 있다.

꿈·도전·행복이란 주제로 5, 6학년을 대상으로 강의하였다. 5학년 교실에 들어가 넓이, 부피에 대하여 이야기 하는 데 학교에서 배우지 않았지만, 학원에서 미리 배워서 알고 있단다. 선행학습! 정말 문제다. 학교 수업에 집중하지 않을 수밖에 없다. 알고 있는 것을 또 배우니 얼마나 지겨울까? 수업 시간이 지루할 수밖에 없는 것이다. 제발 학원이 학교 교육보다 앞서가지 말았으면 한다. 선행 학습에 중요한 사고력이 죽어가고 있다. 생각하는 학생을 만들자. 사고(思考)하는 학생을 만들자. 그것은 바로 창의력이다. 그 중요한 창의력이 죽어가고 있다.

많은 교육학자들은 창의력을 신장시키기 위해서는 스스로 답을 만들어 낼 수 있도록 기다리는 인내, 질보다는 양, 허여적인 분위기 조성을 이야기하고 있다.

성급한 부모를 보라. 자기가 묻고 자기가 답한다. 기다릴 줄 모른다. 물고기를 잡아주지 말고 물고기 잡는 방법을 알려주어야 한다. 물고기 잡는 방법도 스스로 터득하도록 해야 한다. 그래야 물고기 잡는 재미에 빠지게 되고 물고기도 잘 잡는다.

어느 학부모를 만났더니 아침에 깨워 학교 보내는 데 아주 질렸다는 것이다. 그것은 학부모가 그렇게 만든 것이다. 스스로 일어나서 할 수 있도록 기다려 줄 수 있어야 한다. 지각 한번이 큰 것이 아니라 스스로 일어나는 것이 큰 것이다.

늦게 일어나서 지각을 하고 학교에서 꾸중을 들어봐야 일찍 일어난다. 깨달은 다음에는 깨우지 않아도 일어난다. 내일 또 늦게 일어나더라도 그냥 두어라. 학습용구 정리, 신발 정리, 공부방 청소 등 스스로 할 수 있도록 해 주어야 한다. 처음에는 시간이 걸리고 어렵더라도 습관이 되면 시간도 줄이고 보람도 느낀다.

국어, 영어, 수학 등을 가르치는 학원보다는 정신을 강하게 만들어 주는 학원이 많았으면 한다. 아무리 좋은 학원, 아무리 우수한 강사라 할지라도 하려는 마음이 없으면 아무 소용이 없다. 몸만 학원에 있는 것이지 정신은 다른 곳에 가서 놀고 있다. 머릿속에 남는 것이 없다. 의욕이 없는 데 무엇이 남겠는가?

사람의 기억에는 한계가 있다. 다 암기할 수도 없다. 망각하기 때문이다. 하기야 망각하지 않으면 세상을 살아갈 수도 없다. 망각을 줄일 수 있는 좋은 방법은 반복이 최고다. 얼마나 많이 반복하였느냐에 따라 기억하는 것도 달라진다.

학원만 열심히 다녀도 좋은 대학에 갈 수 있다면 학원만 열심히 다니면 된다. 다른 것 하지 않아도 된다. 그러나 노력 없이는 좋은 대학에 갈 수 없다. 오히려 학원은 다니지 않더라도 열심히 노력하는 사람이 좋은 대학에 갈 수 있다.

대부분의 초등학교가 4, 5, 6학년을 대상으로 수련 활동을 한다. 게임과 놀이 중심이다. 아이들이 즐거워한다. 수련인지 노는 것인지 판단이 잘 안 된다. 아이들이 또 가자고 한다면 참된 수련이 아니라 놀았던 것이다. 다시는 가고 싶지 않다는 말이 나올 때, 그것이 바로 참된 수련이다.

2010년 1월 매서운 찬바람이 몰아치는 겨울, 하얀 눈이 아직도 녹지 않은 청학동으로 3박 4일간의 수련활동을 실시하였다. 지금까지의 수련 활동과는 달리 엄격한 규율이 있었다. 인사를 바르게 하고, 질서를 잘 지키고, 헛된 행동을 하는 아이가 없었다.

점심시간이 되어야 식당에서 잠시 아이들을 만날 수 있었다. 만나는 아이들마다 지도자의 눈치를 보며 "선생님, 놀게 해 주세요. 살려 주세요."하며 애원하였다. 안쓰러웠다. 하지만 모르는 체 하였다. 속으로는 '너희들 좀 더 정신 차려야 돼.'하는 생각을 하였다.

수련이 끝나가면서 하루가 다르게 변하는 아이들을 보면서 '이것이 수련다운 수련이구나.'하는 생각을 갖게 되었다. 수련이 끝나는 날 아이들의 얼굴에서 희망을 발견할 수 있어서 기뻤다.

학원도 마찬가지다. 아이들이 다니기 싫어하는 엄격한 학원이 좋은 학원이라고 생각한다. 잘못된 아이 바르게 잡아주고 잘 모르는 것 알 때까지 붙잡아 가르쳐 주는 학원이다. 이런 학원은 아이들이 별로 좋아하지 않는다. 그래서 다니기 싫어하는 학원이 더 좋은 학원이 아닌가 생각한다. 아이들이 하고 싶은 것 마음대로 하고, 먹고 싶은 것 사 주는 학원은 아이들이 좋아한다. 과연 이런 학원에 내 자녀를 보내겠는가?

앞으로 학원도 정신력을 단단히 해 주는 학원이 되어야 한다. 그런 학원은 반드시 성공한다. 그것이 바로 정신 학원이다.

중용(中庸)

　지나치거나 모자라지도 아니하고 한쪽으로 치우치지도 아니한, 떳떳하며 변함이 없는 상태나 정도를 중용(中庸)이라 한다. 어떻게 생각해보면 너무나도 당연한 이야기이다. 하지만 살다보면 말보다 그렇게 쉽지 않다.

　정자(程子)가 말하기를, 치우치지 않는 것을 중(中)이라 하고, 바꾸지 않는 것을 용(庸)이라 하였다.

　한쪽으로 치우치지 않는다는 것은 매우 중요하다. 그런데 우리의 생활에서 어떠한가? 권력 지향적인 사람들을 보자. 아닌 것도 아니라 하지 못하고 온갖 수단과 방법을 동원하여 권력의 중심에 있으려고 한다. 온갖 부정적인 행위도 정권만 잡으면 해결된다는 생각으로 아무 죄의식 없이 저지른다.

　'아니면 그만이다.'라는 식의 각종 유언비어도 퍼뜨린다. 보지 말아야 할 NLL관련 문서를 보고, 하지도 않은 굿을 했다고 한다. 정권만 잡으면 죄인이 아닌 일등 공신, 영웅이 되는 세상이니 이런 무모한 일들을 아무 죄의식 없이 저지른다. 정정당당하게 얻은 권력이 오래간다. 부정으로 얻은 권력은 오래가지 못한다. 역사가 이를 증명하고 있다.

　한쪽으로 치우치지 않기 위해서는 우선 편향적인 생각을 버려야 한다. 욕심에 눈이 어두워져서는 안 된다. 진실은 언젠가는 밝혀지게 되어 있다. 그래서 중심이 중요하다. 중심이 흐트러지면 모든 것이 다 흐트러지게 되어 있다. 원을 그리는 데 중심이 두 곳이 있을 수 없다. 중심이 두 곳이라면 올바른 원을 그릴 수 없다. 그래서 중심이 하나다. 중심이 자꾸 흔들리면 그리는 원도 흔들린다. 권력을 취하더라도 상대와 정당하게 대결하여 이겨야 한다. 무력으로 쟁취한 정권은 무너졌거나 그렇지 않으면 물러난 후 그 끝이 좋지 않다.

윗사람의 눈에 드는 것도 좋지만 비굴하지는 말라. 비굴하게 붙어사는 것 말이 없다고 모르는 것 아니다. 많은 사람들이 알고 있으면서도 말을 하지 않을 뿐이다.

함부로 마음이 변하여서는 안 된다. '간에 붙었다. 쓸개에 붙었다. 하는 사람이 있다.' 간사한 사람을 놓고 하는 말이다. 선거를 하다보면 이쪽저쪽에 다 붙어서 운동하는 사람이 있다. 모르는 것 같아도 다 안다. 혼자만 모르고 있는 것이다. 이런 사람은 어떤 사람이 권력을 잡아도 중용하지 않는다. 어떻게 신뢰할 수 있겠는가?

논어에 과유불급이란 말이 있다. '지나침은 모자람만 못하다.'라는 뜻으로 '중용'이라는 덕성을 규정하기 위한 철학적 의미가 담겨 있다.

중용에 관한 황희 정승 이야기가 있다. 황희 정승이 데리고 있는 두 여종이 싸웠다. 한 여종이 고하자,

"네 말이 옳다."고 하였다.

다른 여종이 고하자,

"네 말이 옳다."라고 하였다. 이를 본 부인이 묻자,

"부인 말도 옳소."라고 하였다.

어떻게 보면 중용이 무엇인지 잘 나타내주는 이야기다. 섣불리 판단하여 잘못된 결정을 내리는 것은 아주 잘못이다. 두 사람 사이에 있었던 것을 황희 정승이라고 옳게 판단내리기는 쉽지 않다. 생각이 깊은 사람이기에 어느 한쪽을 두둔하지 않은 것이다.

공자가 말하기를 천하의 국가도 고루 다스릴 수 있고, 작록도 사양할 수 있으며, 시퍼런 칼날도 밟을 수 있지만 중용은 능히 할 수 없다. 사람들은 모두 나는 지혜롭다고 말하지만, 그물이나 덫 혹은 함정 속으로 몰아넣어도 그것을 피할 줄 모른다. 사람들은 모두 나는 지혜롭다고 말하지만 중용을 한 달도 지켜내지 못한다.

이처럼 중용이 말로는 쉬워도 실천하기 어렵다. 그렇다고 중용을 포기해서도 안 된다. 항상 중용의 길을 가려고 노력하는 것이 중요

하다. 너무 한쪽으로 기울다보면 다른 한쪽으로부터 공격을 당하는 주인공이 될 수 있고 그러한 행동이 빌미가 되어 큰일을 그르칠 수 있다는 것을 명심해야 한다.

터득

제나라 환공(桓公)과 수레바퀴를 깎는 목수인 윤편(輪扁)에 관련된 이야기다. 나라의 가장 높은 지위에 있는 환공이 어느 날 방에서 책을 읽었고 마침 수레바퀴를 깎는 윤편이 망치와 끌을 내려놓고 일어나더니 환공에게 물었다.

"좀 여쭙겠습니다만, 왕께서 지금 읽고 계시는 것이 무엇입니까?"

"성인들의 말씀이다."

"그럼 그 성인들은 살아 있습니까, 죽었습니까?"

"오래 전에 죽었다."

"그렇다면 왕께서 읽으시는 것은 옛사람이 남긴 찌꺼기이군요."

"수레 만드는 목수인 주제에 무엇을 안다고 떠드는 것이냐? 네가 지금 한 말에 대해 이치에 닿는 설명을 하지 못하면 목숨이 없어질 줄 알라."

"소인의 목수일로 보아 그렇게 생각한 것입니다. 소인이 나무를 깎아 바퀴를 맞출 때 구멍이 조금만 커도 헐거워서 수레가 덜컹거리고 조금만 작아도 빡빡해서 수레가 잘 돌아가지 않습니다. 헐겁지 않고 빡빡하지 않게 하는 방법은 제 손과 마음이 저절로 하나가 될 때라야만 가능하지요. 이것을 말로 표현할 수는 없고 또한 가르쳐 줄 수 있는 것은 대강의 방법일 뿐 진짜 알갱이는 스스로 터득해야 하는 법입니다. 이처럼 목수일도 그러한데 성인의 깊고 넓은 뜻이 어떻게 글자로 다 전해질 수 있을까? 의문입니다. 그러나 그 기술은 손으로 익혀 마음으로 짐작할 뿐 말로는 설명할 수 없습니다. 저는 그 요령을 심지어 제 자식놈에게조차 가르쳐 주지 못하고 있으며 자식놈 역시 저에게서 배우지 못하고 있습니다. 그래서 이렇게 나이 일흔이 넘어서도 제 손으로 수레바퀴를 깎고 있어야 합니다. 옛날의 성인들도 마찬가지로 자신들이 진정으로 깨친 사실을 아무에게도 전하지 못한 채 죽어갔습니다. 그렇다면 왕께서 지금 읽으시는 그 글이 그들이 뒤에 남기고 간 찌꺼기가 아니고 무엇이겠습니까? 그러니 진짜 알갱이는 성인과 함께 사라져버리고 그 책에는 찌꺼기만 남아 있는 게 아니겠습니까?"

공부에 대해 어떻게 해야 하는지를 알려 주고 있다. 공부는 자기가 해야 한다. 남이 해 줄 수 없다. 그래서 설명으로 알려 하지 말고 자기가 하면서 스스로 깨우쳐 배워야 한다.

책에 들어있는 멋진 내용을 읽으면서도 알지 못한다면 무슨 재미가 있겠는가? 알기 위해서라도 공부해야 하며, 공부는 책 읽기만으로는 안 된다. 이론보다는 다양한 체험이 이루어지는 학습이 그 효과가 크다.

모든 학습 방법이 모든 사람에게 똑같이 맞는 것은 아니다. 사람에 따라 다를 수 있기 때문에 그 사람에 맞는 학습 방법을 찾는 노력이 필요하다.

이론으로 안 되는 것이 없다. 말로는 무엇이든 다 할 수 있다. 하지만 현실은 그렇지 않다. 이론에서 아무 문제가 없는 것도 현실에서는 문제가 되기도 하고 이론에서는 문제가 되었던 것이 현실에서는 문제가 되지 않기도 한다. 그렇기 때문에 이론과 현실의 차이를 줄이는 노력이 필요하다.

이치를 깊이 생각하여 깨달아 알아내는 것이 터득이다. 우리는 경험을 통하여 많은 것을 터득한다. 그 경험이 실패한 경험이든 성공한 경험이든 어떤 일을 터득하는데 도움이 된다. 어떤 상황을 헤쳐 나갈 때 과거의 경험이 소중한 자산이 되어 터득할 수 있는 지혜를 준다. 그래서 경험이 아주 중요하다.

어떤 일을 터득한다는 것은 이론만으로는 안 된다. 실제 그 상황에 부딪혀 보아야 생각하지도 않은 좋은 아이디어를 만나게 된다.

한계

사람에게는 한계가 있다. 어떤 무거운 물체를 드는 데도 한계가 있다. 다 들 수 없는 것이다. 그렇지만 한계를 의식해서는 안 된다. 한계를 의식하는 사람은 성공할 수 없다.

'나는 다리가 없으니까, 나는 눈으로 볼 수 없으니까…….'와 같이 자기의 신체적 결함을 가지고 한계를 의식한다면 어느 것도 해낼 수 없다. 한계를 의식하게 되면 충분히 할 수 있는 것임에도 포기한다. 대부분의 실패는 환경이 나쁘거나 실력이 부족해서오는 한계라기보다는 어떠한 장애를 극복하지 못하고 미리 포기하는 데서 나온다.

실패하는 많은 사람들은 실패의 원인을 자신에서 찾으려하지 않고 환경이나 외부에서 찾으려 한다. 대둔산 케이블카를 타고 출렁 다리를 건널 때 아래 계곡을 보면서 건널 때와 하늘을 보고 건널 때의 부담감은 매우 다르다.

등산할 때도 마찬가지이다. 아주 높은 산이라 하여도 '내가 저 정상을 오를 수 있을까?'하는 생각은 등산을 힘들게 하기도 하고, 중간에 포기하게 하기도 한다. 그렇지만 '저 정도는 아무것도 아니야.'라는 생각은 등산에 활기가 붙어 재미를 느끼게도 한다. 똑같은 산을 오르더라도 이처럼 마음먹기에 따라 크게 달라지는 것이다.

한계를 의식하지 않아야 이루고자 하는 목적을 달성하는데 도움이 되는 것이지 한계를 의식하게 되면 목적의 절반도 달성하기 힘들다. 한계를 의식한다는 것은 그 일을 하기 싫다는 것이다. 하기 싫으니까 한계를 의식하게 되는 것이다.

호기심

새롭거나 신기한 것에 끌리는 마음을 호기심이라 하는 데 어떤 것에 호기심을 가지고 있다는 것은 매우 중요하다.

똑같은 아이들을 가르쳐 보면서 호기심이 다르다는 것을 느낀다. 사람에 따라 생각이 다르기 때문에 호기심 역시 다른 것은 당연하다. 호기심이 많고 적음에 따라 학습 효과도 달라진다. 공부를 잘 하고 못하는 것도 어떠한 호기심을 갖고 그것을 어떻게 해결하느냐에 달려 있다.

단풍잎이 왜 빨간색일까?

'단풍잎은 가을이면 빨개.'하는 아이는 호기심이 깊지 못하다. 호기심이 깊은 아이는 왜 단풍잎이 빨간색인지 의문을 갖고 인터넷이나 백과사전 등을 통해 알아보려고 노력한다. 그런 아이가 공부를 잘 하는 것은 당연하다. 또한 단풍잎뿐만 아니라 은행잎까지도 호기심을 넓혀간다면 다른 사람보다 폭넓고 깊은 공부를 할 수 있다.

호기심을 가지고 귀찮을 정도로 질문을 잘 하는 아이가 있었다. 모든 과목의 성적이 매우 우수하였고, 나중에 안 일이지만 일류대학을 졸업하고 모두가 부러워하는 직장에서 근무하고 있다. 이처럼 호기심은 매우 중요하다.

그런데 우리 교육 현실은 어떠한가? 1학년 때만 해도 발표하려고 시끄럽게 손을 드는 아이가 많았다. 고학년, 특히 6학년이 되면 손 드는 아이가 없다. 왜 이런 현상이 일어나게 되었는가? 반성하지 않을 수 없다.

조금만 이상한 질문을 하여도 수업과 관련 없으니 하지 말라고 하고, 수업에 방해가 된다고 친구들 앞에서 망신까지 당한다. 그러니 머리가 커지면서 누가 이런 망신을 당하려고 손을 들겠는가? 아니 손을 들어 말하기가 겁이 나는 것이다. 이러니 무슨 호기심이 생기겠는가?

아이들의 미래를 위해서도 호기심을 갖게 해야 한다. 호기심이 없는 아이에게는 꿈과 희망을 보장할 수 없다. 그냥 보고 끝나는 체험학습에 그치지 말고, 호기심을 갖도록 하고 그 호기심을 해결할 수 있는 동기 부여가 되어야 한다.

아이가 호기심을 갖는다는 것은 큰 행복이다. 아이에게 호기심을 주는 선생님, 부모가 되어야 한다. 좀 귀찮더라도 다양한 호기심이 나올 수 있는 분위기를 만들어 주어야 한다. 그것은 곧 아이에게 미래에 안게 될 행복을 주는 일이다.

물론 호기심에 따라 긍정과 부정으로 나뉜다. 모두에게 도움이 될 수 있는 호기심을 가져야 한다. 좋지 않은 호기심은 갖지 않아야 한다.

뉴턴의 만유인력도 그냥 지나치기 쉬운 사과가 떨어지는 것을 보고 발견하였고, 갈릴레이의 지동설도 망원경으로 천체를 관측하다 발견하였다. 모두 호기심에서 출발한 것이다.

자연에서 아이디어를 얻는 것은 셀 수 없이 많다. 딱따구리에서 굴착기, 메뚜기의 더듬이에서 안테나, 지네에서 기차를 생각하였다. 이 모든 것은 호기심에 출발한다.

호기심을 유발할 수 있는 분위기를 만들어 주어야 한다. 새에 대한 호기심 하나로 새 박사가 되어 행복하게 살아가는 사람도 있다.

나눔

가식

마음에 없는 말 하지 말라고 하는데도 그런 말을 밥 먹듯이 하는 사람이 많다. 듣는 사람이 가식이라는 것을 알면서도 마지못해서 들어주는 데, 좋아서 들어주는 줄 안다. 앞에서 하는 말과 돌아서서 하는 말이 다르다. 주위 사람들은 다 아는데 본인만 모르고 있다. 참으로 어리석다.

듣기 좋은 말은 별 도움이 되지 않지만 듣기 싫은 말, 듣기에 거북한 말이 실제 도움이 된다는 것을 알아야 한다. 그럼에도 듣기 좋은 말만 들으려하고 그것이 사실인 것으로 믿는 어리석은 사람이 많다. 사탕발림이 무엇인지 모르는 사람이다. 가식이 많이 있는 말이다. 듣기 좋은 말은 흘리고, 듣기 싫은 말일수록 귀담아 듣는 사람이 되어야 한다.

나한테 조금만 잘 해 주면 간도 꺼내줄 것처럼 하다가 조금만 서운하면 얼굴을 붉히고 화를 내는 사람은 가식이 있는 사람이다. 믿음과 신뢰가 있는 사람은 가식이 없다. 여러 사람이 모여서 어느 사람에 대해 이야기 하는데 그 사람이 들어오자마자 다른 이야기로 화제가 바뀌면 그 사람은 가식이 있는 사람이다.

좋고 나쁜 사람, 고스톱을 쳐보면 안다. 이길 확률이 100%인 패만 가지고 치는 사람이 있다. 80% 이상 딴다. 돈 좀 잃으면 현금이 있는데도 신경 건드려 집중하지 못하게 하려고 금방 주지 않고 쌓아두었다가 자기가 따면 제한다. 딴 사람 기분 나쁘고 고스톱 칠 맛 안 난다. 노름도 기분 좋아야 패도 잘 보이고 잘 된다. 기분 나쁘고 신경 거슬리면 무리한 패 가지고 치다 잃는다. 상대야 어떻게 생각하든 말든 그 사람만이 가질 수 있는 고등 전술이다.

광 한번 안 팔아준다. 그러니 그 뒤에서 치는 사람 백번 죽는 것 알고 뒤에 앉으려 하지 않는다. 사람이 많을 때는 조를 짜는 데 그 사람과는 같은 조가 되려고 하지 않는다. 결국 그 사람은 따돌림 당하고 어디 낄 자리도 없다. 이런 사람이 되지 말자.

돈은 돌고 돌아 돈이라 하지 않는가? 돈에 내 양심을 얹지 말자. 그렇게 돈 아까워했던 그 사람, 부인이 위암인데도 병원에 가서 진찰다운 진찰 한번 받아보지 못하고 단순한 소화불량으로 알고 소화제만 먹다가 저세상 사람이 되고 말았다.

부인 죽고 나서 얼마 되지 않아 좋은 사람 만나서 재혼한다고 자랑하더니만 재혼한 부인한테 맞고 살면서 돈 다 뺏기고 있는 재산 다 날리게 되어 말년을 쓸쓸히 보내고 있다.

마음을 비울 줄 알아야 행복하다. 고스톱 칠 때 따려고만 하지 말고 잃어주는 마음도 가져 보라. 따려고만 하니까 신경 쓰이고 사람 귀한 줄 모른다. 오늘 잃으면 내일 따는 날이 오려니 생각하고 기분 좋게 잃을 줄 아는 사람이 되어라. 내 손을 떠난 돈 내가 속 썩는다고 누가 주지 않는다. 속 썩으면서 병까지 얻을 필요 없다. 다른 사람에게 행복을 주다 보면 그 행복이 언젠가는 크게 되어 다시 나에게 돌아온다는 것을 잊지 말라.

가식으로 살지 말고 진실로 살자. 가식은 언젠가는 드러나게 되어 있다. 보이는 데에서는 온갖 좋은 소리 다하고, 돌아서면 온갖 나쁜 소리 다 한다. 정말 그런 사람이 있다. 그런 사람이 안 하던 좋은 소리해도 곧이듣는 사람 없다. 오히려 반대로 알아듣는다. 정확히 맞는다.

법 없이도 살 수 있는 사람, 콩을 팥이라 해도 믿을 수 있는 사람, 속과 겉이 똑같은 사람이 가식이 없는 사람이고, 모든 사람들이 따른다.

손해 보는 듯 사는 인생이 행복한 인생이다. 내가 손해 보았으면 이익 본 사람 있지 않은가? 그 사람에게 행복을 주었다 생각하라. 이것이 행복 플러스 세상이다. 행복은 주는 만큼 받는다는 것을 알고 행복 나눔을 실천하는 사람이 되자.

가족

이 세상에 가족만큼 소중한 것은 없다. 너무나 믿고 소중하기에 마음에 거슬리는 말도 함부로 하기도 한다. 가족이라는 핑계로⋯⋯.

어느 텔레비전 프로그램에 부모와 자식이 나와 '나는 다시 태어나도 부모님의 자식으로 다시 태어난다. 태어나지 않는다.'에 대해 이야기하는 것을 보았다.

태어나지 않는 것이 좋다고 말하는 아이들은 부모의 잔소리, 간섭, 철저한 관리 등을 주된 이유로 말하였다. 아마 대부분의 부모들 모두가 공감하는 부분이다.

사실 가족이 아니면 내 자식이 공부를 하든 말든, 밥을 먹든 말든, 컴퓨터 게임을 하든 말든 아무런 관심을 갖지 않는다. 부모이기에 이왕이면 더 좋은 사람이 되어서 행복하게 살게 하기 위한 욕심으로 간섭을 한다. 그러한 부모의 마음을 알지 못하고 하고 싶은 것을 하지 못하게 하면 서운한 것만 생각한다.

움직이는 두 물체가 서로 부딪히면 소리가 난다. 가족은 가장 많이 만나는 사람이다. 그러다 보면 이런 일 저런 일로 대화를 하는 데 항상 욕심이 담긴 대화가 많다. 의견이 잘 맞는 경우도 있지만 서로 맞지 않는 경우로 인해 다툼도 일어나게 된다.

가족이기에 충고의 말을 할 수 있다. 그런데 그 충고를 고맙게 받아들이기보다는 좋지 않게 받아들이는 경우가 많다. 또 상황에 따라서는 고맙게 받아들일 일도 어떤 때는 감정적으로 받아들이기도 한다.

가족이라도 지킬 것은 지켜야 한다. 가족이라는 믿음직한 울타리가 이해해 줄 것이라는 생각으로 말을 함부로 하다보면 오해를 쌓기도 한다. 믿고서 말하였는데 이해하지 못하는 상황이 되면 오히려 수습하기가 더 어렵다. 가까운 사람이라 하더라도 지킬 예의는 확실히 지키는 것이 좋다.

가정 화목의 근간은 가족의 건강이다. 집안에 환자가 없을 때는 가족 건강이 그렇게 중요한지 모른다. 매일 밥을 해 주던 아내가 병원에 입원해 보아야 아내의 빈자리가 얼마나 큰지 알 수 있고 가족의 건강이 얼마나 중요한지를 안다.

좋은 직장 취직해서 주위 사람들의 부러움을 사는 것을 보면 건강보다도 좋은 직장이 먼저인 것처럼 생각이 들 때도 있다. 좋은 직장을 얻으면 건강은 그냥 따라오는 것으로 생각할 수 있다. 하지만 그렇지 않다.

좋은 직장에 취직하였더라도 건강 잃어서 출근하지 못하면 아무 소용없다. 그래서 건강이 중요하다. 자식이 직장 구하지 못했다고 너무 스트레스 주거나 속상해 하지 말라. 때가 있으니 기다릴 줄도 알아야 한다. 자식도 생각하는 것이 있다. 말로만 표현하지 않고 있을 뿐이지 나름대로 고민하고 있다.

세대 차이가 심하다 보니 부모 이야기 잘 듣는 자식 찾아보기 힘든 세상이다. 더군다나 컴퓨터나 스마트폰이 부모보다 우선이니 따뜻한 대화를 나누기도 쉽지 않다. 어떤 때는 대화하기도 겁이 날 때도 있다. 우리 아이만 그런 것이 아니다. 세상이 그렇게 변해 있다.

조급함이 부모와 자식 사이를 멀게 하고 대화를 끊게 한다. 늦더라도 깨우쳐서 돌아올 때까지 기다리는 여유를 가져야 한다. 자식은 부모 마음대로 되지 않는다. 부모 마음대로 되면 간섭 안 할 부모 어디 있겠는가? 괜히 간섭해서 부모, 자식 등 돌리는 일 만들지 마라. '자식 이기는 부모 없다.'고 하였다.

자식에게 기대하는 행복의 가치나 기준도 돌려주어야 한다. 부모가 생각하는 행복 가치와 기준은 부모의 눈으로 본 것이지 자식의 눈으로 본 것이 아니다.

'우리 아이 만큼 책 많이 읽은 아이가 있을까?'하는 생각을 가질 정도로 우리 아이들은 책을 많이 읽었다. 그 책에서 내 마음에 드는 책은 별로 없었다. 이것은 무엇을 말해 주는가? 그만큼 추구하고자 하는 가치관이 다른 것이다.

이제부터라도 욕심의 올가미를 풀어주고 아이가 가지고 있는 행복을 찾아가도록 도와주는 조력자가 되어야 한다.

가족들의 얼굴을 자세히 보면 닮은 곳이 없는 것 같아도 반드시 닮은 구석이 있다. 그것은 그래도 무엇인가 똑같이 생각하는 것이 있다는 증거다. 다른 것이 많은 것 같아도 닮은 것이 더 많다.

사회의 모든 문제는 가정에서 출발한다. 공부는 좀 못하더라도, 직장은 좀 좋지 않더라도, 돈은 좀 못 벌지라도, 다른 사람에게 행복을 줄 수 있다면 그것은 이 세상에서 어느 것과도 바꿀 수 없는 소중한 것이다. 그러한 사람이 많을 때 사람 냄새가 나는 세상이 된다.

자식에게 모든 것을 다 주어도 하나도 아깝지 않은 것이 부모이고, 아무리 효를 다한다 해도 부모의 은혜에 비해서는 아무것도 아니다.

가족 중에서 속을 썩여서 소식이 끊어진 사람일지라도 가족은 가족이다. 지금은 만나고 싶지 않은 가족이라도 눈 감을 때 보면 만나고 싶었던 사람이라는 것을 알게 된다. 가족이라는 관계는 끊고 맺는 그런 관계가 아니다. 끊을 수 없는 관계다. 좀 서운한 것이 있어도 감싸주고 다독거려 주는 것이 가족이다. 지금 떠나있다 하여도 언젠가는 돌아온다. 그러기에 더 더욱 사랑해야 한다.

긍정적 사고

조선을 건국한 이성계와 무학대사가 길을 걷고 있었다.

"자네가 돼지로 보이는데 나는 어떻게 보이는가?"

"저는 부처로 보입니다."

"아니, 나는 자네를 돼지로 보인다 하였거늘 내가 왜 부처로 보이는가?"

"부처의 눈에는 부처로 보이는 법입니다."

즉 돼지의 눈에는 모두가 돼지로 보인다는 뜻이 아니겠는가? 그렇다. 마음을 어떻게 갖느냐에 따라 보이는 것도 그에 맞게 따라가게 마련인 것이다.

'개 눈에는 개만 보인다.'는 말이 있다. 마음을 좋게 가지면 나쁜 것도 좋게 보이고, 마음을 나쁘게 가지면 좋은 것도 나쁘게 보이는 법이다. 똑같은 사람을 보더라도 사람에 따라 다르게 본다. 사람의 마음이 모두 같지 않다는 것을 의미한다.

한번 의심을 갖게 되면 의심의 끈을 놓기가 어렵다. 의심만 깊어갈 뿐이다. 그 사람의 장점만을 보려 노력하자. 단점도 바꾸어 생각해 보면 장점이 될 수 있다. 보는 사람의 생각에 달려 있는 것이다.

긍정적인 사고를 가지고 사는 사람은 매사가 긍정적으로 이루어진다. 그러나 부정적인 사고를 가지고 있는 사람은 매사가 부정적으로 보이기에 부정적일 수밖에 없다.

깨끗한 유리병 두 개를 준비해 병 하나에는 '악마'를 다른 병에는 '천사'를 써서 붙이고 뜨거운 밥을 병에 반 정도 담아 병뚜껑으로 단단히 막아 글자대로 마음을 전했다. 한 달 후 관찰해 보니 '악마'라고 써 붙인 병은 까맣게 곰팡이가 피고 밥이 부패해서 보기가 흉하였고, '천사'라고 써 붙인 병에서는 곰팡이가 좀 피긴 했지만 대체로 밥이 상하지 않았다. 이외에도 양파를 가지고 실험한 것이 있는데 긍정적으로 생각한 양파는 잘 자랐지만 그렇지 않은 것은 잘 자라지 못했다.

만물은 진동한다. 1헤르츠는 1초 동안 몇 번 진동하느냐의 진동수다. 인간이 들을 수 있는 가능 영역은 15~2만 헤르츠이다. 색깔도 빛의 파장에 따라 다양하게 나타나는 것이다. 폭발물 근처에 있는 유리창이 깨지고, 고막이 터지는 것은 파편이 날아와서 그렇게 된 것이 아니다. 모든 것은 진동하고 고유한 파동을 가지고 있기 때문이다. 물질을 잘게 나누고 나누면, 모든 것이 입자이고 파장으로 변하는 것이다. 사랑과 감사의 감정은 주파수를 올리고 인간을 연마하는 기폭제의 역할을 한다. 그래서 긍정적인 생각을 가져야 한다.

인간의 몸은 70%가 물이다. 물은 한 곳에 괴여 있으면 썩는다. 인체에서도 마찬가지다. 끊임없이 순환되어야 건강하다. 의사들이 맑은 물을 많이 마시라는 것도 물의 순환을 도우라는 의미다.

건강을 해친 사람들은 대부분 몸속의 물 즉, 혈액이 탁하고 순환이 잘 되지 않기 때문이다. 혈관이 막히면 생명이 위험하다. 감정의 흐름이 막히면 혈액도 막힌다. 분노, 스트레스가 울화병을 만든다. 물은 에너지의 전달매체다. 아이들에게 '사랑'이라는 말 한마디는 피를 맑게 하여 건강에도 도움이 된다. 아이들이 미워도 미워하지 말고 더 사랑하라. 그 아이의 피가 맑아져서 미운 짓 하지 않는다. 미워하면 미워할수록 미운 짓 더하게 되어 있다.

연세대학교 사회복지학과 김재엽 교수는 부부사이에 사랑한다는 말을 매일 하면 암도 낫는다고 했다. 긍정적인 언어 즉, '고맙다, 사랑한다, 미안하다'와 같은 말은 노화방지에도 좋다. 이 세상에서 가장 좋은 말이 '사랑'이 아닌가 생각한다. 김수환 추기경이나 이태석 신부가 한 가장 값진 일은 사랑을 실천한 것이다.

식물에게도 사랑의 눈길을 주면 그 식물이 잘 자란다는 연구 결과가 있다. 하물며 동물에게는 어떠하겠는가? 그보다 더 예민한 사람에게는 또 어떠하겠는가?

모두를 무한한 성장 가치를 지닌 존재로 대하는 긍정적 사고를 갖자. 그러면 그들은 기대에 어긋나지 않는 성과로 답하게 될 것이다.
　긍정적 사고는 긍정적인 사람을 만든다.
　긍정적 사고는 모두가 신뢰하는 믿음의 사회를 만든다.
　긍정적 사고는 배려와 나눔을 실천하는 따뜻한 사회를 만든다.
　긍정적 사고로 모든 사람이 행복 나눔을 실천하도록 하자.

꿈 만들기

나라에 따라 다르지만 선진국일수록 많은 종류의 직업이 있다. 미국의 경우 50,000여개의 직업이 있다고 할 정도니 얼마나 직업이 세분화되어 있는 지 알 수 있다. 직업의 종류가 다양화되어 가고 있는 것은 타고난 재능에 맞는 직업을 선택할 수 있다는 점에서는 바람직스러운 일이기도 하다.

이루고 싶은 꿈도 순위를 정하자. 최고로 이루고 싶은 꿈을 위하여 최선을 다하여야 하지만 어떤 경우에는 그 꿈을 이루지 못할 수도 있다. 1순위로 정한 꿈이 이루어지지 않았다고 내 인생을 포기할 수는 없다. 그래서 차선의 꿈도 준비해 두는 것이 좋다.

초등학교 때에는 여러 가지 다양한 꿈을 갖는 것이 좋다. 6학년 어느 학급에 들어가 원하는 꿈이 무엇인지 알아보았더니 남학생은 과학자, 의사, 경찰관, 판사 등을, 여학생은 선생님, 간호사, 디자이너 순으로 이야기하였다. 물론 모두의 꿈이 이루어질 수도 있다. 하지만 이루어지지 않는 경우가 더 많을 수도 있다.

예를 들어 한 해에 3,000명의 교사를 채용하는데 10,000명이 응시하였다고 하자. 어떻든 7,000명 정도가 그 꿈을 이룰 수가 없다. 그러기에 꿈도 여러 개 갖고 순위를 정하는 것이 좋을 듯싶다.

예를 들면 초등학교 때는 7개, 중학교 때는 3~5개, 고등학교 때는 2~3개, 대학 때는 1~2개 정도로 꿈을 좁혀 나가는 방법도 생각해 볼 필요가 있다. 대학에 입학할 때쯤이면 제일 이루고 싶은 나의 적성에 맞는 꿈을 하나로 정할 필요가 있다. 관련 있는 학과에 진학하여 전공할 필요가 있기 때문이다.

물론 훌륭한 판사가 되려고 법과를 졸업하였어도 법조계를 포기하고, 다른 대학의 한의학과를 졸업하여 한의사가 된 경우도 있다. 하지만 이런 경우는 그렇게 흔한 일은 아니다. 직업의 주기도 짧아지고 있는 것을 보면 평생직장이란 말이 무색하다. 35년 넘게 교직 생활을 하면서도 다른 직장을 동경하는 경우도 있다. 이런 것을 보면 자기 직업에 대하여 다 만족하는 것은 아닌가 보다.

대전에서 공주로 가는 길에 '끼·꾼·꿈'이라는 어느 대학의 홍보 글을 볼 수 있다. 타고난 재능(끼)을 갈고 닦아 전문가(꾼)가 되어 꿈을 이루는 일련의 학교 경영 의지를 표현한 것으로 보인다.

하늘을 날아보고 싶다는 상상이 우주여행이라는 현실을 만들어 냈다. 역사적으로 이름을 남긴 위인들은 거대한 꿈이 있었고 그 꿈을 실현했다. 우리는 꿈으로 인해 성장한다는 것을 명심해야 한다. 큰 꿈을 가져야 한다.

일본인들이 관상어로 좋아하는 '코이(Koi)'라는 잉어가 있다. 어항에서 키우면 5~8cm, 커다란 수족관이나 연못에서는 15~25cm, 강물에 방류하면 90~120cm 자란다. 어떤 환경에서 자라느냐에 따라 피라미가 될 수도 있고 대어가 될 수도 있다. 그래서 꿈은 크게 가져야 한다.

오스트리아에서 태어난 아놀드 슈왈제네거는 할리우드에서 최고의 스타가 되는 것, 케네디가의 여인과 결혼하는 것, 45세 이전에 주지사가 되는 것의 3가지 꿈이 있었다. 실제 그는 그 유명한 영화 터미네이터의 주인공이 되었고, 케네디 대통령의 조카 마리아 슈라이버와 결혼했으며, 38대 캘리포니아 주지사가 되었다. 그가 이렇게 꿈을 이루게 된 가장 큰 이유는 꿈을 시각화하고 그 꿈이 이루어진다는 데에 대해서도 의심을 갖지 않았기 때문이다.

꿈을 이루기 위해서는 무엇을 할 것인지 뚜렷한 목표를 정하고 실천하여야 한다. 아무리 좋은 꿈이라도 마음속으로만 가지고 실천하지 않으면 그야말로 우리가 밤에 꾸는 현실이 아닌 꿈(夢)이 되고 만다. 꿈은 추상적이어서는 안 된다. 그림을 보듯이 시각화하여야 한다. 그림을 보면 그 그림이 잘 그려진 것인지 못 그려진 것인지 알 수 있듯 구체화된 꿈을 들여다보면 그가 어떤 사람인지 알 수 있다.

즉 자기가 꾼 꿈만큼 만들어지는 것이다. 현재의 내 모습은 내가 그러한 꿈을 가졌기 때문이지 환경이 나를 그렇게 만든 것이 아니다. 일 못하는 사람이 연장 탓한다는 말이 있다.

성공한 사람들에게는 어려운 역경이 있었다. 성공이 쉽게 굴러 들어온 것이 아니다. 수많은 실패가 있었기에 다른 사람이 생각하지도 못하는 훌륭한 유산을 남길 수 있었다. 위대한 사람일수록 꿈 역시 위대하다. 위대하지 못한 사람은 꿈 역시 위대하지 못하다. 어제의 꿈이 오늘의 나를 있게 했고 오늘의 꿈이 내일을 만들어 준다. 그러기에 좋은 꿈을 가져야 한다.

좋은 꿈은 나만을 위한 꿈이 아니다. 그 꿈으로 인해 여러 사람에게 행복을 줄 수 있어야 한다. 학교에서 어려운 업무가 있을 때 피하지 않고 자진해서 맡아 하는 사람이 있다. 말은 하지 않아도 많은 사람들은 그 사람에게 존경과 감사의 마음을 보내게 된다. 말 못하는 양파도 사랑의 눈길을 주면 잘 자라는 데 그 많은 사람의 사랑을 받는 사람이 어찌 훌륭한 사람이 되지 않겠는가?

위대한 사람은 큰 것만 좇는 사람이 아니다. 작은 일도 소홀히 하지 않고 살펴보기에 큰 것을 볼 수 있는 것이다. 큰 것만 보려 말고 작은 것도 살펴 볼 수 있어야 한다. 작은 것을 하찮게 여기고 버리는 사람치고 성공한 사람은 없다. 작은 것을 소중히 하는 사람이기에 큰일을 할 수 있는 것이다.

고인이 되었지만 심성을 일으킨 이병철 회장이나 현대를 일으킨 정주영 회장과 같은 분들의 기초는 근검절약이다. 작은 것을 소중히 하였기 때문에 그 후손들이 오늘의 후광을 입고 있는 것이다.

사람에 따라 꿈이 다르다. 그러나 그 꿈의 최종 목표는 나만을 위한 꿈이 아니라 모두를 위한 꿈이 되어야 한다. 사랑을 주는 꿈! 빛과 소금이 될 수 있는 꿈! 그런 꿈이 바로 행복 나눔을 실천하는 꿈이다.

마음의 빚

마음은 눈에 보이지 않는다. 그러나 마음의 빚은 더욱 가슴 속에 선명하게 남아 있다. 물질적인 빚은 쉽게 갚을 수 있지만, 마음의 빚은 그렇지 않다.

물질에 대한 욕심으로 나의 양심을 팔지 않았는지…….

어제까지만 해도 가까웠던 친구가 경쟁 상대가 되었다고 하여 미워하는 마음을 갖지는 않았는지…….

역지사지의 입장에서 생각해 볼 일이다.

우리는 가끔 잘못된 상상에 빠진다. 내가 잘난 것이 마치 나의 힘으로만 이루어진 것으로 착각을 한다. 주위 모든 분들의 덕을 잊고 자만에 빠지는 어리석음을 갖게 된다.

내 주위에 있는 소중한 분들에게 감사함을 전하지 못할망정 미워하지는 말자. 내가 뿌리는 모든 나쁜 마음은 결국 나에게 돌아온다. 사랑을 해도 모자랄 시간에 작고 사소한 것에 사로잡혀서 알량한 자존심 때문에 남을 미워하지 말자. 마음의 빚을 지지 말자. 누가 나에 대하여 섭섭하게 한다 하더라도 웃어넘기는 지혜를 갖자. 화를 내고 고함을 지르고 다투어야 내 건강만 잃는다. 웃으면 모든 것이 다 해결된다. 아무리 꼬여 있는 어려움도 웃으면 해결된다. 화낼 일임에도 참고 웃을 줄 아는 여유가 풍요로운 인생을 만든다.

지금 이 순간 혹시 마음의 빚을 진 사람은 없는지 생각해 보자. 마음의 빚을 지었다면 망설이지 말고 그 빚을 갚을 수 있는 용기를 갖자.

눈에 보이지 않는 마음일지라도 언젠가는 다른 사람에게 보일 날이 온다. 아니 지금도 훤히 들여다보고 있는 사람이 있다. 행동으로 마음이 나타나게 되어 있기 때문이다.

마음으로 빚진 사람이 있으면 지금 당장 찾아가서 용서를 구하자.

마음의 짐을 내려놓으면 얼마나 그 짐이 무거웠는지 잠자리에 들게
되면 절실히 느끼게 되어 있다. 마음의 짐을 벗어버리자.

몽(夢)

많은 사람들은 신기하게도 태몽(胎夢)을 가지고 있다. 사실인지는 몰라도 본인이 꾸지 않으면 그와 가까운 다른 사람이 대신 꾸었다는 이야기도 있다.

건국 설화에서도 꿈에 관련한 이야기는 많다. 그런데 더 신기한 것은 해몽을 해 보면 현실과 아주 동떨어져 있지 않다는 것이다. 부모님 병환 걱정하다가 산신령으로부터 몇 백 년 된 산삼을 얻어 치료한 좋은 꿈도 있지만 아주 좋지 않은 악몽(惡夢)도 있다.

주위에 주식에 손을 대는 사람들이 있어서 호기심에 관심을 갖게 되었다. 몇 년 동안 모아 마련한 돈을 불리기 위한 욕심도 있었다. 주식에 대하여 잘 알지도 못하면서 그냥 아무거나 사면 버는 것으로 생각했다. 통신주를 샀는데 몇 달이 지나도 별로 오르지 않고 제자리였다.

아내, 두 아들과 같이 안개가 자욱한 산길을 거닐었다. 그런데 이것이 웬일인가? 산 여기저기에 목이 잘린 돼지 머리가 피투성이가 된 채 나 뒹굴고 있었다. 끔찍했다. 아이들은 그 돼지 머리를 주워 먹으려고 난리였다. 먹지 못하게 간신히 말리고 산을 넘었다. 너무나도 선명하게 머리에 남아 있는 꿈이었다.

이것이 웬일인가? 상한가를 처음으로 친 것이다. 잘려진 돼지 머리 꿈이 불길하여 지금 팔지 않으면 내려갈 것 같은 생각이 들었다. 내 놓자마자 팔려 나갔다. 잘 되었다 생각하였다. 그런데 이것이 또 웬일인가? 그 이후로 몇 번을 상한가 행진을 하는 것이다. 속이 쓰렸다. 매일 상한가 치는 것을 보노라니 열불이 났다. 직장 동료 중에 주식으로 많은 손해를 본 사람이 있었는데 사려고 해도 잡히지 않을 정도로 좋은 주식인데 왜 팔았냐는 것이다.

'그냥 가지고 있을 걸…….'하고 후회도 하였다. 그 희한한 꿈을 생각하니 너무나도 잘 맞는 것이 신기했다. 잘려진 돼지 머리가 내가 팔았던 주식이라고 생각이 되었다. 나에게서 떨어져 나간 주식이다 보니 피투성이인 돼지머리가 아니었나 하는 생각도 들었다.

이처럼 꿈이 현실로 된 것을 이야기하는 사람들을 주위에서 종종 본다. 이외에도 꿈에 대한 이야기는 많다. 맞는지는 몰라도 시험을 앞두고 맑은 물을 만나면 합격하고, 흙탕물을 만나면 불합격한다는 꿈도 있다. 내가 경험한 바로도 맑은 물과 관련한 꿈을 꾸면 대체로 좋은 일이 생겼던 기억이 있다.

이처럼 과학적으로는 해석이 안 되는 꿈이 현실에 나타나는 경우도 있지만 맞지 않는 꿈이 더 많을 것이다. 맞는 것만 기억에 남다 보니 꿈보다 해몽이 되나 보다. 아니면 정말 우리 인간이 알지 못하는 그 무엇이 꿈으로 알려주고 있는지도 모른다.

꿈은 그저 꿈일 뿐이다. 그것을 현실에 너무 연관지려 할 필요는 없다. 로또 복권에 당첨된 사람들의 꿈을 분석해 보니 조상, 돼지, 금 등의 꿈을 꾸었다고 했다. 그러나 다른 꿈을 꾸거나 아예 꿈을 꾸지 않은 사람이 당첨된 경우가 더 많을 것이다. 1등에 당첨된 사람들의 꿈 또한 그저 꿈일 뿐이다.

이 세상에서 가장 어리석은 사람은 현실에 맞지 않는 꿈에 매달리며 사는 사람이다. 로또, 경마, 도박 등에 빠져 일확천금을 노리는 허황된 꿈을 가지고 있는 사람이 있다. 이러한 꿈을 가진 사람은 자기가 무엇을 하여야 할지 모르는 사람이다. 그러기에 아무런 계획도, 하려는 의지도 없다.

잠을 자면서 꾸는 꿈이 아닌 내 인생에서 무엇을 하여야 하는지 나의 존재 가치를 높일 수 있는 꿈이 있어야 한다. 꿈이 없는 사람은 인생을 살아가야 할 아무런 이유가 없다. 허황된 꿈을 갖지 말고 빛과 소금이 될 수 있는 꿈을 가져야 한다. 빛과 소금이 없으면 단 하루도 살기 어렵다.

허황된 꿈은 나의 인생을 망치게 한다. 노력도 하지 못하게 하고 행복을 찾지도 못하게 한다. 좋은 꿈은 손쉽게 돈을 버는 꿈도 아니다. 열심히 흘리는 땀방울에서 행복을 그리는 꿈이다. 빛과 소금이 되는 꿈을 가져라.

주위사람이 행복해야 나도 행복하다. 주위사람이 모두 불행한데 나만 행복할 수는 없다. 그러기에 항상 주위사람과 같이 행복해질 수 있도록 행복을 나눌 줄 알아야 한다.

무용지물

아무 쓸모없는 사람이나 물건을 가리켜 무용지물이라 한다. 세상에는 꼭 필요한 사람, 있으나 없으나 한 사람, 필요 없는 사람이 있다. 어떤 사람이 되어야 할까?

우리는 꼭 필요한 사람이 되기 위하여 수많은 노력을 한다. 필요 없는 사람이 되기 위해서는 노력하지 않아도 된다.

그런데 사회는 참으로 우습다. 어떻게 보면 필요 없는 사람이 있기 때문에 필요한 사람이 되기도 한다. 범죄를 저지르는 사람은 필요 없는 사람이다. 하지만 이로 인해 경찰, 검사, 판사 등과 같은 필요한 사람이 생기게 되는 것이다. 어떻게 보면 필요 없는 사람도 필요한 사람처럼 보이기도 한다. 그렇다고 필요 있는 사람 만들자고 필요 없는 사람이 되어서는 안 된다.

물건도 마찬가지다. 나에게는 아무 쓸모없는 무용지물인 물건이지만 어떤 사람에게는 매우 유용한 물건이 될 수 있다.

'개×도 약에 쓰려면 없다.'는 말이 있다. 평소에는 아무 필요 없는 것처럼 보였던 것이 정작 필요할 때는 없다는 뜻이다. 즉 어느 경우에는 필요할 때가 있는 것이다. 그러기에 하찮은 물건도 함부로 버리지 않고 모아두는 모양이다.

나에게는 쓸모없지만 어느 누구에게는 필요한 것이 있다. 이러한 것들이 그냥 집에 묻혀 있기보다는 바자회 같은 것을 통하여 필요한 사람을 찾아가는 것은 의미 있는 일이다.

한국은행에서 동전을 발행하는데 많은 예산을 들이고 있다고 한다. 돼지 저금통에 동전을 모으는 것도 좋지만 이로 인해 동전을 발행하는데 많은 예산이 낭비되어서는 안 된다. 물론 화폐 모으는 사람들이 가지고 있는 주화도 상당할 것으로 보인다.

하찮은 것을 가볍게 여기면 그 귀중한 것도 잃기 쉽다. 나에게 하찮은 것이라도 다른 사람에게는 소중한 것이 될 수 있다. 귀중한 것도 하찮은 것 속에서 나오는 것이다. 하찮은 것을 아낄 줄 아는 사람이 귀중한 것을 얻게 된다.

한번쯤 '이 사회에 꼭 필요한 사람인가?' 생각해 보고 많은 사람들에게 행복을 주는 일을 찾아서 무용지물이 되지 않도록 해야 한다. 바로 이것이 참다운 인생이 아니겠는가!

모든 조직에는 '도대체 저 사람이 우리 회사에 왜 있어야 하는지 이유를 모르겠어.'와 같이 존재감이 상실된 사람이 있다. 그런 사람이 되어서는 안 된다. 나의 위치에서 내가 할 일을 책임 있게 할 때 모두의 신뢰가 쌓인다.

하지만 존재감이 없는 사람이 있다 하더라도, 그 사람을 멸시하거나 따돌려서는 안 된다. 앞에 있다고 앞만 보지 말고 뒤에 있는 사람에게 손을 내밀어 같이 갈 수 있는 마음을 가져야 한다. 먼저 가는 사람보다 함께 가는 사람이 좋은 사람이다. 아름다운 동행은 따뜻한 배려에서 나온다.

상행하효(上行下效)

윗사람이 하는 대로 아랫사람이 그대로 모방(模倣)함을 이르는 말이다.

춘추 시대, 제(齊)나라 경공(景公)의 재상 안영(晏嬰)은 외교에서 뛰어난 능력을 발휘하였으며, 군주의 과실이 있으면 숨김없이 간언하였다. 때문에 경공은 안영을 특별히 좋아하였다. 그런데 안영이 죽자, 이러한 인물이 다시 나타나지 않는 것에 대하여 경공은 불안해하였다.

어느 날, 경공은 문무백관들을 위하여 연회를 베풀었다. 연회가 끝난 후, 재미로 활쏘기를 하게 되었다. 자신이 쏜 화살이 모두 과녁에 맞지 않았는데도, 주위의 신하들이 손뼉을 치며 "최고의 활 솜씨입니다."라고 환호성을 지르는 것을 보았다.

며칠 후, 경공은 이 일을 신하 현장(弦章)에게 말하자, 현장이 말하기를 "이러한 일이 생겼다고 해서, 모든 신하들을 나무라서는 안 됩니다. 윗사람이 하는 일은 나중에 아랫사람이 따라하게 된다는 상행이후하효(上行而後下效)라는 옛말을 기억하십니까? 왕께서 좋아하시는 것을 신하들도 하게 되는 것입니다."

경공은 현장의 말에 크게 기뻐하며, 그에게 보물을 하사하려고 하였다. 그러나 현장은 이것을 거절하면서 이렇게 말했다.

"제가 왕을 모시는 것은 이러한 좋은 일을 하기 위해서이지, 만약 제가 그 보물을 받게 된다면, 제가 야비한 소인들과 다른 점이 무엇이겠습니까?"라고 하며 보물을 받지 않았다.

과거에 비해서는 많이 개선되었지만 권력이 법보다도 더 힘을 가지고 있다. '정승 집 개가 죽으면 문전성시를 이루지만 정승이 죽으면 한 명도 안 온다.'는 말이 있다. 가진 자들이 깊이 새겨 들어야할 말이다. 평소에 좋은 일을 많이 하여 덕을 쌓는 일보다는 권력을 잘

못 사용하였기에 많은 사람들로부터 버림받지 않았나 생각한다.

아이가 하는 행동을 보면 그 집안의 어른들의 생활이 짐작이 간다. 부모는 자녀의 거울이다. 부모가 하는 대로 자녀도 따라 한다. 부모가 교통 신호를 지키지 않으면 자녀도 안 지킨다. 부모가 누워서 텔레비전 보면 자녀도 누워서 본다.

학교에서도 선생님이 하는 대로 학생들도 따라 한다. 선생님은 왼쪽으로 다니면서 아이들에게 오른쪽으로 다니라고 한다면 아이들이 어떻게 받아들일까? 선생님부터 바르게 지켜야 한다. 학생들에게 잘 지키라고 말로 하는 것보다 행동으로 보여주는 것이 더 교육적인 가치가 있다. 말 한마디 하지 않아도 선생님 하는 대로 따라 하게 되어 있다.

상행하효와 관련된 말을 보면서 의미를 되새기었으면 한다.

▶ Where the dam leaps over, the kid follows.
   (어미가 뛰어넘는 곳은 새끼가 뒤따른다)
▶ As the old cock crows, so doth the youngs.
   = As the old cock crows, the young one learns.
      (늙은 닭이 울면, 어린 닭이 배운다)
▶ Fish begins to stink at the head.
   (물고기는 머리부터 냄새가 나기 시작(始作)한다.)
▶ People follow the example of their superiors.
   (사람들은 윗사람의 보기를 따른다.)
▶ What those above do, those below will follow.
   (윗자리에 있는 사람이 하는 것은 아래 사람이 따르게 된다.)

▶If a leader sets a bad example, it will be followed by his subordinates.

(지도자가 나쁜 본보기를 보이면, 부하(部下)가 따르게 된다.)

▶Superiors acting and inferiors imitating.

(상행하효(上行下效))

역운동(逆運動)

꼬부랑 할머니!

넘어질 것처럼 허리가 정말 많이 꼬부라져 있다. 생활 습관에 따른 결과다. 허리를 구부리지 않고서는 할 수 없는 문화가 그렇게 만든 것이다. 지금이야 싱크대가 있어 허리를 편 채로 음식을 만들고, 설거지를 하지만 옛날 부엌 구조에서는 허리를 구부리지 않으면 일을 할 수 없었다. 그러한 환경에서 일을 하다 보니까 허리가 구부러질 수밖에 없다. 만약 그 때 허리 펴는 운동을 허리 굽히는 시간만큼 했다면 그렇게까지 허리가 구부러지지는 않았을 것이다.

또한 기계를 많이 다루는 사람의 손가락을 보면 손가락이 일반 사람보다 뒤로 많이 젖혀지는 것을 볼 수 있는데 이 또한 일과 무관하지 않다.

자기 건강을 위하여 역운동을 권장한다. 좀 더 구체적으로 말하면 역운동이라기보다 역방향 운동이라고 하는 것이 더 정확한 표현이다.

등산을 하는 사람이 앞으로만 걷지 않고 뒤로 걷는 것도 뭉친 근육을 풀어주는데 효과적이다. 일상생활에서 손가락을 젖혀서 일하는 것보다 굽혀서 하는 일이 많다. 이럴 때의 역운동은 손가락을 뒤로 젖히는 것이다. 이와 마찬가지로 허리도 뒤로 젖히는 운동을 많이 하는 것이 좋다.

기체조 연수를 받을 때 들은 이야기인데 '용틀임'이라는 것이 있다. 아침에 일어나기 전 누워 있는 자세에서 기지개를 켜듯 온몸을 한번 풀어주는 것을 말한다. 몸이 가볍고 상쾌함을 느낄 수 있다. 한숨 자고 나서 기지개를 켜면 뻐근한 몸이 풀리는 것과 같다. 어깨 주무르는 것도 그냥 주무르는 것이 아니라 어깨 근육을 잡고 뒤로 젖혀주면 훨씬 더 시원함을 느낀다.

목을 뒤로 젖히는 것, 허리를 뒤로 젖히는 것, 깍지를 끼고 손가락을 뒤로 젖히는 것 등 대부분의 운동 방향이 앞보다 뒤라는 생각이 든다.

오늘 하루 동안 내가 움직인 방향을 생각해 보고 역방향으로 운동을 해 보라. 피곤함이 씻기는 기분을 몸으로 느끼게 될 것이다.

울타리

보호를 위한 울타리가 있는가 하면 감시를 위한 울타리도 있다. 울타리의 목적에 따라 행복할 수도 불행할 수도 있다. 울타리 안에 들어가면 울타리 안에서 지켜야 될 규칙이 있다. 그 규칙이 깨져 버리면 그 울타리는 울타리로서의 구실을 잃는다.

'가족'이라는 울타리는 가장 마음이 편안한 곳이다. 할아버지, 할머니, 아버지, 어머니……. 말이 없어도 자기의 할 일이 있고, 질서가 있다. 가난하면 가난한 대로, 부자면 부자인 대로 기쁨과 슬픔을 늘 함께 했다. 어른이 먼저 수저를 들고 난 다음에야 아이들이 수저를 들었고, 찬물도 위아래가 분명히 있었다. 엄격한 가정의 규율 속에서도 편안함이 있었다.

아들과 함께 친하게 지내는 줄로만 알고 친자식 이상으로 대해 주었더니 아들을 괴롭혀 자살에 이르게 하는 즉 은혜를 원수로 갚는 일이 발생하고, 재물에 눈이 멀어 부모를 죽이는 상상조차 하기 어려운 끔찍한 사건이 일어나고 있다. 큰 문제가 아닐 수 없다.

가정이라는 울타리가 구멍이 뚫려도 너무 뚫려 있다. '가정이 튼튼해야 나라가 튼튼하다.' 빨리 울타리의 구멍을 막아야 한다. 그 구멍을 막을 수 있는 것은 인성이다.

바른 인성은 가정에서 나온다. 가정이 무너지면 인성도 무너지게 되어 있다. 공부는 나중에 해도 되지만 인성은 그렇지 않다. 인성은 나이 먹어서도 고쳐지지 않는다. 10세 이전에 인성이 완성되기에 그 이전에 인성이 바르게 되어야 한다.

사랑과 폭력은 부모가 어떻게 행동하느냐에 달려 있다. 부모가 사랑을 실천하면 자녀도 사랑을 실천하고 부모가 폭력적이면 자녀도 폭력적으로 자란다. 그러기에 부모의 행동거지 하나하나가 중요하다. 가족이라는 울타리를 든든하게 만들어야 한다.

집 근처에 있는 근린공원을 산책하게 되면 보지 말아야 할 일을 보게 된다. 연세 많이 드신 할아버지, 할머니가 있어도 아랑곳하지 않고 교복 입은 채로 담배 피우는 것은 물론 별 짓을 다 한다. 차마 눈 뜨고는 민망해서 볼 수 없다. 이곳에서만 20년 넘는 교직 생활을 했기 때문에 내가 가까이 가면 슬그머니 자리를 피하지만 돌아서면 다시 시작한다. 이렇게 밤늦게 방황하는 아이들을 보면 가정의 울타리가 너무나 무너졌다는 것을 느낀다.

머물고 싶은 가정, 따뜻한 가정으로 만들어야 한다. 경제가 어렵다 보니 한 부모 가정이 늘어나고 부부싸움이 늘어나고 이혼이 늘어난다. 이러한 울타리 안으로 누가 들어가려 하겠는가?

사람들은 가족을 만들어 그 울타리로 들어가려 한다. 그 안에서 편안함과 행복함을 얻으려 한다. 가족이란 말, 얼마나 소중한 말인가? 서로 믿을 수 있고, 나눌 수 있고, 기댈 수 있는 것이 가족 아니겠는가? 어려울수록 울타리를 튼튼하게 하여야 한다. 눈에 보이는 울타리가 아닌 기능을 살릴 수 있는 울타리를 만들어야 한다. 어려울수록 가족에게 힘이 되어 주어야 한다.

가족이라고 항상 행복한 것은 아니다. 행복만 있다고 행복한 것은 아니다. 행복과 불행이 조화롭게 이루어질 때 그것이 참다운 행복의 가치를 알게 해 주는 것이다.

어떤 때는 가족으로 인하여 큰 기쁨을 얻기도 하지만 어떤 때는 더 큰 고통을 안기도 한다.

가족 중에 누구 하나가 좋은 대학에, 좋은 직장에 들어가게 되면 마치 내가 한 것처럼 기쁘지만, 교통사고를 당하거나 암에 걸리게 되면 내가 당한 것 이상으로 마음이 아프다. 어떤 경우에는 그 고통을 대신 했으면 하는 생각을 갖게 하는 것도 가족이기 때문이다.

가족은 선택하는 것이 아니다. 가족이 되기 싫다고 안 되는 것이 아니다. 가족은 운명적으로 맺어진 것이다. 같은 유전자를 가졌다는 것은 매우 중요한 의미를 갖는다.

부모가 돌아가시고 나서 재산 상속 문제로 등을 돌리고 오히려 남 남보다도 못한 관계를 갖는 사람이 있다. 가족은 재산으로도 바꿀 수 없다. 알량한 재산 몇 푼에 갈려서도 안 된다.

가족이라고 늘 좋은 일만 있는 것은 아니다. 아무리 좋지 않은 일 이 있다 하여도 가족이기에 참아야 하고 아픔을 나눌 줄 알아야 한 다.

가족이 없는 사람일수록 가족의 소중함을 안다. 행복을 지켜주는 가장 튼튼한 울타리가 바로 가족이다.

응원

응원은 활력을 분출하는 에너지다. 상대의 사기를 저하시키기도 하지만 보이지 않는 힘을 주는 에너지가 된다.

어떤 경기에서 이기고 있을 때의 응원을 보면 요란하면서도 매우 화려하다. 거의 제정신이 아닐 정도로 광적인 경우도 있다. 경기에 진다하여도 응원하는 맛에 경기장을 찾는 사람도 있다. 그만큼 응원은 용기를 주는 일이기도 하지만 어떻게 보면 삶에 찌들었던 스트레스를 날려 버리는 좋은 일이기도 하다.

요즘 젊은 부모들을 보면 자녀가 공부를 잘 하도록 응원을 하는 것인지 아니면 공부를 하지 못하도록 하는 것인지 의문이 간다. 선수가 그 경기에 몰입해서 최선을 다할 수 있도록 해 주기 위해 응원하는 것이지 그 경기가 하기 싫어서 억지로 하게 하는 것이 되어서 안 된다.

공부도 마찬가지다. 공부에 재미를 붙이고 스스로 열심히 하도록 응원해 주어야 한다. 그런데 그렇지 않다. 부모의 지나친 욕심이 공부를 하고 싶도록 해 주는 것이 아니라 공부를 하기 싫도록 해 주고 있다.

무엇이든 하고 싶어야 능률이 오른다. 잘 할 때의 응원도 중요하지만 못할 때도 힘이 되어 줄 수 있는 소리 없는 따뜻한 응원이 더 필요할 때도 있다.

이름

한 때 한글로 이름 짓는 것이 유행이었다.

여자 아이인 경우 '꽃님이'라는 이름도 있다. 어렸을 때는 모르지만 할머니가 되었을 경우 '꽃님이'이라는 이름은 어딘가 좀 쑥스럽기도 하다. 한 때 잘 어울리지 않는 이름을 바꿀 수 있도록 법적으로 허용해 주어 많은 사람들이 이름을 바꾸기도 했다.

생각하기조차 싫은 끔찍한 사건을 저지른 사람의 이름을 가지고 사회의 이슈가 된 적이 있었다. 길에서 태어나서 그에 걸 맞는 이름을 지었다는 것이다.

이름대로 되는 경우도 많다. 그래서 이름을 잘 지어야 하나 보다. 이순신, 한석봉, 강감찬 등의 이름을 보면 무엇인가 좋은 느낌이 든다. 물론 훌륭한 점을 미리 알고 있어 그렇게 느껴질지 모르나 잘못 지어진 이름이라는 생각은 들지 않는다.

'김바보', '이병신'과 같은 이름을 지었다고 생각해 보자. "바보야, 병신아"하고 매일 부르게 되니 그렇게 되지 말라는 법 없다. 이름대로 바보, 병신이 될 수 있다.

잘된 사람 중에 '장원', '회장'이란 이름을 가진 사람도 있다. 이름대로 될 확률이 높다. 부르는 사람도 긍정적으로 생각하게 되고 자신 또한 그렇게 노력을 하게 될 것이니 그렇게 되기가 쉽다.

우리 큰 아들 이름은 장인어른이, 둘째는 작명소가서 돈을 주고 지었다. 둘째 아이 이름으로 생각해 둔 것을 이야기 하니 획수가 형을 넘어서면 집안에 불화가 생긴다고 하여 작명소에서 지어준 이름으로 하였다. 이름을 지어온 다음 아내에게 이야기하였더니 천안에 살고 있는 사촌 형의 딸 이름과 같다고 하여 바꿀까도 생각했는데 한자가 다르다는 것으로 만족하고 바꾸지 않았다.

작명소에서 내 이름을 풀이해 주는 데 내가 살아 온 과정과 거의 일치하는 것을 보고는 '이름대로 사는구나.'하는 생각이 들기도 하였다. 정말 이름 잘 지어야 한다.

물론 좋지 않은 이름도 훌륭한 일을 많이 하여 좋은 이름으로 남긴 사람도 많다. 이름대로만 출세한다면 이름에 매달리지 않을 사람 없다. 이름은 이름일 뿐이다. 그 이름을 빛내고 빛내지 않고는 어떻게 사느냐에 달려 있다.

고도원 아침재단문화이사장의 강의 중, 형님 되시는 분의 이름이 '고성원'이라고 하면서, 성스러울 '성'자가 있어 목사로서 활동하고 있다고 하면서 이름대로 되는 경우가 많다고 하였다.

'호랑이는 죽어서 가죽을 남기고, 사람은 죽어서 이름을 남긴다.'는 말이 있다. 이름을 잘 짓는 것도 중요하지만 이름을 어떻게 남기느냐가 더 중요하다.

좋은 이름으로 남기기 위해서는 좋은 일을 많이 해야 한다. 나만 행복하면 된다는 생각을 버리고 모두가 행복한 일이 되는 좋은 일을 많이 해야 한다. 놀림 받기 쉽거나 좋지 않은 이름이라도 얼마든지 좋은 이름으로 남길 수 있다. 너무 이름에 연연하는 것도 좋은 생각은 못 된다. 그저 다른 사람에게 행복을 주는 작은 일을 매일 조금씩 실천하는 것이 중요하다.

듣기 좋은 이름, 부르기 좋은 이름, 평범하면서도 결코 평범하지 않은 뜻을 가진 이름이 좋은 이름이 아닐까? 좋은 일을 하면 좋은 이름으로 남고, 나쁜 일을 하면 나쁜 이름으로 남는다.

자랑거리

1996년에 유럽에 갔다. 이탈리아에 도착하였는데 가이드 말이 성수대교 사고가 큰 화제라고 하였다. 이곳에서는 도저히 상상도 할 수 없는 사고라는 것이다. 나 자신도 성수대교 사고를 보면서 어떻게 저런 일이 일어날 수 있는지 의문이 들었으니 말이다.

그리고 또 하나 놀라운 것이 주택의 가격이었다. 새로 지은 것이나 평수가 기준이 아니고 얼마나 오래 되었는지, 얼마나 높은 산에 위치하는지에 따라 가격이 정해진다고 하였다. 우리나라와는 반대로 오래된 건물일수록, 도심에서 멀리 있을수록 가격이 높다고 하였다.

호텔에서 청소하는 관리인과 대화를 나누었다. 자기가 하고 있는 일에 보람을 느끼고 만족하였다. 더 나아가 직업에 대한 자부심이 대단하였다. 우리나라 같으면 부끄럽게 생각할 수도 있는 직업인데 말이다.

또한 저녁을 먹고 술집에 들러 맥주를 마시는 데 10시가 되자 가게 문을 닫아야 하니 나가달라고 하였다. 행복하게 살아야 할 가정을 돈 때문에 버릴 수 없다는 것이었다.

통금 시간이 있을 때도 셔터를 내리고 밤새 술을 파는 우리나라와는 너무나 비교가 되었다. 하기야 그런 정신이 작은 나라 대한민국을 경제 강국으로 만들어 놓았는지도 모른다.

시대가 변하고 있다. 물질적인 풍요에서 정신적인 풍요를 중시하는 바람이 불고 있다.

우리나라 사람들은 아파트 평수, 고급 승용차, 부동산이나 동산 등과 같이 물질적인 것을 자랑으로 삼는다. 그러나 유럽에서는 내가 만들 수 있는 요리가 몇 가지인지, 승마를 할 수 있는 지, 좋아하는 취미가 몇 가지인지 등과 같이 생활을 건강하고 풍요롭게 하는 것에 기준을 둔다.

미국의 경우 개인이 총기를 가질 수 있도록 되어 있다. 그로 인해 각종 사고가 빈번하게 일어나고 있다. 그럼에도 불구하고 최강국의 면모를 지키고 있는 배경에는 재산의 사회 환원, 자원 봉사 등과 같이 다른 사람을 배려하는 봉사 정신이 어느 나라보다도 높기 때문이다.

작은 소형차(국민차)로 학교까지 태워다 주는데 다른 아이들이 보면 창피하다고 교문에서 멀리 떨어진 곳에 내려달라고 하더란다. 물질적인 것이 기준이다 보니 정신적으로 빈곤한 것이 아닌가 생각된다.

자랑거리를 물질적인 것에서 정신적인 것으로 바꿔 보자. 물욕은 끝이 없다. 있으면 있을수록 욕심이 더 생기는 것이 물욕이다.

'있는 사람이 더 하다.'라는 말이 있다. 많이 가진 사람일수록 인색하다. 돈, 부동산, 자동차, 골프 회원권 등 물질적인 것을 자랑거리로 삼지 말고, 글씨, 리듬 체조, 피아노, 연설, 요리 등과 같이 열심히 노력해서 얻어지는 재주를 자랑거리로 삼자. 그것이 인생을 아름답게 사는 것이다.

부모를 잘 모시는 것은 좋지만 생색은 내지 말아야 한다. 생색내려고, 자랑하려고 모시려면 하지 않는 것이 낫다. 괜히 모시면서 욕먹는다.

좋은 일하는 것은 자랑 거리가 아니다. 그저 좋은 일을 할 뿐이다. 다만 그 좋은 일은 언젠가는 무엇으로라도 반드시 보상받게 되어 있다. 그러나 보상받기를 기다리는 것도 잘못이다. 마음을 비우고 기다릴 뿐이다.

오늘부터라도 자랑 거리를 하나씩 만들어 보자. 정말 좋은 인생 만드는 것이다. 하루하루 사는 맛이 다르다.

존경심

자신을 소중히 여길 줄 알아야 한다.

자신을 소중히 여기는 사람은 자기 몸을 절대 함부로 하지 않는다. 명심보감에 보면 부모에게 물려받은 신체를 온전하게 살피지 못하는 것도 불효라 하였다.

자살하기 전에 자살로 인하여 일어날 일을 한번쯤 생각해 본다면 자살할 수 없다. 아무리 어려운 일에 처해 있다하여도 자살해서는 안 된다. 그동안 부모님께서 나에게 베풀어준 것에 비해 성적이 기대에 미치지 못했다고 해도 자살을 해서는 안 된다. 자살했을 경우 남아 있는 사람 입장 조금이라도 생각한다면 절대 할 수 없다.

자식 잃은 부모의 마음은 생각해 보았는가? 부모가 주위의 아는 사람들을 만날 때 어떠한 마음일까? 그 외에 나와 같이 했던 가족이나 친척, 선생님, 친구는 어떤 마음일까?

세상이 무너져서 죽을지라도 자살만큼은 절대 해서는 안 된다. 자살할 용기가 있다면 그 용기를 좋은 일에 투자하라. 내가 하는 일이 이 세상에 얼마나 도움이 되고 있는 지 생각해 보라. 자살할 용기를 가진 사람은 마음만 먹으면 못할 게 없는 능력을 지녔다고 한다. 내 몸이라고 내가 함부로 할 수 있다는 마음에서 벗어나야 한다. 이왕이면 나와 관련된 모든 사람을 기쁘게 해 줄 수 있도록 노력해야 한다.

자살은 근본적으로 자기 자신을 사랑할 줄 모르는 사람이다. 자기 자신을 진정으로 사랑하는 사람일수록 다른 사람도 사랑할 줄 안다.

항상 자기 자신을 스스로 존경하라. 자기 자신을 존경하는 데 함부로 하겠는가? 자신을 사랑하는 데 자신을 위한 투자에 게을리 하겠는가? '나는 이 세상에 단 하나 밖에 없는 고귀한 존재다.'라는 생각으로 나를 가꿔야 한다.

철부지 학창 시절 문신이 무엇인지 알지도 못하면서 자신의 몸에 상처를 남기는 것은 큰 죄를 짓는 것이다. 나이가 들면 반드시 후회한다. 새겨진 문신에 어떤 의미를 부여하는 생활을 한다면 그것은 더 나쁜 길로 자신을 몰아넣는 일이고 결국에는 씻을 수 없는 후회를 한다.

자신을 하찮은 사람으로 생각하는 것은 자기 스스로를 학대하는 것이다. 그러한 생각은 모든 일에 부정적이고 적극적이지 못하며 무엇을 하려는 의욕조차 가질 수 없도록 한다.

자신을 아무것도 하지 못하는 사람으로 생각하면 정말 아무것도 하지 못하게 되고 무엇이든 할 수 있다는 생각을 가지고 있으면 무엇이든 할 수 있다. 자신을 진정으로 존경하는 사람은 절대 악한 일을 하지 않는다. 다른 사람으로부터 손가락질도 당하지 않는다.

현실에 안주하는 사람보다는 변화의 흐름을 읽고 변해야 성공한다. 변화에 적응하는 것이 말처럼 쉽지 않다. 그러나 성공하기 위해서는 변하지 않고서는 안 된다. 이왕 변할 바에야 변화를 따라가는 피곤한 사람이 되지 말고 변화에 앞장 서는 사람이 되라. 변화에 앞장서다 보면 변화의 기쁨도 맛보게 되고 반드시 성공한 삶을 살게 될 것이다.

성공한 수많은 사람들은 변화를 사랑하고 변화를 선도하였기에 성공한 것이지 다른 사람이 만들어 놓은 길을 그대로 따라 가지 않은 사람들이다. 만들어진 길을 가기는 편해도 새로운 길을 만들려면 힘이 든다. 그러나 반드시 힘든 것 이상, 기대한 것 이상의 보상이 이루어진다는 것을 기억해야 한다.

쉬운 것에서 기쁨을 찾지 말고, 무엇을 이루기 위한 피나는 노력에서 보람을 찾는 생활을 하여야 한다. 항상 외쳐라.

"나는 성공할 수 있다."

"나는 위대하다."

정상에 올라간 사람만이 느끼는 희열을 반드시 맛보게 될 것이다.

어디 정상을 정복하는 것이 그렇게 쉬웠는가? 자신의 삶을 변화시키고 이상에 다가가려고 노력하다 보면, 반드시 성공하게 되어 있다.

자신에 대한 존경은 가능성을 활짝 열고 꿈을 이루는데 필요한 힘이 된다. 자신의 인생을 완성시키기 위해 가장 먼저 스스로를 존경하라.

처음처럼

처음처럼 마음 갖기가 쉽지 않다. 아내를 얻으면 세상을 모두 얻은 것같이 생각하였지만 자식이 생기고 사회가 무엇인지 부딪히면서 처음의 마음을 유지한다는 것이 그렇게 쉽지 않다.

'저런 여자 누가 데려가. 트럭으로 줘도 싫다.'했던 여자가 결혼할 때 보니까 상상도 안 가는 재력도 튼튼하고 인물도 훤한 사람과 결혼하여 팔자 고치는 일이 있는가 하면, 집에서 빈들빈들 놀면서 돈도 없고 학벌도 없고 인물도 없던 남자가 반듯한 신부 만나 결혼하는 경우도 있다. 좋아하면 곰보도 보조개로 보인다고 하니 참으로 세상모를 일이다.

사람이 만나 결혼까지 간다는 것은 대단한 인연이다. 나이 스물아홉이 되어 장가갈 때가 되었지만 결혼에는 별관심이 없을 때다. 작은 형과 지금의 큰 동서가 공주시 의당면 벽지학교인 도덕초등학교에 근무하게 되었는데 벽지다 보니 관사가 있었다. 작은 형은 오토바이로 공주에서 출퇴근하였고 큰 동서는 관사에서 생활하였다. 지금이야 학교에서 급식하지만 그 때만 하여도 모두 도시락을 싸 가지고 다닐 때였다. 작은 형과 큰 동서는 대학 선후배로 가까이 지내게 되었고 점심때면 관사에 모여서 같이 식사를 하였다.

그 무렵 큰 처형의 산후 조리를 아내가 해 주게 되었다. 아내를 보고 작은 형과 동서 간에 혼담이 오가게 되어 결혼하게 되었다. 지금도 맞선 본 날의 첫인상은 지워지지 않는다. 정말 믿어지지 않는 끌림을 느낄 수 있었다. 만난 지 40여일 만에 결혼하게 되었는데 결혼한 날이 네 번째 만나는 날이다. 그렇게 빠르게 결혼이 이루어질지는 생각하지 못했다.

셋째 딸은 선도 안 보고 데려간다는 말이 있듯 아내는 나에게 너무나 소중하고 고마운 사람이다. 교직의 꽃이라 불리는 교장의 자리에 오기까지도 아내의 도움이 있었기에 가능하지 않았나 생각한다.

　나는 2년제 공주교육대학을 졸업하였다. 배움에 대한 욕망이 있어 장항초등학교 근무할 때 방송통신대학 영어영문과에 입학하여 영어를 전공하기도 하였지만 중도에 포기하였다. 그리고는 더 공부하고 싶은 마음을 갖지도 않았다.

　그러던 중 공주교육대학교에 계절제 4년 과정이 신설되었다. 방학을 이용하여 다닐 수 있어서 입학을 하였고 학사 학위를 받았다. 박봉의 어려운 살림에서 필요성도 느끼지 못했고 분에 넘친다는 생각에 대학원은 생각도 하지 않았다. 벽지 점수나 특수학급 점수 하나 없고 1정 자격 점수까지 좋지 않았던 나는 교감 승진을 사실상 포기하고 그저 평교사로서 교직 생활을 매듭지으려 생각하였다.

　하지만 아내의 생각은 달랐다. 승진이 아니더라도, 어려운 살림이라도 대학원에 꼭 다니라는 것이었다. 그것이 계기가 되어 석사 학위를 이수하게 되었고 승진에 대한 마음을 갖게 되었다.

　신혼 생활을 비유하여 '깨가 쏟아진다.'는 말이 있다. 신혼부부의 분위기가 깨처럼 고소하다는 뜻도 되지만 다산의 뜻도 있지 않나 생각한다. 그렇게 술을 좋아했던 나였지만 퇴근 시간이 기다려졌고 학교에 있어도 머릿속에는 온통 아내의 생각만 났다.

　'누구보다 행복하게 고생시키지 않겠다.'고 마음속으로 굳게 다짐도 하였다. 세상을 모두 얻은 것 같은 환상에 젖기도 하였고 미래에 대한 청사진도 세워 보았다.

　사랑하는 사람이 만들어준 반찬은 더욱 맛있나 보다. 물론 그동안 입에 맞든 맞지 않던 하숙집 생활만 하다 보니 입맛이 맞지 않아도 이겨내야 하는 고통도 있었다. 부여 홍산의 여인숙에서 결혼 전에 잠시 하숙할 때의 일이다. 나는 보통 사람과 달리 음식에 대하여 가림이 심한 편이다. 특히 비린내 나는 생선 같은 것은 구역질을 할 정도로 잘 먹지 못하는데 내가 싫어하는 생선이 항상 상에 올랐다. 생선의 냄새 때문에 다른 것까지도 입에 대지 못하였다. 그렇다고 먹지 않은 채로 상을 물리면 하숙집 주인의 마음이 아플까봐 조금만 먹고 다 먹은 것처럼 남은 밥을 봉지에 담아 학교 가는 길에 있는 돼지 구수에 넣어주기도 하였다. 이러한 생활을 하던 중에 결혼을 하였으니 그 음식이 얼마나 맛이 있겠는가?

아내 자랑하면 팔불출이라는데 아내의 음식 솜씨는 큰 집에서나 친정에서도 불려 다닐 정도로 알아주었다. 그런 정도니 얼마나 맛이 있었겠는가? 이 모든 것이 인연이 된 아내의 덕이 아닌가 생각한다.

이혼의 원인을 보면 성격 차이라고 많이 이야기한다. 인간의 내면적 가치를 중시하지 않고 눈에 보이는 외면적 가치를 기준으로 삼다 보니 외모에만 신경을 썼지 가장 중요한 내면에는 신경을 쓰지 않은 것이다. 여자도 처녀일 때가 좋은 혼처가 있는 것이지, 재혼하다 보면 좋은 혼처도 잘 생기지 않는다. 이 모든 것이 내면의 가치를 중시하기보다는 외면의 가치를 중시하기 때문이다. 결혼 전에 보이지 않았던 마음에 들지 않는 것이 하나 둘 드러나게 되면서 갈등이 생기고 다툼이 일어난다.

결혼하고 나서 '내 사람이 되었으니 이제는 잘 보이지 않아도 된다.'는 안이한 생각에 보이지 말아야 할 것을 보이게 되고 그것이 사랑을 식게 만든다. 그러기에 처음의 마음을 유지할 줄 알아야 한다.

그래서 '처음처럼'이 중요하다. 오히려 더 조심하고 더 잘 대해 주어야 한다. 그것이 올바른 사람이다. 생각하지도 않았던 좋지 않은 일도 사랑으로 보면 아름답게 보인다. 오히려 결혼 전보다 더 깊은 사랑을 갖게 될 것이다.

결혼할 때의 처음으로 돌아가자. 그리고 그 마음이 어떠한 일이 있어도 변하지 않도록 참고 또 참자.

좋은 말로 '사랑 다툼'이라 미화시키지만 좋은 다툼도 골이 깊어지면 사랑도 식는다. 부담 없이 주고받던 농담도 마음이 변하면 진담된다. 그래서 농담도 함부로 해서는 안 된다. 그 농담이 진담이 되어 돌아오면 진담보다 더 무서운 것이 농담이다.

'부부 싸움은 칼로 물 베기'라는 말이 있다. 칼로 물을 베어봐야 금 방 합쳐지는 것을 보고 이야기 했을 듯하다. 부부싸움은 칼로 물 베 기라 하더라도 싸우지 않는 것이 최선이고 만약 싸우더라도 기본적 인 선을 넘지 않는 것도 중요하다.

상대의 약점을 들추어내어 감정을 더 악화시키거나 '이혼하자.', '다 죽자.' 등과 같이 돌이킬 수 없는 막말과 행동은 하지 않아야 한 다. 극단적인 언행을 하게 되면 화해를 하였다 하더라도 앙금이 쉽 게 풀리지 않고 남아 있어 기분을 조금만 거슬리는 작은 일에도 다 툼이 일어나게 된다. 그 상처는 마음속에 오래도록 남아 서로를 괴 롭힌다.

싸운 후에도 좋지 못한 선택은 하지 말아야 한다. 싸우고 나서 음 식을 거부하는 일, 각 방을 사용하는 일, 말을 하지 않는 일 등은 서 로의 감정만 키우게 된다. 먼저 손을 내미는 사람이 더 큰 사람이고 싸움에서 이긴 사람이다. 먼저 미안하다고 말하고 먼저 손을 내밀 때 상대의 마음은 더 미안하게 생각하게 되고 더 참아야겠다는 반성 도 한다.

요즘에는 부부 싸움도 '칼로 물 베기'가 아닌가 보다. 부부 싸움으 로 인하여 한 가정이 파괴되고 소중한 생명이 세상을 달리 하는 것 을 보면 정말 참고 참으며 사는 것이 최선이구나 하는 생각이 든다.

과거와 달리 맞벌이 가정이 많다 보니 사람 됨됨이에 따라 사람을 평가하는 것이 아니라 소득의 많고 적음에 따라 사람을 평가하는 것 이 일반화 되어 있다. 바로 이것이 부부 싸움의 가장 중요한 요인이 아닌가 생각한다.

과거에는 대부분 남자가 주 수입원이었고 여자는 가정에서 살림만 하다 보니 집안의 모든 권한이 남자에게 집중되어 있지만 맞벌이 가 정이 늘어나면서 소득에 따라 권한의 배분도 달라지는 현상이 일어 나고 있다. 어제까지도 떵떵거리던 남자가 하루아침에 실업자가 되 어 집에서 빈들빈들 놀고, 어제까지만 해도 남편에게 잡혀 꼼짝도 못했던 여자가 어느 새 직장을 얻어 집안의 새 주인이 되다 보니 어찌 집안이 조용하겠나?

'여자가 한을 품으면 오뉴월에도 서리가 내린다.'는 말이 있듯 평소에 아무리 여자가 낮고 천하게 보여도 마음 아픈 곳을 건드려 한 맺히게 하는 일 만들지 말아야 한다.

어제까지만 해도 술 먹고 들어와 잔소리해도 말 한 마디 못하고 아침 해장국 잘 내어 놓던 아내가 직장 잃었다고 술 먹은 것에 대해 잔소리하고 해장국은커녕 아침도 주지 않으니 어느 속 좋겠는가? 여자 입장에서도 마찬가지다. 그동안 남편이 잘 벌어다 주어 생활하는데 지장 없이 잘 살아 왔는데 하루아침에 먹을 것 걱정에 앞길이 막막하니 남편이 예쁘게 보일 리 있겠는가?

처음부터야 노골적으로 나타나지는 않겠지만 집안의 중심축이 서서히 여자 쪽으로 기울게 되면서 부부싸움의 무대가 만들어지는 것이다.

어떤 일이 있어도 아침, 점심, 저녁 꼭꼭 챙겨 먹는 '삼식이'는 되지 말라. 아내 바깥바람 쐴 수 있는 시간은 주어야 하지 않는가? '이식이'로 만족하자. 정년되기 전에야 매일 집에 들어와 밥 먹어도 말 없었지만 퇴직하고 이랬다는 고운 소리 못 듣는다. 눈칫밥 먹게 된다.

부부 사이가 그깟 돈 몇 푼에 흔들려서는 안 된다. 남편이 직장을 잃었을 때 그래도 남자의 마음을 안아 줄 사람은 아내이다. 남편이 돈 벌지 못하고 아내가 벌어 온 돈으로 산다는 것에 대해 말은 못하지만 얼마나 가슴 아프겠는가? 언젠가는 좋은 날이 올 수 있다는 희망을 가지고 서로가 안아주는 것이 부부다.

부부 사이를 일심동체라 하지 않는가? 부부는 촌수도 없지 않은가? 이 세상 살면서 정말 나를 위하는 사람이 아내라는 것을 절실히 느낀 때가 있다.

시골에는 장모님 혼자 살고 계셨는데 커다란 감나무가 몇 그루 있

다. 감 딸 때 되면 장모님의 걱정에 감을 빨리 따야 했다. 감을 따
본 사람은 알겠지만 감 따는 일어 어디 그리 쉬운가? 장대가 잘 닿
지 않아 사다리를 놓고 지붕 위로 올라가 손으로 감을 땄다. 지붕 아
래에 벌 중에서도 독하기로 소문 난 말벌의 집이 있었는데 그것을
몰랐다. 말벌들이 눈에 보이지 않을 정도로 떼를 지어 온몸에 달려
들었다. 밀짚모자를 휘두르면서 사람들이 모여 있는 곳으로 줄행랑
을 쳤다.

다른 사람들은 무서워 손도 대지 못하고 도망가는데 한 사람만이
내 몸에 붙어 있는 벌을 손으로 잡은 사람이 있었으니 그 사람이 바
로 아내였다. 평소 같으면 말벌이 무서워 근처에도 가지 못하는 아
내가 말벌을 손으로 잡는 것이었다. 이것이 바로 부부다.

말벌에게 쏘이면 머리가 쪼개진다고 할 정도로 그 통증이 심하다.
그래서 말벌만 나타나면 피한다. 그렇게 무서워 피하였던 말벌을 피
하지 않고 아내가 잡았던 것이다. 짧은 시간에는 이성적으로 판단하
여 행동하지 않는다. 본능이다. 무의식적으로 이루어진다. 부부이기
에 그러한 행동이 나온 것이다. 평소에 정을 느끼지 않았던 것 같아
도 위급 상황에 닥치다 보면 본성이 나타난다.

순간의 실수로 돌이킬 수 없는 일을 저질러 놓고 후회하는 사람이
많다. 재산에 눈이 어두워, 다른 여자에 마음이 변해, 성격의 차이
등으로 인해 너무나도 끔찍한 사건을 보면 만물의 영장이라는 사람
이 개, 돼지보다도 못하다는 생각이 든다. 모두 부질없는 욕심에서
일어난 일이다.

물질에서는 나보다 못한 사람을 보고, 정신에서는 나보다 잘난 사
람을 보는 지혜를 가져야 한다. 물질적으로 나보다 잘난 사람만 보
는 사람은 평생 불행만을 찾아다니는 사람이다. 물질적으로 빈곤하
더라도 정신적으로 풍유한 사람이 행복의 참맛을 아는 사람이다.

다 그런 것은 아니지만 많은 사람들이 결혼하면 마음이 달라진다.
결혼 전에 있었던 뜨거운 사랑도 식는다. 물론 다 그렇다는 것은 아

니다. 어느 경우에는 사랑이 더 깊어지는 경우도 있다. 그러나 성숙되지 못한 사람이다 보니 이러한 일도 있나 보다.

내 자신도 결혼하면 더 사랑할 줄 알았는데 시간이 지나면서 사랑도 변화가 심하다는 것을 느낀다. 아내가 부족하다고 느끼는 것에 대한 다른 생각이 없는 것도 아니다. 다 부질없는 생각인 줄 알면서도 그러한 생각을 한다. 이러한 생각도 지나친 욕심에서 나온 것이다. 욕심 버리기가 쉽지 않다는 것도 안다. 하지만 마음을 비울 줄 알아야 하고 처음으로 돌아가야 한다.

생각을 바꾸자. 아내보다 좋은 사람만 보려고 하니 사랑이 식는 것이다. 아내보다 못한 사람을 보면 사랑은 더 깊어진다.

결혼 생활 30년 동안의 생활 중에서 아내에게 감사해야 할 것이 너무나 많다. 술 한 모금 하지 못하면서 술 좋아하는 사람 만나 고생하고, 시집이든 친정이든 집안 행사 주방일 끝까지 혼자서 마무리하고, 음식 솜씨 좋아 오라는 곳 많아 고생하고, 골프니, 수영이니, 좋아하는 취미생활 하지도 못하고, 집에 있으면 우울증 걸린다며 궂은일 마다하지 않고, 박봉 살림에도 교장 승진했다고 차 바꾸라 목돈 내 놓았던 일 등이 마음을 아프게 한다.

부부 생활하면서 그래도 나쁜 점보다는 좋은 점이 더 많다. 나쁜 것이 크게 보이고 잘 한 것이 작게 보이기 때문일 것이다.

부부의 사랑이 식지 않게 해 주는 것은 서로를 배려하는 마음이 아닌가 생각한다. 내가 해 준 것만 생각하지 마라. 내가 받은 것을 생각하라. 준 사람은 해준 것보다도 더 크게 생각하고 받는 사람은 받은 것보다 더 적게 생각하는 것이 모든 사람들의 생각이다.

해준 것은 마음속에서 지우고 오로지 받은 것만 생각하라. 그것이 진정으로 존중할 줄 알고 배려할 줄 아는 가슴이 큰 사람이다. 부부 싸움 대부분의 원인은 해 준 것은 크게 보이고 받은 것은 작게 보이기 때문이다.

'남자는 50 넘으면 집으로 들어온다.'는 말이 있다. 아마 50이 되어서야 정신을 차리는 모양이다. 나 역시도 늦게야 철이 난 것 같다. 자식이 잘못되어도, 어렵게 살아가더라도 내 탓으로 여기는 마음을 갖는다면 부부간에 싸우는 일은 없다. 잘한 것은 내 탓, 못한 것은 네 탓으로 하는 생각이 사랑을 식게 한다.

처가 식구들의 말투를 보면 대부분 상냥스럽지 못하고 언뜻 들으면 짜증내서 하는 말로 들리는 공통점이 있다. 기분 좋을 때는 그냥 넘어갈 수도 있겠지만 스트레스 받는 일이 있을 때는 그냥 넘어가지 못하여 다툼으로 이어지곤 한다.

어렸을 때부터 그러한 언어생활이 몸에 익어서 습관이 되어서 그렇지 마음까지 그렇지 않다는 것을 안지는 그리 오래되지 않는다.

'내가 더 참아야지. 그리고 좋은 말로 풀어야지.'하는 생각을 갖고 실천하려 하지만 귀에 거슬리면 말을 들으면 참지 못하고 화를 내고 흥분하여 말다툼을 한다. 그래도 참아야지 하는 좋은 생각으로 참고 잘 하려고 했는데 이를 알아주지 않고 퉁명스러운 말로 되돌아오니까 더 화가 나게 되는 것 같다. 마치 무슨 일을 하려고 하는 데 누가 시키면 하기 싫어지는 것처럼 말이다.

'한 번 더 참아 보자.'라는 생각으로 한 번 더 참으니 오가는 언어가 많이 좋아졌고 이제는 어떤 말도 이해할 수 있게 되었다. 세 번만 참아 보라. 싸울 일이 생기지 않는다. 말이나 행동으로 사랑하기보다는 우선 마음속으로 사랑하라. 마음에서 우러나오는 사랑이 진정한 사랑이고 어떤 말도 기분 좋게 받아들일 수 있다.

인생 살면 얼마나 살겠는가? 죽을 때 보면 한 줌의 흙이다. 본가든 처가든 어려운 집안이 있으면 도울 줄 아는 사람이 되어라. 돕고는 싶지만 내가 어려워서 돕지 못하겠다고 이 핑계 저 핑계 대면 도울 수 있는 사람 하나 없다.

나보다 못산다면 나만큼 살게만 도와라. 나 살 것 챙겨놓고 남는 것으로 돕는다는 생각은 돕지 못하겠다는 것과 같다. 가지려는 자 죽을 때까지 행복하지 못하지만 주려는 자 죽을 때까지 행복하다.

마음속에 있는 쓸데없는 욕심 조금만 비워도 큰 행복이 찾아온다. 한꺼번에 다 비우기 어렵거든 조금씩이라도 비워라. 비움의 가치를 알게 된다. 놓친 물고기가 크게 보이지만 놓친 물고기 다시 잡고 보면 별로 크지 않다는 것을 느낀다. 주는 것을 작게 생각하고 받는 것을 크게 생각하는 마음을 갖자.

평소에 쓸모가 없어 버리려던 것도 잃어버리면 크게 보이는 법이다. 하찮은 물건임에도 그러거늘 심지어 사람인데 어찌 그에 비유하겠는가? 존재가치를 느끼지 못하더라도 없다보면 그 빈자리가 크다는 것을 느끼게 된다. 오랫동안 병석에 있는 사람이 빨리 죽는 것이 좋을 것처럼 생각되지만 막상 저 세상 사람이 되고 나면 그 빈자리가 소중했다는 것을 알고 후회하게 된다.

유행가의 가사처럼 정말 있을 때 잘 해야 한다. 있을 때 아무리 잘했다고 해도 세월 지나보면 잘 한 것 별로 없다. 처음으로 돌아가자.

칭찬과 웃음

'칭찬은 고래를 춤추게 한다.'는 말이 있을 정도로 칭찬의 효과는 대단하다. 특히 자라나는 아이들에게 있어 칭찬은 대단히 중요하다. 칭찬을 통하여 자신의 존재 가치를 알게 되고 긍정적인 사고를 갖게 된다.

학습에 있어서 칭찬의 효과는 대단하지만 건강을 위해서도 칭찬은 필요하다.

건강하고 행복한 삶을 살려면 우리 몸의 70%를 차지하고 있는 '물'을 깨끗하게 해야 한다. 물에게 어떤 글을 보여 주거나 말을 들려주면, 혹은 어떤 음악을 들려주면 물은 그 말이나 음악에 담긴 인간의 정서에 상응하는 형태를 취한다. 에모토 마사루(江本勝)박사의 실험에 따르면 일본의 한 호수에 '사랑과 감사'라는 글을 보여 주면 아름다운 육각형 결정의 모양이 되고, '악마'라는 글을 보여 주면 중앙의 시커먼 부분이 주변을 공격하는 듯한 현상을 보였다. 1997년 7월, 일본에서 가장 큰 '비와 호수' 주변에 350명이 모여 세계 평화를 외쳤더니 한 달 뒤 호수의 수면을 덮고 악취를 풍기던 녹조가 사라졌다.

사람이 대인 관계에 있어서 상대방에게 어떤 마음을 갖는가, 어떤 말을 하는가에 따라 몸에 있는 70%의 물도 반응하면서 인간의 감정을 좌우하게 된다. 사람들을 대할 때 우리가 어떻게 해야 하는가는 이것으로도 분명해졌다. 사람은 대접받고 싶어 한다. 이를 위해서는 남에게도 그렇게 해 주어야 한다.

'칭찬의 힘'도 이런 것에서 나온다. 아무리 작은 일이라도 인정해 주고 의욕을 북돋아 주어야 한다. 칭찬을 받은 사람은 자신감을 갖게 되고, 더욱더 의욕을 불태우게 된다. 듣는 사람이 수용하지 못하는 질책은 의욕에 찬물을 끼얹는 것과 다를 바 없다.

인터넷에 소개된 어느 과학자의 실험 결과다. 부부싸움을 악에 받혀 하게 되면 입김이 나오는데 그 입김을 모아 독극물 실험을 했더니 놀랍게도 코브라 독보다 강한 맹독성 물질이 나왔다.

평소에 아무 이상이 없는 한 사람을 데려다가 타액검사를 하였다. 칸막이 속에 가두어 둔 채 약을 올려 신경질을 부리게 한 뒤 타액검사를 했더니 황소 수 십 마리를 즉사시킬 만큼의 독극물이 검출되었다. 이처럼 좋지 않은 마음을 갖게 되면 본인뿐만 아니라 주위에 있는 사람까지도 피해를 입는다.

그러나 즐겁게 웃고 난 사람의 뇌를 조사해 보니 놀랍게도 독성을 중화시키고 웬만한 암세포도 죽일 수 있는 호르몬을 다량 분비시켰다. 인간의 내부에는 얼마나 많은 양의 독이 들어 있을까?

억제, 불안, 미움, 공포, 스트레스 등이 뭉쳐 눌려 있다가 어느 날 갑자기 폭발하는 순간, 그것은 엄청난 양의 독으로 뿜어져 나온다. 그 독을 없애는 유일한 길은 웃음, 전체적인 웃음만이 그것을 없앨 수 있다. 그리고 그 웃음은 주변사람의 기분마저 바꿔 놓는다.

부부싸움을 하더라도 웃어가며 싸워보자. 웃음이 나서 싸움이 되지 않을 것이다. 항상 웃는 사람의 얼굴은 편해 보인다. 인자해 보인다. 그늘진 구석이 없다. 건강하다는 것이다. 언젠가 웃어가면서 욕을 해 보려 하였는데 신기하게 욕이 나오지 않는 것이었다. 웃음은 욕을 억제하는 힘이 있다. 욕을 하려고 하면 나도 모르게 오만가지 인상이 다 써 진다. 얼굴을 찡그리지 않으려 해도 찡그려진다. 한번 웃어가면서 욕을 해 보라. 어느 누구도 되지 않는다. 욕을 하여 못난 얼굴 만들지 말고 웃음으로 모두가 보고 싶어 하는 얼굴을 만드는 사람이 되어야 한다.

웃음으로 암을 치료하였다는 방송을 시청한 적이 있다. 웃음의 효과는 현대 의학도 넘어선다. 웃음이 얼마나 좋으면 웃음 치료사가 있겠는가?

내가 웃으면 전 세계의 에너지가 나에게 흘러온다. 전 세계가 나에게 웃음을 보낸다. 어느 나라의 속담에 이런 말이 있다.

"네가 웃으면 세상도 웃는다. 네가 울면 너는 혼자다."

크게 한번 웃어보자. 억지로라도 웃어 보자. 세상 부러울 것 없는 가장 행복한 사람이 거기 있음을 알게 될 것이다.

당나라 송청의 '구불약'에 나와 있는 웃음에 대한 내용이다.

1. 불신(不信): 웃음은 상대방이 내게 갖는 불신을 없애준다.
2. 불안(不安): 웃음은 나와 타인의 불안을 잠재운다.
3. 불앙(不怏): 웃음은 원망과 앙심을 없애준다.
4. 불구(不句): 웃음은 내 마음의 곧음을 드러내 준다.
5. 불치(不値): 웃음은 물건의 값을 속이지 않음을 보여 준다.
6. 불의(不倚): 웃음은 나에 대한 거리감을 없애준다.
7. 불충(不衷): 웃음은 성의가 없다는 생각을 없애준다.
8. 불경(不敬): 웃음은 공손하지 않다는 생각을 없애준다.
9. 불규(不規): 웃음은 원칙을 어길지도 모른다는 의혹을 없애준다.

상대방에게 보내는 웃음이 얼마나 소중한지 일깨워 준다. 어찌 보면 웃음은 만병통치약이 아닌가 싶다. 칭찬과 웃음! 많으면 많을수록 좋다. 자신감을 갖게 하고 도전 의식을 만들어 주기도 한다.

칭찬과 웃음은 지나침이 없다. 하면 할수록 힘이 되어 준다. 칭찬과 웃음이 곧 행복 나눔이 아닐까?

행복한 꿈

꿈이 없다는 것은 살아가는 의미가 없다고 할 수 있다. 먹고 살기 힘들고 고기 구경하기가 아주 어려웠던 초등학교 시절, 나의 꿈은 고기를 실컷 먹을 수 있는 정육점을 하는 것이었다. 가난한 시절의 나의 꿈은 이처럼 돈을 많이 벌 수 있는 직업이나 권력과 부를 함께 얻을 수 있는 것이었다.

조선시대의 양반사상이 뿌리 깊게 자리하다 보니 육체적인 직업보다는 정신적인 직업을 선호하였고 더 우대하지 않았나하는 생각이 든다.

행정고시나 사법고시가 가장 선망의 대상이었던 것도 부와 권력, 명예를 얻을 수 있기 때문일 것이다. 요즘에는 새로운 직업도 많이 늘어나고 있지만 그보다도 자기 적성에 맞는 직업을 찾으려는 경향이 있는데 어떤 측면에서는 바람직한 현상이다.

의사, 변호사, 박사와 같은 직업도 과거에 비하여 많은 변화를 가져오고 있다. 가만히 있어도 잘 되는 시대는 지났다. '3사 수난시대'라는 신조어를 만들어 낼 정도로 선망의 대상이었던 직업도 많은 어려움에 처해 있다. 의사, 변호사, 박사의 희소가치가 사라지고 이제는 처절한 생존 경쟁을 벌여야 하는 시대에 와 있다.

소아과 의사를 하던 친구 하나는 운영이 어려워 폐업을 하고 친구 병원에서 월급을 받아 생활하고 있는데 그렇게 편할 수가 없다고 하였다. 의사라고 다 잘 되는 것은 아닌가 보다. 변호사 역시 사무실 비용도 벌지 못하여 폐업하는 것이 돈 버는 것이라는 말이 있고, 그 귀하던 박사 또한 우리 주위에서 흔히 볼 수 있는 것을 보면 말로만이 아닌 정말 '3사 수난시대'가 현실로 와 있다는 것을 실감한다.

직업에 대한 선호도 많은 변화를 보이고 있다. 어느 정도 경제적으로 여유를 갖다 보니 이제는 돈을 많이 받는 직장보다는 돈은 좀 적게 받아도 인간다운 삶을 영위할 수 있는 직장을 선호한다. '짧고 굵게'가 '가늘고 길게'로 변하고 있다. 소득은 적지만 오래 근무할 수 있는 직장을 선호한다.

환경의 영향에 의하여 직업을 선택하는 기준도 많이 달라지고 있다. 물질만능주의, 자녀에 대한 과잉보호, 맹목적적인 교육열 등은 자녀의 행복한 꿈을 만들어주기보다 자녀를 통해 부모의 꿈을 대신 이루려하고 있다.

5학년 담임할 때의 일이다. 아버지가 의사인 여자 아이였다. 지금은 지역에 따라 많은 변화가 있지만, 그 때만 하여도 반장이나 회장을 시키려는 열기가 후끈했던 때였다. 임원 선거의 공정성을 기하기 위하여 모든 절차를 학생들에게 맡겼다.

그 결과 4학년 때까지 줄곧 반장을 하였던 그 아이는 많은 표차로 당선되지 못하였다. 아이의 얼굴이 어두웠다. 온순하고 내성적인 성격으로 학교생활에도 의욕이 없고 적응하지 못하는 것이 안타까웠다. 상담을 통하여 마음속에 담지 말고 친구들과 사이좋게 지낼 수 있도록 하였다.

며칠 후 어머니가 학교에 찾아와 전학을 간다고 하였다. 자녀를 위하여 좀 더 깊이 생각해 보도록 하고 이 어려움을 스스로 이겨내는 것이 중요하다고 하였지만 어머니는 뜻을 굽히지 않았다.

그 뒤 몇 년이 지났을까? 처가에 갔더니 아이의 엄마가 시골에 와 있었다. 오빠인 중학생이 정서적으로 문제가 되어 학교를 그만 두고 요양하러 와 있다는 것이다. 그 뒤에 안 일이지만 학력에 대한 집착을 버리지 못한 부모의 욕심으로 정신이상이 되어 학교를 그만 두게 되었다는 것이다. 그러면서 이제는 학력은 신경도 쓰지 않고 그 전처럼 건강한 모습으로 생활해 주는 것이 소원이란다. 기계는 망가지면 다른 부품으로 갈면 되지만 건강이 망가지면 원상태로 절대 회복되지 않는다.

한번 망가진 건강! 쉽게 찾을 수 있을까? 결코 쉬운 일이 아니다.

건강 잃고 후회 말고 잃기 전에 건강을 지켜야 한다.

부모가 이루려던 꿈을 자녀를 통하여 보상받으려 하지 말자. 대리만족이라고나 할까? 자녀의 갈 길은 전혀 그 길이 아닌 데 자녀의 생각은 무시한 채 부모 의지대로 끌고 가려고 한다. 부모도 불행하고 자녀도 불행한 길을 가고 있다.

하고 싶은 것을 하면 평생이 행복하고 누구의 감시도 받지 않는다. 그러나 누가 시켜서 하는 것은 재미도 없고 효과도 나지 않고, 평가도 받아야 한다. 실적 아닌 실적을 올려야 한다. 과연 누구를 위한 일인가? 부모를 위한 일인가? 자녀를 위한 일인가?

의사가 되어 많은 돈을 벌어 잘 살려고 하는 것도 중요하겠지만 돈이 없어 치료를 받지 못하는 환자들을 무료로 치료해 주고 보람을 느낄 수 있는 의사가 되어야 한다. 슈바이처가 돈을 벌려고 했다면 그 꿈을 이룰 수 있었을까? 인종을 떠나 국적을 떠나 추앙받는 슈바이처라는 이름이 있기까지에는 자기의 몸을 돌보지 않고 어려운 사람들을 도왔던 희생정신이 있었기에 가능한 것이다.

법정 스님이 열반에 들 때 돈 한 푼 가져 가셨나? 많은 책을 내면서 들어온 수십억 원의 돈을 누구를 위해 쓰셨던가? 당신이 돌아가실 때 수천만 원의 병원비 낼 돈도 없었으면서도 말이다.

너무 물질에 대해 욕심을 갖는 꿈보다는 여러 사람과 더불어 행복을 가질 수 있는 꿈을 가져야 한다. 그 꿈이야말로 인간으로서 가져야 할 행복한 꿈이다.

꿈이 있기에 인생을 보람 있게 살 수 있다. 꿈이 없다면 어떻게 살아가야 하는 지 알 필요도 없다. 그저 그런대로 되는 대로 살면 된다. 꿈이 있기에 그것을 이루려고 어려운 역경을 극복할 의지가 생겨나는 것이다.

그 꿈이 나만의 꿈이 되지 말고 모든 사람에게 행복을 주는 꿈이라면 더욱 좋다. 꿈을 이루려는 사람들이 많을 때 더욱 따뜻하고 아름다운 세상이 될 것이다.

행복이란?

만화가이며 대학 교수인 이원복은 진정한 행복이란 '하고 싶은 일을 평생 하면서 살아가는 것'이라 하였다.

부모로서 자녀에게 죄는 짓고 있지는 않은 지 생각해 보신 적이 있는가? 부모의 욕심에 자녀가 상처를 입고 있지는 않은 지 자녀가 좋아하는 것, 하고 싶어 하는 것을 하도록 해 주고 있는지……. 아니면 자녀의 생각과는 무관하게 많은 사람들이 생각하는 직업, 돈과 권력을 얻을 수 있는 직업을 자녀를 위하는 일이라 생각하고 강요하지는 않고 있는지…….

자녀의 꿈이 무엇인지
자녀와 이야기를 나눈 적은 있는가?
자녀의 이야기를 들으려 노력은 하였나?
자녀가 어려서 모른다고 설득하려 하지는 않았는가?

자녀가 무엇이 되기를 바라는 것이
자녀의 꿈인가?
부모의 꿈인가?

진정으로 자녀를 사랑하는 부모라면 자녀가 하고 싶은 일을 마음대로 할 수 있도록 도와주어야 한다. 자녀가 마음 놓고 즐겁게 웃으며 할 수 있도록 해 주어야 한다.

자녀의 얼굴에 웃음이 있다면 자녀는 반드시 성공한다. 성공을 만들어 주려고 하지 말고 자녀가 스스로 만들도록 해 주어야 한다.

진정한 행복이란
나만 잘 사는 행복이 아니라 모든 사람이 다 같이 함께할 수 있는 행복이어야 한다. 그것은 바로 사랑과 봉사다.

아쉬움

강화

한 반응이나 행동의 결과에 대하여 주는 자극을 강화라 한다. 강화에는 긍정적 강화와 부정적 강화가 있다. 모두 목표 행동을 증가시킨다는 점에서는 같다.

긍정적 강화는 칭찬, 격려, 스티커, 자유 시간 등과 같이 좋아하는 것을 주는 강화이며, 부정적 강화는 청소, 숙제 등과 같이 좋아하지 않는 것을 면제해 주는 강화이다.

또한 수학을 싫어하는 아이들에게 수학 문제를 다 풀면 5교시 체육 시간에 아이들이 좋아하는 축구를 할 수 있도록 해 주는 '프리막의 원리'도 많이 사용하고 있다.

학생들의 바람직한 행동을 유도하기 위해서는 적절한 강화가 필요하지만 너무 남발되거나 잘못 사용되고 있지는 않은 지 생각해 보아야 한다. 어떤 경우는 차라리 하지 않는 것이 나을 수 있는 것도 있다.

잘못된 강화 적용은 잘못된 행동을 유도할 수 있다. '학교란 무엇인가?'라는 책에서 칭찬의 역효과에 대하여 예리하게 지적하고 있다. 몰래 카메라를 설치해 놓은 교실이다. 그림이 그려져 있는 몇 장의 카드를 보여 주고 일정 시간이 지난 다음 많이 기억한 아이에게 칭찬 스티커를 준다고 하였다.

다른 볼 일이 있는 것처럼 아이들이 눈치 채지 못하게 카드를 책상 위에 놓고 교실을 나왔다. 카드 훔쳐보는 것을 머뭇거리던 아이들이 교사가 없다는 것을 알고 카드를 하나하나 몰래 들추어 보았다.

무엇이 문제일까? 칭찬의 역효과다. 이렇게 해서 많은 카드를 기억했다고 하자. 칭찬해 주어야 될까? 아닐 것이다. 이럴 때의 칭찬은 오히려 나쁜 행동을 키우는 꼴이 되고 만다.

강화가 교육적인 효과를 거두기 위해서 가장 먼저 갖추어야 할 조건이 있다. 아이들의 교사에 대한 존경심이다. 아이들이 교사를 믿지 못하고 따르지 않는다면 교사의 칭찬은 오히려 받지 않은 만 못하다. 기쁘기보다는 창피하다. 받지 않는 것이 더 좋을 것이다. 그래서 교사는 아이들로부터 존경받아야만 한다.

　수업 기술이 떨어져도 아이들이 존경하는 교사라면 아무 문제가 되지 않는다. 교사에게 가장 필요한 것은 수업 기술이 아닌 아이들에 대한 사랑과 열정이다. 아이들에 대한 사랑과 열정이 있는 교사는 혹 교육적으로 잘못된 일이 있다 하더라도 아이들과 학부모들이 나서서 보호한다. 평소 아이들이나 학부모로부터 신뢰받지 못한 교사이기 때문에 작은 잘못이라도 그냥 넘어가지 못하고 문제가 된다.

　학생, 학부모에게 존경받는 교사는 심한 언어를 사용하고 매를 댔더라도 민원이 되지 않는다. 존경받지 못하는 교사는 교육적인 언어를 사용하고 사랑의 매를 댔어도 민원이 된다. 교사에 대한 신뢰와 믿음의 차이다.

　교사의 권위가 서 있어야 어떠한 강화도 교육적인 의미를 지닌다. 교사의 권위가 무너져 있으면 아무리 좋은 강화도 나쁜 강화로 변질된다. 그래서 좋은 강화는 좋은 교사로부터 시작된다.

　강화 중에서 가장 많이 사용되는 것이 칭찬이다. 또 칭찬만큼 좋은 강화도 없다. '칭찬은 고래도 춤추게 한다.'라는 말이 있듯, 칭찬만큼 좋은 강화도 없을 것이다.

　로마시대 정치가요 철학자인 시세로는 "우리들은 누구나 다 '칭찬'이라는 사랑스러운 말을 들음으로써 무엇인가를 할 마음이 우러나게 된다."고 하였으며, 미국의 소설과 마크 트웨인(Mark Twain)은 "칭찬 한마디 듣는 걸로 나는 두 달을 살 수 있다."고 하였을 정도로 칭찬을 중요하게 생각하였다.

　그러나 칭찬을 함부로 남발하여서는 안 된다. 오래 남는 칭찬이 되어야 한다.

'과학 선생님, 3학년 2반 선생님'이 되어서는 안 된다. 영원이 아이의 마음속에 남아 있는 '○○○선생님'이 되어야 한다. 그렇게 되려면 진지한 칭찬, 그 아이에게 영원히 남을 수 있는 칭찬을 해 주어야 한다. 부모도 마찬가지다. 매일 하는 칭찬보다는 자녀가 오래도록 마음속에 담을 수 있는 칭찬을 해 주어야 한다. 잘못된 칭찬은 아이들을 '칭찬 중독'에 빠뜨릴 수 있다.

로버트 클로니저 박사의 칭찬 중독을 보면 첫째, 계속적인 칭찬과 지속적인 보상은 도파민이 분비되는 칭찬 중독에 빠지게 한다. 칭찬을 받지 않으면 하지 않는 중독에 빠지는 것이다. 어떤 일을 하더라도 나 자신을 위해서 하는 것이 아니라 칭찬받기 위해서 한다.

둘째, 시간이 지나면 더 큰 보상을 원하게 되고, 나중에는 보상조차 시시하게 여긴다. '듣기 좋은 말도 여러 번 들으면 듣기 싫다.'는 말이 있다. 좋은 것도 잦으면 좋다는 것을 느끼지 못한다. 그래서 칭찬의 강도를 높여야만 효과를 보게 된다.

셋째, 칭찬 중독에 빠진 아이들은 칭찬이 없으면 불안해하고 자신감을 잃는다. 칭찬 중독에 빠진 아이들은 마치 칭찬이 마약과 같아서 칭찬받지 않으면 자기 존재감을 느끼지 못하고 무력감에 빠질 우려가 있다.

넷째, 칭찬 중독에 빠진 아이들은 숙제를 하거나 무엇인가를 할 때, 시작도 하기 전에 부모나 교사의 생각을 묻는다. 자신이 왜 공부를 해야 하는 것인가를 깨닫지 못하고 아무 목적 없이 하는 것이다. 오로지 칭찬받기 위해서다. 그러기에 칭찬하는 사람의 생각이 무엇인지 알아보고 거기에 초점을 맞춘다.

다섯째, 칭찬 중독에 빠지지 않게 하려면, 평소 이야기하는 모든 말과 행동을 칭찬으로 마무리하는 습관을 버리고, 결과 중심보다는 노력하는 과정 자체를 칭찬해 주는 것이 중요하다. 어떠한 좋은 결과를 얻었더라도 그 과정이 문제가 된다. 좋지 않은 수단과 방법을 동원하여 얻어진 결과는 오히려 얻지 않은 만 못하다. 따라서 결과

보다는 과정을 중시하는 칭찬이 되어야 한다.

교육학자 알피 콘의 올바른 칭찬 방법을 보면 첫째, 아무 말 없이 지켜보아라. 따뜻한 눈빛으로 지켜보는 것만으로도 충분히 사랑을 느낄 수 있고, 사랑하는 부모가 지켜보는 한, 아이는 스스로 잘하려는 마음을 갖고 노력하게 된다.

둘째, 보고 있는 것을 설명해 주어라. 그저 눈에 보이는 행동을 설명해 주는 것이다. 아이가 그림을 그리고 있다면 '그림에 보라색을 많이 사용했구나.'처럼 해 주는 말은 아이들에게 스스로 어떻게 느끼고 생각할지에 대해 결정해 준다.

셋째, 본 것에 대해 질문하라. 본 것을 말하고 질문함으로써 아이들이 반응하게 만드는 것이다. 그런 것이 아이들로 하여금 도덕적인 사람이 되도록 만들고 그런 행동을 즐기는 사람으로 성장하게 한다.

넷째, 과정에 대해 인정하고 물어보라. 결과가 아닌 과정에 관심을 보이고, 아이가 노력한 부문에 대해 인정해 주면, 아이는 결과 중심에서 과정 중심의 사고를 하게 된다. 실패를 했을지라도 부모를 두려워하지 않고, 앞으로 어떻게 하여야 할지 의논을 하게 된다. 그것은 부모 또는 교사와도 좋은 관계를 맺는 데에도 유용하다.

이외에도 좋은 칭찬 방법으로 첫째, 꼬집어 사실을 칭찬하여야 한다. 있지도 않은 사실에 대하여 칭찬하는 것은 칭찬이 아니다. 오히려 칭찬받는 사람의 마음을 불쾌하게 한다. 있는 사실을 사실 그대로 칭찬하는 것이 중요하다.

둘째, 그 즉시에 칭찬하여야 한다. 시간이 지난 다음에 칭찬하는 것은 그 효과가 반감될 수 있다. 따라서 있는 사실을 그 즉시에 칭찬해 주는 것이 중요하다.

셋째, 일반적인 것 말고 특정한 상황을 칭찬하여야 한다. 일반적인 상황에 대하여 칭찬하는 것은 칭찬을 위한 칭찬이다. 특정한 일에 대하여 칭찬하여 줌으로써 더 잘할 수 있도록 용기를 주어야 한다.

넷째, 여러 사람 앞에 공개적으로 하라. 나는 항상 교직원 연수할 때 "칭찬은 학생이 많을수록 좋고, 질책이나 꾸지람은 1:1로 하라." 는 말을 몇 번이고 했다.

많은 사람 앞에서 받는 칭찬과 혼자 있을 때 받는 칭찬을 생각해 보면 알 것이다. 많은 사람 앞에서 칭찬받을 때 그 칭찬은 오래 남는다. 반대로 좋지 않은 일일 경우에는 단 둘이만 알 수 있도록 하는 것이 좋다. 교사가 별 생각 없이 아이들 보는 앞에서 던진 말로 인하여 민원이 발생되는 것을 종종 보게 된다. 그래서 좋지 않은 것은 단 둘이 아는 것이 좋다.

다섯째, 다른 사람과 비교하지 말라. 자신이 비교의 대상이 되는 것을 좋아하는 사람은 없다. '누구는 이러한 점에서 누구보다 부족한데 그래도 무엇은 잘 한다.'와 같이 다른 사람과 비교하는 칭찬은 하지 않는 것이 좋다.

여섯째, 칭찬 후에는 즉시 보상하라. 여기에서의 보상은 물질적인 보상을 의미하는 것은 아니다. 악수를 한다든지 가볍게 등을 두드려 주는 것과 같은 보상을 의미한다. 그 외로도 좋아하는 것을 하게 한다든지, 싫어하는 것을 면제해 주는 것과 같은 다양한 강화제를 사용할 수 있다. 말로만 하는 칭찬은 누구나 할 수 있다. 그러나 말로만 하는 칭찬이라도 평생 남을 수 있는 용기와 격려가 되는 말은 어떤 물리적인 보상보다도 그 가치가 높다.

일곱째, 칭찬한 것을 기억해 두어라. 좋은 음식도 여러 번 먹으면 질린다. 칭찬도 마찬가지다. 내가 어떤 칭찬을 하였는지 기억하고 똑같은 칭찬을 반복하지 않도록 하는 것도 중요하다. 색다른 칭찬은 또 다른 용기를 갖게 한다.

마중물 효과(Pump Effect)

펌프가 사라진 뒤 오래지만 전기가 들어오지 않던 시절, 학교나 가정에는 손으로 물을 끌어올리는 펌프가 있었다. 펌프 안에 물이 남아 있으면 펌프질을 하여 물을 끌어올릴 수 있지만 펌프 안에 물이 없으면 펌프질을 해도 공기가 새기 때문에 물을 끌어올릴 수 없다. 이 때 필요한 것이 마중물이다. 한 바가지 정도의 물을 넣어 펌프질을 하면 물을 끌어올릴 수 있다. 이러한 마중물이 없다면 아무리 펌프질을 오래 한다 하여도 물을 끌어올릴 수 없다.

투자에 비해 산출이 많아야 좋은 기업이다. 투자한 것보다 많아야 기업의 존재 가치가 있다. 마찬가지로 한 바가지의 물을 넣고 한 바가지의 물을 얻는다면 마중물을 넣을 필요가 없다. 한 바가지의 물로 많은 양의 물을 얻을 수 있기에 마중물이 필요한 것이다.

이와 같은 사실을 알면서도 교육의 효과에 대해 의문이 들 때가 있다. 분명 무엇을 가르치긴 가르쳤는데 아이들에게 남은 것이 하나도 없다. 준 사람은 있는데 받은 사람이 없어서는 안 된다. 준 사람이 있으면 받은 사람이 있어야 하고, 가르쳤으면 배운 것이 있어야 한다.

한 바가지의 물로 많은 양의 물을 얻는 마중물의 효과를 교육에서도 깊이 생각해 보아야 한다. 마중물의 효과가 높으면 높을수록 좋은 교육이다. 하나를 투자하여 하나를 얻는 교육은 하나마나한 교육이다. 최소한 하나보다는 더 얻을 수 있는 교육이 되어야 한다.

물이 많을 때의 한 바가지 물은 별 의미가 없지만 펌프에 있어서의 마중물은 없어서는 안 된다. '무엇을 투자할 것인가?', '어떻게 투자할 것인가?'에 대해서는 치밀한 계획이 있어야 한다. 계획 없이 아무 자료나 아무 때 투자하는 것은 무모한 일이다. 계획을 잘 세워도 성과를 얼마나 얻을지 모르는데 계획 없이 투자하는 것은 투자가 아니라 그냥 버리는 것과 같다.

교육은 의도된 학습이다. 철저히 준비한 교사가 좋은 수업을 한다. 준비가 없는 사람일수록 수업을 대충대충 한다. 방향도 없고 목적도 없다. 망망대해를 떠도는 배처럼 위험을 초래한다.

'마중물 수업'이란 무엇일까? 아이들의 마음을 읽을 줄 알아야 한다. 아이들의 마음을 읽기 위해서는 아이들의 눈높이에서 아이들을 보아야 한다. 아이들 수준에 맞게 수업을 하였다 해도 아이들이 이해하지 못한다면 아이들 마음을 잘 읽지 못한 것이다.

등이 가려우면 등을 긁어주어야 하지 다리를 긁어 주어서는 안 된다. 아이들이 기다리는 것이 무엇인지 알아야 한다. 기다리는 것에 목말라 할 때를 놓치지 말고 주어야 한다. 좋아하는 것이라고 아무 때나 주는 것은 의미가 없다. 칭찬도 칭찬해 주어야 할 때 칭찬해야 한다. 아무 때나 칭찬하는 것은 칭찬의 가치가 없다.

'저 놈은 하나를 알려주면 열을 아는 놈이야.'하는 말이 있다. 바로 이렇게 되어야 마중물로서의 가치를 갖게 된다. 한 바가지의 마중물을 넣고 한 바가지의 물을 얻는다면 그것은 마중물의 역할을 제대로 하지 못한 것이다.

학습 자료 하나를 투입하더라도 그 하나로 인해 다른 것을 더 알 수 있도록 하여야 한다. 눈에 보이기 위한 학습 자료보다는 사고하는 학습 자료가 마중물과 같은 학습 자료다.

직장 생활에서도 마찬가지이다. 한 가지를 배웠으면 그 이상을 할 줄 알아야 한다. 한 가지 알려주면 한 가지만 하는 사람은 평생을 배우다 판난다.

사람은 알려주는 것도 제대로 하지 못하는 사람, 알려 주는 것만 하는 사람, 알려 주는 것보다 더 많은 것을 하는 사람으로 나눌 수 있다. 어떤 사람이 되어야 하는가?

다음은 알려주는 것도 제대로 하지 못하는 사람의 특성들이다.

첫째, 자신의 할 일이 무엇인지 어떻게 하는지를 모른다. 예를 들면 친목회나 종친회 업무 등 직장에서 자기가 하여야 할 업무와 관계가 없는 업무에 관해서는 시·공간을 초월해서 매우 열정적이고 창의적으로 일한다.

하지만 정작 하여야 할 일에 대해서는 별 관심이 없고 대충대충 넘긴다. 무슨 이야기를 해도 주의 깊게 듣지 않아서 해 놓은 것을 보면 차라리 하지 않은 만 못한 경우도 있다. 처음으로 돌아가서 다시 하려면 짜증도 나고 틀어진 일 수습하는데 더 많은 고생도 하게 된다.

지금이야 찾아볼 수 없지만 1990년 초만 해도 주식 바람이 일었다. 교사 중에서 자동차 몇 대 살 수 있는 돈을 날리면서도 주식에 손을 대는 교사가 있었다. 수업만 끝나면 주식에 매달리는 것이다. 이러니 학교 일에 관심이 있을 수 있겠는가? 스마트폰이 보편화되고서는 틈만 나면 게임에 빠지는 사람도 봤다. 그런 사람이 학교 업무에 얼마나 충실할 수 있겠는가?

때와 장소를 가릴 줄 알아야 한다. 학교에서는 학생들을 위한 일에 몰두하는 사람이 되어야지 다른 부업적인 일을 해서는 안 된다.

'일머리 모르는 사람'이라는 말이 있다. 일이 잘 이루어지도록 하는 것이 아니라 일을 아주 망치게 하는 사람을 가리켜 사용하는 말이다. 정말 일머리를 바르게 알고 일을 하여야 한다. 일머리 모르면 일머리부터 알아야 한다. 무턱대고 하는 것은 실패하기 쉽다. 전문가의 노하우를 받을 수 있도록 노력하고 그 일에 대하여 이해하여야 한다.

꼭 일 저지르는 사람을 보면 객관적 판단이기보다는 너무나 주관적이다. 보통 사람들의 사고에서 생각하지 못하고 일을 하기 때문에 골치가 아픈 것이다.

교직에 몸을 담고 있을 때 내가 하여야 할 일이 무엇이고, 그 일이 진정 학생을 중심에 두고 하는 일인지 생각해야 한다.

학교의 중심은 학생이다. 학교 건물도, 교사도, 교감도, 교장도,

행정실 직원도, 모두가 학생을 위해 존재하는 것이다. 내가 지금 학교에서 하고 있는 일이 진정 학생을 위한 일인지 명심하고 내가 할 일을 찾아 할 줄 알아야 한다.

하기 좋은 일도 남이 시키면 하기 싫다는 말이 있다. 남이 시켜서 하는 사람보다는 내가 찾아서 하는 사람이 되어야 한다. 그래야 일 하는 보람도 난다. 시켜서 하는 일은 하고 나서도 보람을 갖지 못한다.

둘째, 관심이 없고 쉽게 하려고 한다. 우선 학년 초 업무 분장할 때 어려운 학년이나 업무를 맡게 되면 이에 대한 이의를 항상 제기한다. 어려운 일은 피하고 쉬운 것만 맡으려 한다. 왜 내가 그런 업무나 학년을 맡아야 하느냐며 대들기도 한다.

교직 생활에서 실제 경험한 일이다. 지금은 NEIS를 이용하여 컴퓨터로 생활기록부를 기재하지만 그 이전에는 손으로 써야 했다. 급당 학생수가 4~50명 되던 시절에 생활기록부 정리하는 것은 큰 부담이 된다. 자기가 하기 싫으니까 생활기록부를 다른 사람에게 부탁하는 교사도 있었다. 내가 가르친 아이를 내가 기록하는 것은 당연한 것이다. 다른 사람이 어떻게 안다고 대신 써 달라고 하는 지 이해가 가지 않았다. 그 아이에게 평생 남을 생활기록부를 다른 선생님에게 맡긴다니 정말 이해가 가지 않았다.

반면에 알려주는 것보다 더 많이 아는 사람이 있다. 이러한 사람의 특징은 앞의 사람과는 아주 다르다.

첫째, 일을 즐긴다. 어떠한 일을 만나도 일 자체를 즐긴다. 설사 다른 사람의 업무일지라도 다른 사람에게 미루지 않고 말없이 자기가 맡아서 한다. 미안한 마음에 다른 사람이 도와준다 하여도 웃으며 "어려운 일 아니니 걱정하지 말아요."하면서 부담을 주지 않으려 배려한다. 장학협의와 같은 학교 행사를 앞두고는 언제 준비하였는지 미리 준비한 자료를 활용하여 하루 이틀 사이에 환경 전체를 완전히 다른 분위기로 만들어 놓는다. 교감, 교장을 비롯한 모든 교사들조차도 놀라지 않을 수 없다. 밤늦게까지 일하면서도 초과 근무도 달지 않고 혼자서 한다. 학교장이 초과 근무 올리라고 해도 올리지 않는다. 그냥 일이 즐겁단다.

둘째, 창의적으로 한다. 다른 학교와 정보를 공유할 줄도 알고 시대의 흐름을 앞선다. 다른 사람이 한 것을 그대로 복사해서 쓰기보다 학교의 실정에 맞게 창의적인 사고를 가지고 한다.

그리고 그 중심에는 반드시 학생이 있다. 학교에서 학교 외적인 업무는 절대 보지 않는다. 오로지 학생을 위한 일에 집중한다. 아이들을 사랑하는 마음이 있을 때 교직에 대한 사명감이 생겨나고 보람을 느낄 수 있다.

실제 아이들을 가르치다보면 주는 것 없이 미운 아이가 있고 받는 것 없이 예쁜 아이가 있다. 사람인지라 어쩔 수 없나 보다. 하지만 훌륭한 스승은 그렇지 않다. 오히려 사랑에 굶주려 사랑이 필요한 아이, 보살핌이 요구되는 아이, 옷이 구질구질하고 냄새가 나는 아이에게 더 가까이 다가간다.

사랑이 넘치는 아이에게 주는 사랑은 그 가치가 높지 않지만 사랑에 굶주려 있는 아이에게 주는 사랑은 영원히 그 아이의 가슴 속에 남는다. 그리고 그 사랑의 열매가 다시 밀알이 되어 더 숭고한 사랑을 만들어 낸다.

경제적으로 부유하고 귀하게 자란 아이는 사랑의 고마움을 잘 느끼지 못한다. 그런 아이에게 주는 사랑은 오래 가지 못한다. 하지만 잘 입지도 먹지도 못하고, 닦지 않아 식초냄새가 진동하고, 공부 못하고, 친구와 싸움하고, 가끔 경찰서에서 전화오고, 이런 아이가 사랑에 굶주린 아이다. 이런 아이에게 사랑을 주어야 한다.

이런 사랑은 선생님을 국어, 수학 선생님이 아닌 '영원히 잊히지 않는 나의 선생님'으로 남게 한다.

모글리 현상

1920년, 인도의 한 숲 속에서 늑대와 같이 생활하였던 어린 아이 2명을 늑대로부터 생포해 고아원에서 키웠다.

7세 카말라, 2세 아말라 라는 이름을 지어주고 사람과 같이 살 수 있도록 하였다. 하지만 몸만 사람이지 하는 행동은 늑대와 똑같았다. 늑대처럼 기어 다니고, 어두운 곳에 숨기를 좋아하고, 이상한 소리를 내고, 날고기를 뜯어먹고, 옷을 입혀주면 찢어버리는 등 사람의 접근을 거부하였다.

1년이 채 안 되어 동생 아말라가 죽자, 카말라가 슬퍼하였다. 1년 반 만에 카말라가 직립 보행을 할 수 있었고 9년 동안의 끈질긴 교육 끝에 유아 정도의 언어를 구사할 수 있었지만 얼마 뒤 원인 모를 병으로 죽고 말았다.

이런 내용이 전 세계에 알려지자 학자들은 이러한 현상을 모글리 현상이라 명명하게 되었다. 즉 모글리 현상은 인간이 야생 동물에 의해 길러지고 동물처럼 행동하는 현상을 말한다. 이러한 모글리 현상은 아말라, 카말라가 발견된 이후 80여명이 더 발견되었다.

이외에도 최근에 발견된 모글리 현상으로 다음과 같은 것이 있다. 발견 당시 나이 8세인 반야유딘과 관련된 충격적인 외신이 2008년 3월에 보도되었다. 러시아의 볼고그라드의 마을 주민들은 이웃에서 나는 기괴한 소리에 의혹을 품고 경찰에 제보하였다. 이상한 점을 찾지 못하고 돌아가려는 순간, 집안에서 나는 기괴한 소리를 듣고 소리가 나는 방안으로 들어갔다. 구석진 방에 한 소년이 새 장 안에 갇혀 있었다.

경찰이 구출하려고 하자 소년은 마치 새처럼 경찰의 손을 입으로 쪼고 새가 날개 짓을 하듯 양팔을 움직이며 몸을 피하고 새가 짹짹거리듯 소리를 냈다. 주민들이 들었던 기괴하고 이상한 소리의 정체는 소년이 새처럼 내는 소리였다.

2001년 24살이던 어머니는 아이를 낳자마자 고민에 빠졌다. 미혼모였던 그녀는 아이의 정체를 주변에 알릴 수 없었다. 고민하던 그녀의 눈에 우연히 새장이 들어왔고 그녀는 새장에 자신이 낳은 아이를 가두었다. 새장 속에 갇혀 버린 소년은 어머니의 보살핌을 받지 못한 채 새와 함께 7년이라는 세월을 보내며 새와 같은 행동을 하게 된 것이다.

부모의 방치로 더 이상 어머니의 보살핌을 받을 수 없다는 정부의 판단 하에 보호시설로 보내졌는데 소년은 자신이 사람이라는 사실을 받아들이지 못해 힘들어했고 사람의 손길을 거부하며 오히려 익숙해진 새장과 새의 품을 그리워했다고 한다.

발견당시 나이 5세였던 나타샤에 대한 이야기다. 2009년 5월 시베리아의 한 마을 사람들은 어느 집에서 풍겨 나오는 악취 때문에 불편을 겪던 중 도저히 참을 수 없어 악취가 나는 집으로 몰려갔다. 그리고 열려있던 문사이로 놀라운 광경을 보았다.

악취로 진동하는 너저분한 집안에서 가족들은 식탁에 모여 만취한 채 술과 안주를 먹고 있었고, 바닥에 있는 오물을 뒤집어 쓴 한 소녀가 개와 똑같은 취급을 받고 있었다. 남루한 옷을 걸친 이 소녀는 먹을 것을 바닥에 던져주면 먹고, 말 대신 짖는 것으로 대화를 하고 있었으며 팔과 다리로 기어 다니는 등 영락없는 동물의 속성을 보이며 생활하였다. 할아버지, 할머니 다른 친척들과 함께 있었음에도 불구하고 태어나 5년이 지나도록 개와 똑같이 사육되었다.

위의 사례처럼 한번 인간에게 버려지거나 방치되어 야생의 습성을 갖게 된 아이들은 구조된 후에도 환경변화로 인해 극심한 스트레스를 받는다. 급기야 적응하지 못하고 탈출하거나, 보통 아이들의 몇 배로 더 고통스럽게 인간의 습성을 학습해야 한다. 더욱 안타까운 것은 발견된 야생 아이들의 과반수가 구조된 후 10년 안에 인간사회에 적응하지 못한 채 사망한다는 안타까운 사실이다.

반야유딘이나 나타샤 같은 현대판 모글리 현상에 주목한 학자들은 부모가 같은 공간에 있더라도 유대 관계없이 방치된다면 모글리 현상이 나타날 수 있다며 그 심각성을 경고했다. 그리고 인간의 성장에는 결정적 시기가 있다는 가설을 제시하고 있다.

결정적 시기란 인간으로 태어나 생리적으로 언어와 행동발달을 좀 더 쉽게 배울 수 있는 시기이다. 이 시기를 넘기고 난 후에는 언어습득이 매우 어렵다. 결정적 시기는 생후 약 2년부터 사춘기가 끝날 때까지의 시기로 이 시기가 지나고 난 후에는 언어습득 장치가 뇌에서 사라진다는 것이다. 즉, 모국어를 자연스럽게 습득할 수 있는 결정적 시기를 놓치면 언어능력을 상실하게 되며, 이 시기를 놓치면 교육을 통해서도 극복하기가 힘들다.

결정적 시기에는 반드시 애착이 동반되어야 한다는 연구결과가 나왔다. 애착이란 출생 직후부터 영아기에 걸쳐 특정한 사람과 형성되는 매우 강력한 심리적·정서적유대감을 말한다. 결정적 시기에 이루어지는 훈련이라고 해도 이 시기에 부모나 주변사람들에게 애착을 느끼지 못한다면 인간의 언행까지도 불가하다. 즉, 현대판 모글리 현상은 애착관계가 결여되어 발생한다.

바쁘게 돌아가는 현대사회에서 사랑받으며 자라는 아이들도 많지만 이렇게 방치되어 야생의 아이로 길러지고 있다는 사실이 무척이나 안타깝다. 부모나 주변사람들의 관심과 사랑은 아무리 바쁘더라도 잊거나 빠뜨려서는 안 된다.

인성도 결정적인 시기가 있다. 10세 이전에 인성이 완성된다. 성장하면서 지속적으로 인성이 완성된다는 생각은 잘못이다. 사회적으로 빈번하게 발생하고 있는 폭력, 절도, 살해 등을 저지른 범죄자들을 보면 어렸을 때의 가정환경이 매우 좋지 않다. 어렸을 때의 인성교육이 매우 중요하다는 것을 의미한다.

인성도 결정적인 시기가 있는 만큼 초등학교 3학년 과정에서 인성이 완성되도록 하여야 한다. 사실 바른 인성이 갖추어진 학생은 다른 사람을 배려할 줄 알고 나눔도 실천하는 따뜻한 가슴을 가진 학생이고 공부도 잘 한다.

아무리 열심히 공부하여도 성적이 오르지 않는 것은 학습 방법이 잘못되었다거나 인성이 바르지 않다는 점도 잊어서는 안 된다. 물론 인성이 다 잘못되었다는 의미는 아니다. 너무나 학력에 매달리다 보면 학력보다 중요한 인성을 버리게 되고 결국은 인성과 학력, 모두 놓치는 결과를 가져온다.

부모의 잘못된 과잉보호로 인해 나만을 생각하는 자녀로 만들지 말아야 한다. 정신적 풍요보다 물질적 풍요에만 눈이 멀어 잘못된 길을 가지 말아야 한다. 너무 물질에만 눈이 어두워 사람으로서는 감히 할 수 없는 각종 사건들을 보면 인성이 얼마나 중요한지를 알 수 있다.

인성 망가지고 공부 잘 하는 사람은 지능적인 범죄자가 되기 쉽다. 인성이 바르면 공부는 좀 뒤지더라도 나라를 사랑하고 부모를 공경하는 좋은 사람이 될 수 있다. 인성을 등한시하였다가 돌이킬 수 없는 일을 만나고서야 인성이 중요함을 안다.

인간은 가능성과 성장의 존재임에는 분명하다. 그러나 교육을 통하지 않으면 한 인간으로서 성장하기 어렵다. 인성은 삶에 있어서 중요한 부분이다.

선생님

　마음속에 남아 있는 선생님이 있다. '선생님은 있어도 스승은 없다.'라는 말을 많이 한다. 아이들을 열심히 가르치는 선생님은 있어도 아이들 마음속에 영원히 남을 선생님을 찾아보기가 힘들다는 이야기다.

　선생님이 하는 대로 아이들은 따라 하게 되어 있다. 요즘 아이들을 보면 과잉보호로 인해 너무나 이기적이다. 물질만능주의에 빠지다 보니 바른 인성과 거리가 멀다. 주위에 있는 친구를 더불어 사는 고마운 사람으로 생각하는 것이 아니라 경쟁에서 이겨야 하는 상대로 여긴다. 스마트폰과 컴퓨터가 친구의 자리가 되었다.

　사람과의 부딪힘 속에서 사람 냄새를 알아야 하거늘 사람 냄새를 맡을 줄 모른다. 사람 냄새를 즐거워해야 사람을 좋아하게 된다. 사람과 자연의 고마움을 느낄 수 있는 아이들을 만들어 주어야 한다. 그 속에서 사람 사는 법을 익혀야 한다. 집에 갇혀 공부만 하는 아이보다는 자연과 벗하는 아이가 되어야 한다.

　맑은 공기를 마시고 맑은 머리를 가진 사람은 맑은 생각을 한다. 맑은 공기의 소중함은 공기가 없는 곳에 있어 봐야 안다. 사막에 있어 봐야 물의 소중함을 더 느낀다. 물이 흔하면 물의 고마움을 모른다. 자연을 떠나서는 결코 살 수 없다. 그런데도 자연의 소중함을 알지 못한다.

　사람이 없어야 사람의 소중함을 안다. 나 혼자 이 세상에 있다고 생각해 보라. 혼자 살아갈 수 있다고 생각하는가? 단 하루도 살아가기가 힘들 것이다. 사람을 소중히 여기고 사람을 사랑하는 아이를 만들어야 한다.

　이 세상에서 가장 소중한 것이 무엇일까? 돈, 다이아몬드, 금, 은……. 모두 사람을 위해서 존재할 뿐이다. 사람이 없다면 필요 없다. 살아가는 데 있어 도움이 될 뿐이다. 그러기에 사람이 가장 소중하다. 그러기에 사람을 사랑할 줄 알아야 한다. 경쟁하더라도 배려할 줄 알아야 하고, 나눌 줄 알아야 한다.

마음속에 남는 선생님!

마음속으로만 가지고 있어서는 안 된다. 아이들에게 말없이 행동으로 보일 때 아이들의 마음속에 영원히 남는다. 말보다는 행동을! 그것이 마음속에 남는 선생님이 되는 길이다. 선생님의 따뜻한 말 한마디가 평생 기억되는 선생님으로 남게 한다.

"온달님은 성실하고 힘이 좋으니까 노력하면 틀림없이 장군이 될 수 있을 거예요."

평강공주의 이 한마디에 바보 온달은 완전히 다른 사람으로 변했다. 활쏘기와 칼 다루는 것을 익히고 책읽기를 게을리 하지 않았다.

눈먼 홀어머니에 내세울 것 하나 없는 한낱 무명의 바보가 나라를 위하여 목숨을 바치는 장수로 바뀐 것은 온달에 대한 평강공주의 기대와 신뢰였다. 평강공주를 만나지 못했더라면 바보 온달은 어떻게 되었을까?

큰 나무 아래에는 작은 나무가 살지 못하지만 위대한 스승 밑에는 위대한 제자가 나기 마련이다. 위대한 스승은 말 한마디로 제자에게 용기와 격려를 준다. 행동으로 보인다.

선생님 하기가 과거보다 힘들어진 것은 사실이다. 과거에야 매를 대도 한 마디도 하지 못했다. 지금은 아이 걱정에 "왜 늦었어?"하고 물어도 아이 기 죽인다며 대드는 세상이다. 말 한마디 하기도 겁이 나는 세상이다.

교육의 본질은 행복한 삶을 주는 것이고 그 중심은 학생이다. 일련의 행위가 진정 학생을 위한 일이라는 것이 누구나 신뢰할 수 있다면 어느 것에도 굴할 필요가 없다.

선생님의 사랑이 필요한 아이에게 사랑을 줄 때 영원히 잊히지 않는 선생님이 될 수 있을 것이다.

시골학교의 추억

1980년대 초 충남 서천에 있는 지산초등학교에 근무할 때이다. 사실 이 학교에 오고 나서 오해 아닌 오해를 받기도 하였다. 교통편이 좋지 않고 벽지 점수도 주지 않는 농촌에 위치한 탓에 교사들로부터 외면을 받는 학교다. 이러한 학교임에도 희망 내신을 내게 된 것은 지역 가산점을 따서 고향인 공주나 대전으로 가기 위해서였다.

갑자기 내신을 낸다고 하니까 교감이 말렸다. 신규 교사다 보니 근무 성적도 좋지 않고 내신 점수가 낮아 어디 마땅히 지원할 학교가 없다고 하였다. 그러면서 지금 맡고 있는 탁구 선수 지도 잘 해서 점수도 따고 근무성적도 잘 줄 테니 내년에 내라고 하였다. 하지만 나는 내신 낼 생각을 꺾지 않았다. 점수 없이도 갈 수 있는 학교를 알아보던 중에 지산초등학교를 알게 되었다.

말하기 부끄러운 이야기지만 1년마다 학교를 옮겨 다니는 교사, 수학 나눗셈을 할 줄 몰라 장학 지도 때면 '교육자료'를 그대로 판서하는 교사, 술을 댔다 하면 한 달이 되어도 연락 끊고 학교에 나오지 않는 교사도 있었다. 그렇게 하고서도 목 안 떨어진 것이 신기하다.

학부모 의식 또한 학습과는 거리가 있었다. 많은 농가가 담배나 벼농사에 종사하고 있었는데 모내기 하는 날이나 담뱃잎을 따서 엮는 날이면 아이들을 학교에 보내지 않을 정도였다. 장아찌처럼 검게 그을린 얼굴, 노랗게 담뱃잎 물이 든 손을 보면 정말 안쓰러웠다.

어느 날에는 새참을 먹는다고 선생님들 모두 논으로 나오라는 것이었다. 오히려 가지 않으면 서운해 하였다. 수업 시간임에도 마지못해 논에 가서 새참을 먹고 막걸리 한 사발을 마셨다. 아이들 수업 걱정하면 내버려 두어도 잘 노니까 그냥 두란다. 지금 같으면 인터넷 뜨고 난리날 일이다. 어디 그 뿐이랴! 학교장이 머물고 있는 관사에 차가 들어가지 못하여 연탄을 학교 운동장에 내려놓으면 아이들을 시켜 연탄을 관사까지 날랐다. 상상해 보라. 얼굴, 손, 온몸에 연탄이 묻어 있는 아이들을……. 그러한 모습을 보면서도 학부모들은 그것을 당연하게 받아들였다. 가난하게 살아도 정만큼은 흘러넘치는 학교였다.

소규모 학교이다 보니 전교생이 같은 장소로 소풍을 갔는데 소풍지로 밥상을 차려 왔다. 어려운 산길임에도 큰 상에 먹을 것을 광주리에 담아 머리에 이고 어머니들이 가지고 온 것이다. 소풍 가서 밥상 받아 보기는 처음이다. 이것이 이 학교의 전통이란다. 지금 생각해도 재미있는 추억이다.

6학년 담임을 하였는데 그 때 당시는 학교별 순위가 부여되는 일제고사를 동시에 실시하였다. 교사를 자기 학교가 아닌 다른 학교로 출장 조치하여 시험 감독과 채점 처리까지 하도록 할 정도로 학교 간 경쟁이 치열하였다. 서천군 34개 학교 중에서 거의 꼴찌에 가까운 학교라며 잘 좀 지도해 달라는 학교장의 특별 당부도 있었다.

아이들을 가르쳐보니 정말 문제였다. 어디서부터 손을 대야 할지 캄캄하였다. 컴퓨터나 복사기가 없었던 시절, 원지를 철판에 대고 시험지를 매일 만들었다. 지금 신규 교사들은 철판, 철필, 촛농으로 입힌 원지가 무엇인지도 모를 것이다. 원지를 긁어 본 사람은 알겠지만 조금만 잘못해도 찢어져서 못쓰게 되는 것도 일쑤였다. 그런 원지를 밤새 2장씩 긁어서 시험지를 만들었다.

시골 형편을 아는지라 장항 시내에 가서 학생 수에 맞게 자비를 들여서 수련장을 사서 윗부분을 잘라 매일 두 장씩 주어 풀도록 하였다. 목표 점수에 도달하지 못하면 남아서 하거나 매를 댔다. 농촌에서 자랐던 나이기에 더욱 정이 갔는지도 모른다. 지금도 대전에 들어와 가르쳤던 제자보다도 시골의 제자들이 눈에 선하다. 그 때 내가 가르쳤던 제자 중 하나는 전교 1등으로 중학교에 입학하였다며 부모가 찾아와 술 한잔하자며 좋아했다.

물론 다 좋은 일만 있었던 것은 아니었다. 성적 올리기에 욕심이 지나쳐 매를 대다 보니 어느 학부모 하나가 교육청에 민원을 냈다. 장학사가 와서 상황 파악을 한 다음 마음 답답하면 담배 한 대 피우고 마음을 비우란다. 맞는 말이었다. 내가 너무 심했구나하는 반성도 하였다.

　졸업식 하는 날 아이들은 눈물을 뚝뚝 떨어뜨렸다. 나도 눈물이 글썽거렸다. 교육청에 민원을 제기한 학부모가 찾아와 선생님 마음 고생시켜 드려 죄송하다고 사과하였다. 선생님께서 그렇게 해 주어서 우리 아이가 공부에 재미를 붙이게 되어 고맙다면서…….

역지사지(易地思之)

  교육계에 대한 비판의 소리가 높다. 잘못된 관행 반드시 고쳐져야 한다. 학부모들의 민원도 끊이지 않는다.

  대전법동초등학교 교감으로 근무할 때 학부모가 면담을 신청해 왔다. 자녀가 속한 학급이 1학기 때만 담임이 일곱이나 바뀌었단다. 물론 내가 교장 연수를 받고 있을 때인지라 그 상황을 자세히 알지 못하지만 병가와 연가를 많이 낸 것은 이야기를 들어 알고 있었다. NEIS에서 병가 및 연가를 사용한 것을 보니 항의할 만도 하였다. 병가 및 연가시 강사를 채용하였는데 그 강사가 자꾸 바뀌다 보니 그런 생각을 하게 된 것이다. 2학기에는 임용 고사 대비로 인하여 젊은 기간제 교사 구하기가 힘들다. 그래서 명예 퇴직하신 연세가 있는 경력 교사를 임용하였는데 옛날 방식대로 가르치다 보니 학생들의 불만의 소리가 높았고, 체벌로 인하여 급기야 문제가 일어났다. 대수롭지 않게 내뱉은 욕설이나 가벼운 체벌도 신뢰하지 않고 문제 삼으면 문제가 된다. 거기다가 교감인 나에게도 상의 없이 벌써 아이들한테 내일부터 너희들 가르치지 않는다고 말해 버린 것이다. 이러한 연유로 도대체 어떻게 된 일인지 알고 싶다고 학부모들이 상담하러 온 것이다. 아니 항의하러 온 것이다. 교육감 만나고, 교육부에 청와대에 민원을 내려고 하였는데 우선 교감 선생님의 이야기를 듣고 싶단다.

  평소에도 담임에 대한 불만이 많았는데도 불구하고, 담임이기 때문에 참았다는 것이다. 그러면서 그러한 교사를 담임 줄 수 있냐며 정말 조금이라도 아이들을 생각하였다면 이럴 수 없다고 하였다. 평소 아이들로부터 신뢰를 쌓고 학부모들에게 믿음을 주었다면 이보다 심한 상황도 그냥 넘어갈 수 있었을 것이다. 학부모들의 이야기를 들으니 정말 쥐구멍이라도 들어가고 싶은 심정이었다.

2학기에는 기간제 교사 구하기가 하늘의 별따기가 되다 보니 출산한다는 말만 들으면 많은 스트레스를 받는다. 명퇴한 교사만 있고 임용 고사를 위하여 젊은 교사들은 두문불출하기 때문이다.

나라도 이보다 더 심하게 항의하였을 거라고 하였다. 그리고 모든 교직원 관리를 잘못한 내 책임이라 하였다. 내가 맡은 아이들, 내 자식보다 더 소중하게 생각해야 한다. 그 학생들로 인하여 내가 살아가는 있음을 망각해서는 안 된다. 정신력도 문제다. 나약한 마음을 가지고 있으면 몸도 더 불편하고 학교에 나오기 어렵다. 내가 맡은 아이들 교단에서 쓰러진다는 각오로 가르쳐야 한다. 그러한 정신력이 있다면 이럴 수는 없다. 병가, 연가 최대한 쓸 수 있는 한도까지 모두 쓰려고 해서는 안 된다. 나만 편해서는 안 된다. 나로 인해 눈에 보이지 않게 희망을 잃어가고 있는 아이들을 걱정할 줄 알아야 한다.

시교육청 홈페이지에 인력채용공고를 냈더니 다행히도 임용 고사에 합격하지 못한 젊은 기간제 교사를 구할 수 있었다. 고맙기도 하고 반갑기도 했다. 임용 고사에 떨어진 사람, 어떻게 보면 실력이 부족하다는 말도 되겠지만, 천만이다. 우려했던 것과는 정반대로 며칠도 안 되었는데 웃음이 넘치는 학생들로 바꾸어 놓았다. 피자 파티를 열어 주고 교실에 가 보았더니 생동감이 있었다. 활력이 없던 아이들에게서 새로운 희망이 싹트고 있음을 볼 수 있었다.

학부모로부터도 정말 좋은 선생님 만나게 해 주셔서 고맙다는 전화도 많이 받았다. 임기가 만료되어 학교를 떠났지만 학부모와 아이들의 마음속에 정말 고마운 선생님으로 남아 있을 것이다. 임용 교사에서 떨어졌지만 아이들에게 희망을 주는 선생님과 임용 고사에 합격했지만 존경과 신뢰를 받지 못하는 선생님이 있다면 과연 당신은 누구를 선택할 것인가?

아이에게 희망을 주는 열정적인 선생님이 되어야 한다. 공부를 잘 가르치지는 못할지라도 꿈과 희망을 주는 선생님이 되어야 한다. 내가 담임하고 있는 아이, 우리 집 조카요, 동생이다. 오히려 어느 경우에는 가족보다 더 보살핌을 요구받고 있는 아이들이다.

입장 바꾸어 역지사지로 생각하고 행동하라. 자기 자식 귀한 줄만 알지 말고 남 자식도 귀한 줄 알아야 한다. 사랑의 씨앗은 사랑의 열매를 맺지만, 증오의 씨앗은 또 다른 증오를 낳는다. 증오를 물리칠 수 있는 것은 증오가 아닌 사랑이다. 사랑의 물을 계속 준다면 언젠가는 반드시 훌륭한 선생님, 존경받는 선생님, 제자들의 기억 속에 영원히 남는 선생님이 될 것이다.

내가 당해 보면 이해가 간다. 강아지를 키우지 않을 때 길거리에 나와 일을 보는 강아지를 보면 그 사람을 다시 쳐다보게 되었는데 내가 막상 강아지를 키우는 입장이 되고 보니 그 심정이 이해가 되었다. 물론 피해를 주지 않도록 휴지와 비닐봉지는 준비해 가지고 다니지만 그래도 일을 보는 것을 보노라면 길 가는 사람들의 얼굴 보기가 민망하였다.

남이 당하는 일이 남의 일이 아니다. 언젠가는 나도 당할 일이다. 입장 바꾸어 생각해 보면 어떻게 하여야 할지 답이 보인다. 이것이 '역지사지'다.

운명

장항초등학교에서 머리도 명석하고 운동 신경이 좋은 아이가 있어 탁구 선수로 선발하고 지도하였다. 당시 아버지는 청년회의소 회장이었을 정도로 지역민들로부터 신망이 두터운 분이었다. 아버지가 찾아와서 우리 애가 4대 독자인데 선생님 뜻은 고맙지만 공부를 시켜야겠다는 것이다.

우리나라 실정에서 운동선수로 성공한다는 것은 매우 어렵다. 탁구선수 또한 성공한다는 보장이 있는 것도 아니고 해서 아버지의 의사에 따라 운동을 그만 두게 하였다.

여름 방학이 되면 학교 인근에 있는 식당에서 식사를 하고 학교를 숙소로 하여 강화훈련을 하였다. 탁구만 가르친 것이 아니라 학력 신장을 위하여 내가 직접 공부도 가르쳐주었다. 공부를 가르쳐준 이유는 탁구선수가 되기보다는 탁구를 하나의 취미로 익히도록 하려는 생각이 있었기 때문이다. 그래도 탁구를 하다보면 전지훈련이나 경기 출전으로 인하여 공부가 소홀해질 수밖에 없었다.

청년회의소 행사로 가족 야유회를 서천 마산에 있는 저수지로 갔는데 어른들은 어른들대로 즐거운 시간을 갖고 아이들은 아이들끼리 물놀이를 하였던 모양이다. 집에 갈 시간이 되어서야 아이가 없어진 것을 알고 찾아보니 물속에 그대로 있더란다. 애지중지 키워 온 4대 독자인 그 아이가 그렇게 허무하게 가다니 정말 하늘이 무심하다는 생각이 들었다. 부모는 나를 붙잡고 울음을 터뜨리면서 그 때 그냥 탁구를 하였으면 이런 일이 없었을 것이라며 후회하였다.

그러나 '사람의 운명은 어쩔 수 없다.'라는 말이 있는 것처럼 그것이 바로 운명인가 보다. 30년이 지난 지금도 그 때 그 모습이 너무나 생생하게 남아 있다. 너무나 착하고 영리했던 아이기에 천국에서 마음 고생하지 않고 잘 지내고 있으리라 믿는다.

나의 운명에 관한 이야기다. 이 세상을 내 의지대로 살아온 것처럼 생각이 들지만 지나온 일을 생각해 보면 참으로 신기하다. 지금 다니고 있는 직장, 지금 만나고 있는 사람들, 심지어 결혼한 사람, 내 아이들……. 과연 내 의지대로 된 것이 몇 %나 될까?

얼마 되지 않을 것이다. 모든 것이 운명적으로 만난다는 것을 잊지 말아야 한다. 물론 인연이다. 바로 이 인연이 운명적 만남이다. 사람이 죽고 사는 것, 의지대로 되는가? 운명이다. 금방 죽을 것 같은 사람이 오래 살고, 오래 살 것 같은 사람이 뜻하지 않게 죽는 것을 보면 눈에 보이지 않는 운명이 있나 보다. 나도 죽을 고비를 넘긴 일이 있었다. 지금까지 살아오게 된 것도 운명이라는 생각이 든다.

신혼살림을 부여 홍산에 차렸다. 당시로는 적지 않은 150만 원짜리 전세였다. 공주-부여간 큰 도로 옆에 홍산파출소가 있었고, 그 아래에 좀 넓은 도랑이 있었는데 그 도랑에 맞닿아서 새로 지은 아담한 집이었다.

지산초등학교에 발령 받고 다시는 탁구 선수 육성은 하지 않는다고 다짐했지만 서천군에 여자 탁구부가 없으니 여자 탁구부를 창단해 달라는 교육청의 요청을 뿌리치지 못하고 탁구부를 창단하였다. 혼자 감당하여야 할 사무도 사무지만 학년당 한 학급에 급당 여학생 수가 12명 정도에 불과한데 선수 선발 자체가 어려운 실정이었다. 지금 같으면 어떠한 일이 있더라도 거절하였을 것이다.

6학급 규모에서 서천군 지정 새마을연구학교 업무도 수행하여야 했다. 그 때 맡았던 업무로 새마을 주임 겸 연구 업무, 체육업무에 탁구 지도, 학교 경리, 과학업무, 환경 업무, 생활지도 업무 등이었으니 지금 상상해도 어떻게 수행했는지 의문이 갈 정도다. 밤늦도록 일하여도 매듭지어지지 않을 정도로 업무가 많았다. 심지어 어떤 사람은 학교에 미친 사람이라고 할 정도였다. 지금이야 시간외 근무 수당이라도 있지만 그 때는 정말 아무 혜택도 없었던 시절이다.

탁구부 강화 훈련이나 학교 업무를 수행하기 위해서는 학교 앞으로 이사를 하지 않으면 안 될 상황이어서 아내에게 이사할 것을 권하였다. 시장 보기도 어려운 오지, 시내버스도 몇 차례 다니지 않은 열악한 교통, 이 모든 것은 신혼인 아내에게 불만일 수밖에 없었다. 주인집 사정이 어려워 전셋돈을 받아가지고 나올 상황이 되지 않다 보니 전셋돈이라도 받아 나오자고 하였다. 나중에 받지 못하면 어떻게 하느냐면서 아내는 걱정이 태산이었다.

그러나 학교 상황은 밤새워 일을 해도 해결이 안 될 정도로 힘들었다. 라면을 끓여 먹으면서 밤늦게까지 일하고 자전거로 통근하였다. 코피가 쏟아졌다. 건강이 염려되었던지 아내가 이사 가는데 동의해 주어 전셋돈은 다음에 받기로 하고 학교 교문 앞으로 이사하였다. 천정에서는 쥐 다니는 소리에 잠을 이룰 수 없었고 시골집이다 보니 코가 얼 정도로 난방이 되지 않았다. 그 비좁은 방에서 큰 아이와 함께 셋이서 생활했다. 그 때의 그 고생이 지금은 아름다운 추억으로 묻어 나타난다. 사실 그 곳으로 이사 가게 된 것은 학교 업무도 있지만 방학 중에 강화 훈련하는 탁구부 선수들의 점심을 해 주어야 했기 때문이다. 선수들이 집이 멀다보니 늦게 까지 운동할 수도 없었고 그 통학 시간이 아까웠던 것이다.

그 때의 일을 생각하면 작고한 김옥제 교감 선생님이 생각난다. 내가 경리를 보아 학교 살림살이가 얼마나 어려운지 알 수 있었다. 그 어려운 학교 살림살이 속에서 플라타너스 나무를 베어 매각한 대금, 한 봉지 씩 모은 쌀, 지역 유지들에게 이야기하여 모은 돈을 훈련비로 지원해 주었다.

여학생 12명 중 6명의 선수로 창단한 탁구부! 열심히 노력한 결과 소년체전 충남예선 대회에서 3위에 입상하는 성과를 거두기도 하였다. 비록 대표로 선발되지 못하였지만 보람은 있었다. 그 때 담임했던 제자들이 스승의 날에 대전으로 찾아왔다. 그 중 탁구하였던 여자 아이 하나는 사내 체육 대회 탁구부 개인 우승을 하였다고 자랑하였다. 선수는 아니더라도 그 때 배웠던 것이 아무 쓸모없는 것은 아니었던 모양이다.

얼마간의 시간이 흘러 전셋돈도 받았다. 공주를 오고 갈 때면 살던 집에서 눈을 뗄 수 없었다. 신혼생활을 하였던 곳이기 때문이다.

지산초등학교에 근무할 때 서천, 부여, 보령 지역에 물난리가 난 적이 있었다. 축사 위에 돼지가 있고, 도로가 끊어지고, 아름드리나무가 뿌리 채 뽑혀 내린 산사태 등이 전국에 보도되었다. 학교 주변도 말이 아니었다. 학교 위에서도 산사태가 일어나 아름드리나무와 토사가 흘러 내렸다. 학교 옆 축사는 온데간데없었고 주인은 망연자실해 있었다.

어제까지 문전옥답이었던 곳은 시냇물이 되었고, 도로는 끊겨서 차가 다닐 수 없었다. 정말 재앙이었다. 내가 가르치던 아이의 아버지는 연초장 둘레의 물길을 트다가 물에 휩쓸려 운명을 달리하기도 했다. 학교는 복구 작업에 참여하는 군부대 숙소로 이용되었다.

며칠 후 공주 가는 길에 홍산의 살던 집에 눈길이 갔다. 아니 이것이 웬일인가? 그 살던 집이 사라진 것이다. 물살에 쓸려 없어진 것이다. 만약 그 집에서 나오지 않고 그냥 있었다면 어떻게 되었을까? 생각하기도 싫은 일이다. 저 세상 사람이 되었을 수도 있었을 것이다. 운명이 재천이라는 말이 정말 실감난다. 그 광경을 보고 아내가 말하였다.

"당신 말 듣기를 잘 했어."

"고마운 줄 알아야 돼. 그렇지 않았으면 저 세상 사람이 되었을지도 몰라."

오래 살고 싶다고 오래 사는 것 아니다. 그런데도 오래 살고 싶은 사람들이 많다. 오래 살려고 하지 말고 사람답게 살려고 해야 한다. 개같이 오래 살면 무엇 하겠는가? 기왕이면 사는 동안 나보다 어려운 사람에게 좋은 소리 들으며 살아라.

조금 힘 있다고 위세 부리지 마라. 눈 감을 때 반드시 후회한다.

운명은 내 뜻대로 되는 것이 아니다. 나쁜 마음을 버리고 마음을 비워 놓아야 좋은 것이 들어갈 자리가 있다.

가수 나훈아의 '공(空)'이라는 노래가 생각난다.

살다보면 알게 돼 알면 이미 늦어도
그런대로 살만한 세상이라는 것을
잠시 스쳐가는 청춘 훌쩍 가버리는 세월
백년도 힘든 것을 천년을 살 것처럼
살다보면 알게 돼 비운다는 의미를
내가 가진 것들이 모두 꿈이었다는 것을

욕심이 지나치면 사람을 잃는다. 모든 것을 잃어도 사람을 잃어서는 안 된다. 그럼에도 욕심을 부린다. 욕심을 부려서 가진 것 죽을 때 보면 웃음난다. 다 부질없는 욕심이다. 내가 가지려 그렇게 욕심을 부렸던 것이 모두 꿈이었다는 것을 알게 된다.

주위에 있는 사람 마음 편하게 해 줘라. 주위 사람 힘들게 해서 좋아지는 것이 무엇인가? 좋아지는 것 있으면 주위 사람 괴롭혀라. 죽을 때 반성하지 말고, 살아 있을 때 좋은 일하라. 운명을 받아들일 줄 알라. 운명은 그 누구도 말리지 못한다. 운명은 재천이다.

초등학교 추억

내가 어렸을 때의 농촌 실정은 참으로 먹고 살기 힘들었다. 어려운 시절임에도 자식은 왜 그렇게 많았는지 지금 생각하면 이해가 가지 않는다. 하지만 어떻게 보면 그 때가 사람다운 생활을 하였지 않나 생각한다. 돌보지 못할 자식을 많이 낳다보니 생존경쟁에서 이겨내야 하는 법을 스스로 터득해야 하기도 했다. 씻는 것, 먹는 것, 입는 것 등도 스스로 알아서 챙겨야 했다. 얼마나 씻기지 않았으면 손등이 까맣게 갈라 터지고 목덜미나 귀 밑에는 때가 딱지로 앉아 붙었다. 콧물 흘린 것을 손으로 문질러 그 훔친 자국이 그대로 얼굴에 남아 있기도 하였고, 이도 닦지 않아 누렇고 냄새가 났다.

그러다보니 거의 정기적으로 우리들을 개울로 데리고 가는 선생님이 계셨다. 때를 물에 불려 깨끗이 씻고, 가는 모래로 이를 깨끗이 닦은 다음 선생님께 검사를 받았다. '합격'이라는 말 한마디에 기뻐서 어쩔 줄 몰랐다. '합격'이라는 말이 지금 생각하면 부족함이 많은 합격이지만 그 당시에 느꼈던 합격은 이 세상에서 어느 것과도 바꿀 수 없는 가치를 지녔다. 그만큼 아이들은 부모의 보살핌에서 멀어져 있었다.

얼마나 농촌 일손이 부족했으면 아이 출산하고 3일 뒤에 논밭에 나갈 정도였다. 정말 그 때의 농촌 일이란 해도 해도 끝이 없었다. 하루가 어떻게 가는지도 모른다. 해 뜨기 전에 시작하여 해가 진 뒤 깜깜하게 일을 했다. 전기도 없어 솜방망이 불을 이용하면서까지 일을 했다. 그러니 씻지도 못하고 자는 것이 오히려 당연했다.

그 당시 초등학교에는 무슨 놈의 행사가 그리 많았는지 모른다. 집게를 만들어 그 뜨거운 햇볕 아래 땀을 줄줄 흘리며 목표량을 채우려고 송충이를 잡고, 쥐를 잡아서 꼬리를 잘라 학교에 내고, 삽과 곡괭이를 들고 사방 공사를 하고, 비포장 신작로에 자갈을 모으고,

신작로 양쪽에 코스모스를 심고, 벼 수확이 끝나면 벼이삭을 주워 모으는 등 지금에는 상상도 안 되는 일이 정말 많았다.

그 당시 학교에서는 우유와 강냉이로 만든 빵을 주었다. 우유도 지금처럼 제품화된 것이 아니고 솥에 넣어 끓인 뒤 학급에 가져와 국그릇으로 배식하였고, 빵도 학교에서 만들어 주었다. 얼마나 맛이 있었던지 지금 생각해도 그 때 그 맛을 잊을 수 없다. 심지어 찌꺼기 까지 얻어먹으려고 솥이 있는 곳에 가서 기다렸다.

그런데 그 찌꺼기의 주인은 학교에서 키우는 돼지였다. 그러니 그 돼지가 예쁘게 보일 리가 있는가? 아무 죄도 없으면서 학생들로부터 괴롭힘을 당하였다. 돼지뿐이 아니라 토끼와 닭도 길렀는데 당번을 정하여 먹이를 주기도 하였다.

나의 고향인 '화봉리'라는 동네는 초등학교와 공주 사이에 위치하고 있다. 초등학교는 집에서 북쪽으로 4㎞이고, 공주는 남쪽으로 12㎞다. 6학년 때 공주에 있는 공산성으로 소풍을 갔다. 당시에는 고학년일수록 먼 거리로 가는 것이 일반적이었다. 집이 있는 곳에서 기다렸다 가면 왕복 24㎞만 걸으면 될 것을 학교까지 가서 모인 다음 모두가 같이 출발해야 했다. 그러니 학교까지의 왕복 거리 8㎞를 더해 32㎞를 걸어야 했다. 금강철교, 금강, 공산성을 보기 위해서 그 먼 거리를 걸었던 것이다. 물론 학교보다 북쪽에 있는 친구들은 나보다 더 걸었으니 불만할 일은 아니다.

비포장도로의 먼지를 마시며, 자갈이 깔려 있는 길을 걷다보니 발이 보통 아픈 것이 아니었다. 그 길을 선생님도 같이 걸었다. 지금 같으면 언론에 보도되고 난리 날 일이다. 소풍 때면 용돈을 주었다. 아무리 내가 먹고 싶은 것이 있어도 아버지께 담배 한 갑과 소주 한 병을 사 드리는 것이 기본이었고 한 번도 지키지 않은 적이 없었다. 누가 시켜서 한 것도 아니다. 당연히 하여야 할 일로 알고 하였다. 지금 생각해도 기특했다는 생각이 들었다.

당시에는 시험을 통해서 중학교에 갔다. 시골 학교에서 공주중학교에 들어가기 위해서는 10%내의 성적을 가져야 합격이 가능했다. 해가 넘어가고 나서도 매일지라는 시험지를 매일 풀었다. 입시가 임박한 겨울철에는 땔감도 당번을 정하여 가져와야 했다. 만약 당번이 땔감을 가져 오지 못하면 추위에 떨면서 공부를 해야 했다. 매일 채점을 하고 점수가 뒤지면 매를 맞았다. 종아리가 까맣게 멍이 들게 맞아도 집에 가서 이야기하지 못하였다. 부모가 알게 되면 더 혼나기 때문이다. 잘 부러지지 않는 단단한 대나무 뿌리로 매를 만들어 선생님께 드리고 그 매로 내가 맞으니 정말 바보다. 이렇게 맞아도 그 아픔보다 선생님의 칭찬받는 것이 더 좋았다.

그 당시의 운동회 날은 그야말로 마을 잔칫날이었다. 어른 아이 할 것 없이 하나도 빠지지 않고 모인다. 학교를 졸업하고 중학교에 다니면서도 초등학교 운동회 때면 학교가 끝나기 무섭게 자전거를 타고 구경을 갔으니 얼마나 감동을 주는 마을 축제였는지 알 수 있다. 하기야 운동회 준비하는 데 한 달 이상 수업을 제쳐두고 연습하였으니 구경거리도 많았다. 텔레비전이 없던 시절 유일한 동네 구경거리였다. 동네 최고의 잔치였다. 지금이나 옛날이나 변함없는 것은 순위를 가리는 도장을 찍고 상품 주는 것인데 공책 한 권이 귀하던 시절이다 보니 공책 많이 받는 것이 큰 자랑거리였다.

방학이라 하여도 행사 의식은 철저하게 가졌다. 그 뜨거운 8·15 행사 때면 호미를 가지고 학교에 갔다. 학급별로 분담된 풀을 다 제거한 다음에야 그 날의 일과가 끝났다. 학교에 대한 주인 의식을 더 갖게 하였다.

매주 월요일이면 비가 오나 눈이 오나 운동장에서 애국 조회를 하고, 매주 토요일이면 반성조회도 했다. 교장 선생님 훈화 중에 자세가 좋지 않거나 떠들면 그에 대한 벌을 받았다. 교장 선생님은 그야말로 신이었다. 사실 선생님은 화장실에도 가지 않는 것으로 알았다. 화장실 가는 것을 보지도 못했다. 교장이면서도 아이들과 화장실도 같이 쓰고 있는 지금 생각하면 믿겨지지 않는 일이기도 하다.

지금도 시골의 초등학교 시절이 그립다. 가끔 내가 다니던 초등학교 앞을 지난다. 1,200여 명이 다니던 그 때 그 함성이 들리는 듯하다. 지금은 100명도 안 되어 너무나 쓸쓸해 보인다. 그 큰 건물도 많이 없어지고 아담하게 새로 지어진 건물이 지나간 세월을 알려주고 있다.

　하지만 초등학교 시절에 만들어진 모든 아기자기한 일들만큼은 지워지지 않는다. 때 묻지 않은 추억이기에 더 아름다운 것이 아닌가 생각한다.

학습 방법

좋은 학습 방법을 익힌 아이가 공부를 잘 한다. 주입식, 암기식 학습 방법은 과거에는 통하였을지는 몰라도 지금은 시대에 뒤쳐질 수밖에 없다.

사람에 따라 그 사람에 맞는 학습 방법을 익혀야 한다. 주입식, 암기식 학습 방법에서 벗어나 문제해결력이나 사고력 신장을 위한 자기주도적 학습 방법을 익혀야 한다.

아이들 지도에 있어서도 "띄어쓰기 잘해."라고 이야기하는 것은 아무 의미가 없다. 그 아이의 수준에 맞게 구체적으로 이해할 수 있도록 해 줘야 한다. 띄어쓰기의 중요성을 강조하고 띄어쓰기를 잘 하여야 한다는 이야기를 아무리 많이 하여도 이해하지 못하면 그 효과는 매우 미미하다. 왜 띄어쓰기를 하여야 하는지, 올바른 띄어쓰기는 어떻게 해야 하는지 알아야 한다.

'오늘밤나무사온다.'라는 문장도 띄어쓰기에 따라 여러 가지 뜻으로 나타난다.(맞춤법에 맞지 않지만 띄어쓰기에 따라 문장의 의미가 달라진다는 것을 이해시키기 위해서)

① 오늘밤 나무 사 온다.('오늘밤'이라는 뜻)

② 오늘 밤나무 사 온다.('밤나무'라는 뜻)

③ 오늘밤 나 무사 온다.(칼을 지닌 싸움하는 '무사'가 온다는 뜻)

④ 오늘밤 나 무 사 온다.(사람들이 먹는 '무'를 사온다는 뜻)

이처럼 띄어쓰기에 따라 문장의 의미가 너무나 다르게 나타난다는 것을 알게 되면 띄어쓰기가 얼마나 중요한지를 이해하게 될 것이다.

5학년 담임할 때이다. 아이들의 사고력 및 문제해결력 신장을 위하여 세 수가 아닌 네 수의 최대공약수와 최소공배수를 구하라고 하였더니 "선생님, 그런 문제없어요. 문제 틀렸어요."라고 하는 것이다. 왜냐고 물으니 학원에서 세 수에 대해서는 배웠어도 네 수는 배우지 않았다는 것이다.

아이들이 틀렸다고 해도 못들은 척하고 '6, 8, 12'가 아닌 '6, 8, 12, 16'의 네 수를 써 놓고 말없이 해 나갔다.

```
②)  6   8  12  16
 2)  3   4   6   8
 2)  3   2   3   4
 3)  3   1   3   2
     1   1   1   2
```

최대공약수 ②(네 수를 모두 나눌 수 있는 수이기 때문에)

최소공배수 ② × 2 × 2 × 3 × 2 = 48 이라고 하며 어떤 문제가 있느냐고 물었다. 아이들은 아무 말도 하지 못했다. 오히려 신기하게 생각했다. 새롭게 만나는 것에 대한 호기심을 갖게 되었고 더 나아가 다섯 수의 최대공약수와 최소공배수를 구할 수 있었다.

매일 접하는 것에는 흥미를 잘 갖지 못한다. 따라서 수학적 원리 학습을 위해서는 경험하지 못한 새로운 문제를 제시하고 학습하는 것도 좋은 효과가 있다.

선행 학습으로 학원에서 배운 것을 학교에서 재탕하니 무슨 맛이 있겠는가? 재탕보다는 원탕이 진하고 약효도 좋다. 이제 교사도 연구하여야 한다. 아이들에게 호기심을 주어야 즐겁고 재미있는 학습이 된다.

원을 제외한 도형의 넓이는 실제 정사각형의 넓이 구하는 것만 알고 있으면 응용해서 구할 수 있다.

▶ 정사각형의 넓이(한 변의 길이가 10㎝)

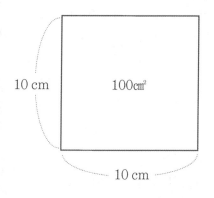

정사각형의 넓이 구하는 공식
한 변의 길이 × 한 변의 길이
10㎝ × 10㎝ = 100㎠
(정답) 100㎠

▶ 직사각형의 넓이(가로의 길이 20㎝, 세로의 길이가 10㎝)

　가로, 세로의 길이가 10㎝인 정사각형 2개의 넓이와 같으므로 굳이 직사각형의 넓이 구하는 공식을 모르더라도 덧셈식으로 구할 수 있다. 하지만 정사각형 2개를 합한 것이 아닐 경우를 대비해서 직사각형의 공식을 이용한다는 것을 이해하면 된다.

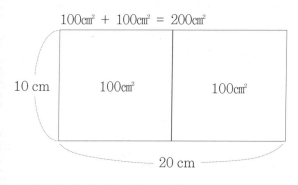

직사각형의 넓이 구하는 공식
가로의 길이 × 세로의 길이
20㎝ × 10㎝ = 200㎠
(정답) 200㎠

▶ 삼각형의 넓이(밑변, 높이의 길이가 10㎝)

삼각형의 넓이 구하는 공식을 모르더라도 정사각형을 대각선으로 이등분하면 삼각형이 나온다. 한 변의 길이가 10㎝인 정사각형의 넓이는 100㎠인데 이를 이등분 하였으니까 50㎠가 된다는 것을 이해할 수 있다. 그냥 '밑변의 길이 × 높이'만 하면 정사각형의 넓이와 같으므로 이등분하여야 한다는 것을 이해하면 된다.

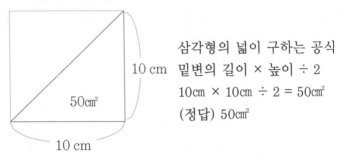

삼각형의 넓이 구하는 공식
밑변의 길이 × 높이 ÷ 2
10㎝ × 10㎝ ÷ 2 = 50㎠
(정답) 50㎠

정사각형, 직사각형, 삼각형의 넓이 구하는 것을 알아보았다. 이 3가지의 넓이 구하는 것을 이해하였다면 평행사변형, 마름모, 사다리꼴의 넓이 구하는 공식을 모르더라도 얼마든지 구할 수 있다.

▶ 평행사변형의 넓이(밑변 20㎝, 높이 10㎝)

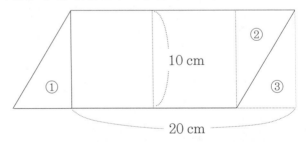

삼각형 ①을 삼각형 ②아래로 ③의 자리로 이동하면 직사각형 모양이 된다. 즉 직사각형의 넓이 구하는 공식을 적용하면 된다.

20㎝ × 10㎝ = 200㎠(정답) 200㎠

▶ 사다리꼴의 넓이(윗변 10㎝, 아랫변 20㎝, 높이 10㎝)

  사다리꼴 2개를 붙여 만든 평행사변형의 넓이를 구하고 2로 나누어주면 된다.

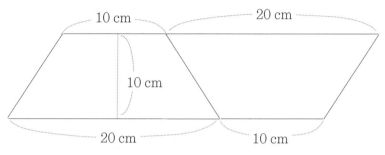

$$(\ 10㎝ + 20㎝\ ) \times 10㎝ \div 2 = 150㎠$$

'마름모의 넓이 = (한 대각선) × (다른 대각선) ÷ 2'도 응용해서 풀어보자

【km ㎢ ㎦】

  '1km = (   )m'의 문제를 냈더니, 100, 1,000 등으로 답하였다. 그냥 아무 생각없이 답하는 것이다. 맞으면 좋고 틀리면 그만인 것이다. 왜 이러한 현상이 일어날까? 그동안 '1km는 1,000m'라는 것을 외우게 하였지 왜 그렇게 되었는지 생각하는 공부를 하지 않았기 때문이다.

  사실 'km'에서 'k'는 'Killo'의 약자로 10의 3승 즉 1,000을 의미한다. 이것만 정확하게 이해하고 있어도 단위를 환산하는 데 어려움을 겪지는 않을 것이다.

  즉 1km(m가 1,000이므로) = 1,000m

  1kg(g이 1,000이므로) = 1,000g

  1kℓ(ℓ가 1,000이므로) = 1,000ℓ

가 되는 것이다.

넓이에 있어서 단위 환산할 때도 제곱이라는 의미를 바르게 이해하고 응용할 수 있다면 어려움을 갖지 않을 것이다. 암기 위주로 학습하는 것은 큰 의미가 없다. 주입식이나 암기식 학습에서 벗어나 사고하는 과정을 중시하는 학습이 이루어져야 한다.

'1km² = (   )m²'의 문제를 제시하면 '1,000m²'라고 하는 학생이 있다. 이러한 이유는 '1km = 1,000m'라는 생각을 넓이에서도 그대로 적용하기 때문이다.

'1km² = (1,000,000)m²'라는 정답을 미리 알려 주지 말고, 한 변의 길이가 1km인 정사각형을 제시하고 넓이를 어떻게 구하는지 알아보게 한 다음, 변의 길이 km → m로 환산하여 넓이를 구하도록 하면 '1km² = 1,000,000m²'라는 것을 쉽게 이해할 수 있다. 부피에 있어서도 마찬가지다. 밑면의 넓이에 높이를 곱하면 부피를 구할 수 있다. 즉 '가로의 길이 × 세로의 길이 × 높이'가 부피인 것이다.

제곱이란 '어떤 수를 같은 수로 곱하는 것'이다. 즉 2의 제곱이란 '2 × 2 = 4'이고 'km² = km × km'인 것이다. 따라서

1km = 1,000m

1km² = 1,000m × 1,000m = 1,000,000m²

1km³ = 1,000m × 1,000m × 1,000m = 1,000,000,000m³

길이, 넓이, 부피의 개념만 정확히 알고 있으면 1km² = 1,000m²라는 오류는 범하지 않는다.

선생님에게 물어봐도 선뜻 대답 못하는 경우가 있는데, 혹시 틀릴까봐 염려되어 대답 못하는 경우도 있지만, 단위 환산에 따른 원리를 이해하지 못하고 암기한 것을 생각해 내려는 것이 아닌지는 모르겠다. 이처럼 '제곱'이나 '세제곱'의 의미를 바르게 알고 있어야 단위 환산에 있어서의 어려움을 줄일 수 있다.

영어 공부도 마찬가지다. 인간의 구강 구조는 같다. 그것은 발음할 때 자연스러운 것이 좋지 글자대로 읽지 않는다.

'같이 가.'라는 것을 하나하나 떼어서 말한다면 발음이 잘 되지도

않을뿐더러 다른 사람의 웃음거리가 된다. 그렇다고 '가티 가.'라고 말하는 것도 맞지 않다. '가치 가.'로, '신라'도 '실라'로 읽어야 자연스럽다.

영어도 마찬가지다. 발음이 자연스러워야 한다. 그것이 기본이다. 'notebook'을 스펠링을 빠뜨리지 않는다고 '노트북크'로 읽거나 'Did you?'를 '디드 유'라고 읽는 것은 자연스럽지도 못하고 웃음거리가 된다. 영어에서는 소리 내지 않는 것이 있다. 우리말로 정확히 표현할 수는 없어도 '노웃 북'이나 '디쥬'가 정확한 발음에 가까울 것이다.

나 같은 경우에는 중학교 1학년이 되어서야 영어를 만났다. '웃고 들어가서 울고 나온다.'는 말이 있듯 영어를 처음 배울 때는 재미가 있었는데 하면 할수록 어렵고 하기 싫어졌다. 특히 그 때만 하여도 듣기·말하기 중심이 아닌 읽기·쓰기 중심으로 영어를 배우다 보니 회화는 뒷전이었다. 단어, 문법, 문장은 많이 외우고 있어도 외국인과 대화할 기회도 없었거니와 대화가 되지 않았다. 스펠링을 그대로 읽는 식으로 영어를 배우다 보니 대화가 제대로 이루어지지 않았던 것이다.

영어가 어려운 이유에는 어순이 우리말과 다르다는 점도 있다. '나는 소년이다.'의 경우 영어에서는 '나는 이다 소년'식으로 되다보니 어려움이 있는 것이다. 반대로 일본어의 경우에는 단어만 제대로 알고 있으면 대화하는 데 어려움이 없는데 이것은 우리말과 어순이 같기 때문이다.

언어는 생활 속에서 이루어져야 한다. 영어를 처음 배우는 어린 아이와 대학 교수가 있다고 하자. 누가 영어를 잘 할 수 있을 것이라 생각하는가?

어린 아이다. 교수는 영어를 영어로 듣지 않고 우리말로 번역하여 듣지만 어린 아이는 영어를 영어로 정확히 듣는다. 그래서 어린 아이가 영어를 잘 하게 된다.

우리나라 사람과 결혼하여 살고 있는 베트남, 인도네시아 출신의 엄마는 우리말이 우스울 정도로 어눌한데, 2세들을 보면 우리나라 아이들과 같다. 오히려 자식이 엄마를 통역해 주는 것도 보았을 것이다. 아이들은 생활 속에서 우리말을 자연스럽게 익히며 자라왔지만 엄마는 그렇지 않았다. 자주 어울려 대화할 기회도 많지 않았다. 그래서 언어는 생활이다.

언어를 어떻게 익혔는지 생각해 보면 영어 공부도 어떻게 하는 것이 효율적인가를 알 수 있다. 그 정답은 단순하다. 셀 수 없을 만큼의 반복이다. 많이 듣고 말하는 것이 가장 좋은 방법이다.

'엄마'라는 말 한마디도 처음부터 '엄마'라고 하지는 않았다. '음무'처럼 말도 안 되는 말을 반복에 반복을 거듭하면서 '엄마'라는 말을 하게 된 것이다. 새로운 언어를 잘 할 수 있는 최선의 방법은 많이 듣고 말하는 것이지 읽고 쓰는 것이 아니다.

올바른 학습 방법도 중요하지만 학습에 투자하는 양보다는 질이 중요하다.

요즘 학생들을 보면 게임에 너무 빠져 있다. 게임 그만하고 공부하라고 하면 얼마나 공부를 많이 했는지는 몰라도 머리 식히기 위해서 게임한다고 한다. 그러나 이것은 핑계에 불과하다. 게임하고 공부한다고는 하나 게임이 공부를 방해하니 공부가 잘 될 수 없다.

제17회 쇼팽 국제 피아노 콩쿠르에서 1위를 한 조성진은 피아노에 몰입하기 위해서 스마트폰을 멀리하였다고 하였다. 몰입하지 않고 공부 10시간 하는 것보다는 1시간을 하여도 몰입하는 것이 효과가 있다. 좋아하는 운동이나 게임에 빠지게 되면 시간이 어떻게 지나갔는지 모르게 빨리 지나가지만 버스 시간을 기다리거나 하기 싫은 일을 하게 되면 똑같은 시간인데도 기다리는 그 시간이 왜 그렇게 지루하게 느껴지는지 모른다.

1만 번의 법칙 또는 1만 시간의 법칙이라는 말이 있다. 이 말은 끊임없는 노력의 중요함을 일깨우는 말이다. 아무리 재능이 뛰어나도 노력하지 않으면 재능을 키울 수 없다. 쇼팽이나 모차르트와 같은 훌륭한 음악가도 그 뒤에는 보통 사람으로는 상상할 수 없는 피나는 노력이 있었음을 잊어서는 안 된다. 세계적인 피겨스케이팅 선수였던 김연아나 역도 선수였던 장미란이 많은 사람들에게 감동을 줄 수 있었던 것은 재능도 재능이지만 보통 사람으로는 참기 어려운 피나는 노력으로 이룬 결과이기 때문이다.

내가 이루고자 하는 일이 뜻대로 되지 않을 때 과연 1만 번 또는 1만 시간을 투자하였는지 생각해 보라. 그리고 얼마나 몰입했는지도 생각해 보라. 어떤 일이든 1만 번 몰입하였다면 반드시 그 뜻을 이룰 수 있다. 1만 시간 이상을 투자하면 반드시 최고의 달인이 될 수 있다.

배려와 나눔이 있는 **행복이야기**

지은이 : 이 은 학
발행인 : 이 경 주
펴낸곳 : 와이즈브레인

서울시 금천구 가마산로 96 1302호 (가산동, 대륭테크노타운 8차)
와이즈브레인 : www.wiseQ.co.kr / www.CamMaths.co.kr
한국좌우뇌교육계발연구소 : www.BGA.or.kr
TEL : (02)869-0026 FAX : (02)869-0951

초판발행 : 2016년 5월 12일

ISBN 979-11-86095-08-9
정가 11,000원